Die Gesellschaft bürgerlichen Rechts
im Grundbuchverfahren
und in der notariellen Praxis

Europäische Hochschulschriften Recht

European University Studies in Law

Publications Universitaires Européennes de Droit

Band/Volume **6147**

Mara Sonnenberg

Die Gesellschaft bürgerlichen Rechts im Grundbuchverfahren und in der notariellen Praxis

PETER LANG

Bibliografische Information der Deutschen Nationalbibliothek
Die Deutsche Nationalbibliothek verzeichnet diese Publikation in der Deutschen Nationalbibliografie; detaillierte bibliografische Daten sind im Internet über http://dnb.d-nb.de abrufbar.

Zugl.: Köln, Univ., Diss., 2019

Gedruckt auf alterungsbeständigem, säurefreiem Papier.
Druck und Bindung: CPI books GmbH, Leck

D 38
ISSN 0531-7312
ISBN 978-3-631-80033-1 (Print)
E-ISBN 978-3-631-81408-6 (E-PDF)
E-ISBN 978-3-631-81409-3 (EPUB)
E-ISBN 978-3-631-81410-9 (MOBI)
DOI 10.3726/b16619

Diese Publikation wurde begutachtet.

www.peterlang.com

Für meine Familie

Vorwort

Mit der vorliegenden Arbeit soll versucht werden, die Probleme, welche sich beim Grundstücksverkehr mit Gesellschaften bürgerlichen Rechts stellen, aufzuarbeiten und zu lösen.

Es soll dargelegt werden, an welchen Stellen auch das Eingreifen des Gesetzgebers nicht zu einer Lösung des seit langem bestehenden Problems der Grundbuchfähigkeit der Gesellschaft bürgerlichen Rechts beigetragen hat. Eingearbeitet ist daher ausführlich die Änderungen im Grundbuchverfahrensrecht durch das ERVGBG.

Sämtliche in der Praxis auftretenden Probleme sowohl des Grunderwerbs einer GbR als auch der Veräußerung von Grundeigentum durch eine GbR sollen angesprochen und einer Lösung zugeführt werden. Dabei soll zum einen das Grundbuchverfahren beleuchtet, zum anderen die Perspektive des Notars aufgezeigt werden. Dabei wird auch das in diesem Zusammenhang stets relevante Thema des Gesellschafterwechsels einer grundbesitzenden GbR behandelt werden.

Einen weiteren Schwerpunkt dieser Arbeit bildet der Vergleich zwischen der GbR und dem nicht-rechtsfähigen Verein sowie der Wohnungseigentümergemeinschaft. Hierbei wird deutlich, dass der nicht-rechtsfähige Verein im Grundbuchverfahren, mit Ausnahme der politischen Parteien, äußerst selten in Erscheinung tritt. Es scheint, viele scheuen die damit verbundenen ungelösten Probleme.

Mein Dank gilt allen, die mir bei der Erstellung dieser Arbeit geholfen haben, insbesondere meinen Freunden und meiner Familie. Ausdrücklich möchte ich aber meinen Eltern, Marie und Holger Freund, danken, dafür, dass sie mich während jeder Phase meines Lebens unterstützt, begleitet und motiviert haben. Ohne sie wäre so vieles nicht möglich gewesen. Zudem danke ich Wolfgang Gruntkowski und René Zöller, dass sie jederzeit mit einem offenen Ohr und viel juristischem Know-How für mich da gewesen sind. Die Arbeit in ihrem Notariat hat viel zum Gelingen dieses Werkes beigetragen. Zu guter Letzt möchte ich meinem Mann Christian danken, auch in den schwierigen und anstrengenden Zeiten nicht das Weite gesucht zu haben, sondern immer für mich da gewesen zu sein.

Langenfeld, den 21. September 2019

Inhaltsverzeichnis

Abkürzungsverzeichnis

a.A.	anderer Ansicht
a.F.	alter Fassung
Abs.	Absatz
AcP	Archiv für civilistische Praxis
AnwBl	Anwaltsblatt
ArbGG	Arbeitsgerichtsgesetz
Art.	Artikel
BayObLGZ	Amtliche Sammlung von Entscheidungen des Bayerischen Obersten Landesgerichts in Zivilsachen
BB	Betriebs-Berater
Bd.	Band
BeurkG	Beurkundungsgesetz
BeckOGK	Beck'scher Online-Großkommentar
BeckOK	Beck'scher Online-Kommentar
BGB	Bürgerliches Gesetzbuch
BGBl.	Bundesgesetzblatt
BGH	Bundesgerichtshof
BGHZ	Amtliche Sammlung der Entscheidungen des Bundesgerichtshofs in Zivilsachen
BNotO	Bundesnotarordnung
bspw.	beispielsweise
BT-Drucks.	Drucksache des Deutschen Bundestages
BVerfG	Bundesverfassungsgericht
BVerfGG	Bundesverfassungsgerichtsgesetz
bzw.	beziehungsweise
ders.	Derselbe
DNotZ	Deutsche Notar-Zeitung
DStR	Deutsches Steuerrecht

EGBGB	Einführungsgesetz zum Bürgerlichen Gesetzbuche
ERVGBG	Gesetz zur Einführung des elektronischen Rechtsverkehrs und der elektronischen Akte im Grundbuchverfahren sowie zur Änderung weiterer grundbuch-, register- und kostenrechtlicher Vorschriften
EWiR	Entscheidungen zum Wirtschaftsrecht
f., ff.	folgende
FamRZ	Zeitschrift für das gesamte Familienrecht
FGPrax	Praxis der Freiwilligen Gerichtsbarkeit
FS	Festschrift
GBO	Grundbuchordnung
GbR	Gesellschaft bürgerlichen Rechts
GBV	Verordnung zur Durchführung der Grundbuchordnung (Grundbuchverfügung)
GG	Grundgesetz
grds.	grundsätzlich
GS	Gedächtnisschrift
GWR	Gesellschafts- und Wirtschaftsrecht
h.M.	herrschende Meinung
HGB	Handelsgesetzbuch
i.S.v.	im Sinne von
i.V.m.	in Verbindung mit
insbes.	insbesondere
jurisPK	juris Praxiskommentar
JuS	Juristische Schulung
JZ	JuristenZeitung
KG	Kammergericht (Berlin)
KG	Kommanditgesellschaft
krit.	Kritisch
lit. lat.	littera (= Buchstabe)
LG	Landgericht
LMK	Lindenmaier-Möhring – Kommentierte BGH-Rechtsprechung

m.E.	meines Erachtens
m.w.N.	mit weiteren Nachweisen
MDR	Monatsschrift für Deutsches Recht
MittBayNot	Mitteilungen des Bayerischen Notarvereins
NJW	Neue Juristische Wochenschrift
NJW-RR	NJW-Rechtsprechungs-Report Zivilrecht
NotBZ	Zeitschrift für notarielle Beratungs- und Beurkundungspraxis
NVwZ	Neue Zeitschrift für Verwaltungsrecht
NZG	Neue Zeitschrift für Gesellschaftsrecht
NZM	Neue Zeitschrift für Miet- und Wohnungsrecht
oHG	offene Handelsgesellschaft
OLG	Oberlandesgericht
PartG	Parteiengesetz
RG	Reichsgericht
RGZ	Amtliche Sammlung von Entscheidungen des Reichsgerichts in Zivilsachen
Rn.	Randnummer
RNotZ	Rheinische Notar-Zeitschrift
Rpfleger	Der Deutsche Rechtspfleger
S.	Satz
S.	Seite
sog.	sogenannte
u.a.	unter anderem
Urt.	Urteil
v.a.	vor allem
VerwArch	Verwaltungsarchiv
VGH	Verwaltungsgerichtshof
vgl.	vergleich
VwGO	Verwaltungsgerichtsordnung
WEG	Wohnungseigentumsgesetz
WM	Wertpapier-Mitteilung, Zeitschrift für Wirtschafts- und Bankrecht

z.B.	zum Beispiel
ZEV	Zeitschrift für Erbrecht und Vermögensnachfolge
ZfIR	Zeitschrift für Immobilienrecht
ZGR	Zeitschrift für Unternehmens- und Gesellschaftsrecht
ZHR	Zeitschrift für das gesamte Handelsrecht und Wirtschaftsrecht
ZIP	Zeitschrift für Wirtschaftsrecht
ZMR	Zeitschrift für Miet- und Raumrecht
ZNotP	Zeitschrift für die Notarpraxis
ZPO	Zivilprozessordnung
ZZP	Zeitschrift für Zivilprozess

A. Einleitung

„Die Gesellschaft bürgerlichen Rechts (GbR) ist eine im Rechtsleben weit verbreitete Gesellschaftsform mit vielen Gesichtern und unterschiedlicher Dauer und Intensität der Beziehungen zwischen den Gesellschaftern."[1] So oder so ähnlich könnte man versuchen, die Gesellschaft bürgerlichen Rechts in einem Satz zu beschreiben. Dass das Gebilde „GbR" natürlich um einiges komplizierter und komplexer ist, das lernen die meisten Jura-Studenten bereits in den ersten Semestern. Vor allem der Wandel im Verständnis der Rechtspersönlichkeit der GbR, von einem unselbstständigen, von seinen Gesellschaftern abhängigen gebundenen Sondervermögen, hin zu einer selbstständigen und (teil-)rechtsfähigen Einheit, führte immer wieder zu Verwirrungen. Dies nicht nur unter Studenten, sondern auch die Rechtspraxis stieß bei der Rechtsanwendung im Zusammenhang mit GbR immer wieder auf ungelöste Probleme.

Das Jahrhunderturteil des BGH (II. Senat) zur Rechtsfähigkeit der Außen-GbR im Jahr 2001 stellt hierbei den zentralen Meilenstein in der Rechtsentwicklung der GbR dar. Das bis dato herrschende Rechtsverständnis wurde weitestgehend verworfen und dies, ohne dass sich an der Fassung der §§ 705 ff. BGB etwas geändert hätte. Die Tragweite der Entscheidung wird dann noch deutlicher, wenn man sich die Vielzahl an entsprechenden Urteilen und Aufsätzen anschaut. Vor allem im Bereich des Grundstücksrechtes war die Rechtslage auch lange nach Anerkennung der Rechtsfähigkeit der GbR ungeklärt. Dies galt sowohl für Immobiliengeschäfte, bei denen die GbR auf Erwerberseite steht, als auch für solche, bei denen die GbR ihr Grundstück oder Grundstücksrecht veräußern will. Die Frage nach der sogenannten „Grundbuchfähigkeit" der GbR blieb eine der zentralen Aspekte, bis der BGH (diesmal der V. Senat) 2008 erneut eine bahnbrechende Entscheidung fällte, die in ihren Konsequenzen ähnlich weitreichend war wie die aus dem Jahr 2001 und die ebenfalls eine ähnliche Reaktion in Rechtsprechung und Literatur auslöste und die schlussendlich 2009 den Gesetzgeber auf den Plan rief.

Man sollte meinen, nun wäre alles geklärt. Und dennoch steht in der Rechtspraxis der Notar nach wie vor bei Grundstücksgeschäften, bei denen eine GbR involviert ist, vor der Frage, wie sowohl der GbR als auch der jeweiligen anderen Partei, aber auch – und das nicht zuletzt – dem Rechtsverkehr genügend Sicherheit verschafft werden kann, dass das Grundstücksgeschäft reibungslos

1 *Langenfeld*, Gesellschaft bürgerlichen Rechts, S. 1.

von statten geht. Dabei muss sich der Notar vor allem auch in der zunächst beratenden Position vor Augen führen, wann zu einem Erwerb in GbR geraten werden kann und wann von einem solchen eher Abstand genommen werden sollte. Denn die Situation des Grundstückserwerbs sollte nicht losgelöst von der der Grundstücksveräußerung betrachtet werden, zumal die spätere Weiterveräußerung keine Seltenheit sein dürfte.

Ziel dieser Arbeit ist es, die bestehenden Probleme zu beleuchten und für mehr Klarheit und Struktur im Bereich des Grundstücksrechtes unter Beteiligung der GbR zu schaffen. Dabei soll dies sicherlich kein Handbuch für Notare oder ähnliches darstellen. Vielmehr soll ein Überblick verschafft werden und es sollen entsprechende Lösungen oder Lösungsansätze präsentiert werden.

Zunächst soll ein kurzer Überblick über die Rechtsentwicklung der GbR seit dem Grundsatzurteil des BGH aus dem Jahr 2001 bis hin zur Änderung der Gesetzeslage durch das ERVGBG erstellt werden, natürlich mit besonderem Augenmerk auf die Entwicklung der GbR im Grundstücksrecht. Kern der Arbeit ist dann die Erörterung der verschiedenen praktischen Probleme, welche bei Grundstücksgeschäften mit GbR-Beteiligung nach wie vor auftreten können. Zudem soll aufgezeigt werden, wie sich der Wechsel und die Veränderungen im Gesellschafterbestand einer im Grundbuch eingetragenen GbR auswirken und diese zu vollziehen sind. Zu guter Letzt wird ein Vergleich zu anderen nicht registrierten oder nicht registerfähigen Vereinigungen gezogen.

B. Historische Hintergründe – Die Rechtsentwicklung der GbR bis zur Grundbuchfähigkeit

I. Die Gesellschaft bürgerlichen Rechts

1. Begriff und systematische Stellung

Um sich mit der GbR im Grundbuchverfahren und in der notariellen Praxis auseinandersetzen zu können, muss man sich zunächst vor Augen führen, was es mit dem Begriff der GbR (oder auch BGB-Gesellschaft) auf sich hat und welche Bedeutung dieser Gesellschaftsform beizumessen ist.

Betrachtet man die Gesetzessystematik aller Personengesellschaften, so wird schnell deutlich, dass die BGB-Gesellschaft nach den §§ 705 ff. BGB als deren Grundform konzipiert wurde[2]. Jegliche spezialgesetzlich geregelten Personengesellschaften wie z.B. die oHG oder die KG stellen somit als Sonderrechtsformen lediglich Ausprägungen des Grundmodells der BGB-Gesellschaft dar[3]. Obwohl der Gesetzgeber die Gesellschaft bürgerlichen Rechts als einheitliche Rechtsform geregelt hat, fallen unter diese doch die unterschiedlichsten Gesellschaftserscheinungen[4]. So kann eine einfache Fahrgemeinschaft[5] bereits eine GbR darstellen, ebenso wie der Zusammenschluss von Freiberuflern (z.B. Ärzte, Architekten, Steuerberater)[6] oder eine Bauherrengemeinschaft[7]. Die praktische Bedeutung der GbR ist, wie man anhand der nur beispielhaften Aufzählung sehen kann, entsprechend groß[8]. Dennoch scheint es vielleicht gerade aufgrund dieser Vielfalt an Erscheinungsformen schwierig, eine allgemeingültige Definition der BGB-Gesellschaft aufzustellen[9].

---

2 Palandt/*Sprau*, § 705 BGB, Rn. 1.

3 *K. Schmidt*, GesR, § 58 I, S. 1690.

4 *K. Schmidt*, GesR, § 58 I, S. 1691; siehe auch die Auflistung bei *Langenfeld*, Gesellschaft bürgerlichen Rechts, S. 1.

5 BGHZ 46, 313.

6 BGH NZG 2008, 777 (ärztliche Gemeinschaftspraxis); BGH ZIP 2007, 2313 (Architektenbüro).

7 BGH NJW 2002, 1642; vgl. auch die Übersicht bei Henssler/Strohn/*Servatius*, BGB, § 705, Rn. 16.

8 *Grunewald*, GesR, § 1, Rn. 9.

9 *Hellwig*, Die Grundbuchfähigkeit der Personengesellschaften unter besonderer Berücksichtigung des Rechts der BGB-Gesellschaft, S. 92.

In § 705 BGB wird jedenfalls festgelegt, welchen Inhalt der Gesellschaftsvertrag einer BGB-Gesellschaft haben muss. Die Gesellschafter verpflichten sich danach, gegenseitig die Erreichung eines gemeinsamen Zweckes in der durch den Vertrag bestimmten Weise zu fördern. Entscheidende Merkmale der GbR sind somit das Vorhandensein von mindestens zwei Gesellschaftern (eine Einpersonengesellschaft ist folglich nicht möglich[10]), die sich durch den Gesellschaftsvertrag zur Förderung eines gemeinsamen Zwecks zusammengeschlossen haben[11]. Daneben muss als weiteres negatives Merkmal hinzukommen, dass es sich nicht um eine Körperschaft oder spezialgesetzlich geregelte Personengesellschaft handelt[12], der Gesellschaftszweck darf also nicht auf den Betrieb eines Handelsgewerbes gerichtet sein[13].

Systematisch ist die Gesellschaft bürgerlichen Rechts nach ihrer Stellung im Besonderen Teil des Schuldrechts als ein vertragliches Schuldverhältnis in Form eines Dauerschuldverhältnisses anzusehen[14]. Allerdings ist zu beachten, dass es hierbei nicht auf die tatsächliche Dauer der Gesellschaft ankommen darf. Auch sogenannte Gelegenheitsgesellschaften sind als GbR i.S.v. §§ 705 ff. BGB einzustufen, sofern sie nach dem einverständlichen Willen der Parteien durch Zweckerreichung oder Zweckerledigung enden sollen[15]. Ganz unstreitig stellt die GbR keine juristische Person dar, sondern ist als sog. Gesamthandsgemeinschaft anzusehen[16].

2. Die (Teil-)Rechtsfähigkeit der Außengesellschaft

Im Wesentlichen sind, trotz der Vielzahl der verschiedenen Gestaltungsmöglichkeiten der GbR, zwei Rechtsformen zu unterscheiden: die Außengesellschaft und die Innengesellschaft[17].

Bei der Innengesellschaft liegt lediglich ein Innenverhältnis zwischen den Gesellschaftern vor. Die Beteiligten treten nach außen nicht gemeinschaftlich auf, sondern im Rechtsverkehr tritt nur ein Gesellschafter im eigenen Namen auf. Er allein ist Träger von Rechten und Pflichten gegenüber Dritten. Gleichzeitig

---

10 *K. Schmidt*, GesR, § 58 I, S. 1698.
11 *Grunewald*, GesR, § 1 Rn. 1; MüKoBGB/*Schäfer*, Vor § 705, Rn. 5 ff.
12 *K. Schmidt*, GesR, § 58 I, S. 1690.
13 MüKoBGB/*Schäfer*, Vor § 705, Rn. 34.
14 MüKoBGB/*Schäfer*, Vor § 705, Rn. 14.
15 *K. Schmidt*, GesR, § 58 II, S. 1695.
16 *Prütting*, Sachenrecht, Rn. 137 b.
17 *K. Schmidt*, GesR, § 60 I, S. 1765.

verpflichtet er sich gegenüber seinen Mitgesellschaftern aus dem Gesellschaftsvertrag[18].

Im Gegensatz dazu nimmt die Außengesellschaft nach dem im Gesellschaftsvertrag festgelegten Willen der beteiligten Gesellschafter am Rechtsverkehr teil und wird somit Dritten gegenüber offengelegt[19]. Auch hier besteht eine Beziehung der Gesellschafter untereinander (Innenverhältnis), gleichzeitig nimmt die Gesellschaft aber auch am Außenrechtsverkehr mit Dritten teil (Außenverhältnis)[20].

Bedeutsam ist die Abgrenzung von Innen- und Außengesellschaft allein im Verhältnis gegenüber Dritten. In seinem Urteil vom 29. Januar 2001[21] hat der BGH die Rechtsfähigkeit einer GbR an das Vorliegen einer Außen-GbR geknüpft[22]. Die bis dato herrschende Auffassung in Rechtsprechung und Literatur, dass der GbR, da ihr eine eigene Rechtspersönlichkeit fehle, auch keine Rechtsfähigkeit zukomme, war zunehmend in Kritik geraten[23]. Diese sogenannte individualistische oder traditionelle Auffassung betrachtete die GbR lediglich als Schuldverhältnis zwischen den Gesellschaftern mit einem ihnen gemeinsam zugeordneten Sondervermögen[24] und sah ausschließlich die einzelnen Gesellschafter selbst als Zuordnungssubjekte der die Gesellschaft betreffenden Rechte und Pflichten an[25]. Durch die vor allem von *Flume* geprägte sogenannte Gruppenlehre[26] fand jedoch zunehmend ein Wandel in der Rechtsauffassung über die Rechtsfähigkeit der Außen-GbR statt, bis der Streit durch das vorgenannte Grundsatzurteil des BGH aus dem Jahre 2001 endgültig entschieden und die *„Rechtsfähigkeit der Außen-GbR, soweit diese als Teilnehmerin am Rechtsverkehr eigene Rechte und Pflichten begründet“*[27], anerkannt wurde[28].

---

18 *Saenger*, GesR, § 3, Rn. 44 f.

19 Vgl. MüKoBGB/*Schäfer*, § 705, Rn. 254.

20 *Saenger*, GesR, § 2, Rn. 38.

21 BGHZ 146, 341.

22 Henssler/Strohn/*Servatius*, BGB § 705, Rn. 9.

23 Vgl. u.a. *Huber*, FS Lutter, 2000, S. 107, 122 ff.; *K. Schmidt*, GesR, § 8 III, S. 199 ff.

24 *Saenger*, GesR, § 3, Rn. 49.

25 BGHZ 146, 341, 344.

26 *Flume*, Allg. Teil des Bürgerlichen Rechts, Bd. I/1, S. 54 ff.

27 BGHZ 146, 341.

28 Saenger, GesR, § 3, Rn. 49.

3. Konsequenzen aus der Rechtsfähigkeit der GbR

Mit der grundlegenden Entscheidung des BGH über die Rechtsfähigkeit der Außen-GbR gingen nicht nur Änderungen im Bereich der Haftung der GbR einher, sondern auch Änderungen im Bereich der von der GbR einzunehmenden Rechtspositionen. Nachdem bereits durch § 11 Abs. 2 Nr. 1 InsO die Insolvenzfähigkeit der GbR festgesetzt wurde und der BGH ihr die Wechsel- und Scheckfähigkeit zuerkannt hatte[29], wurde die GbR nunmehr im Prozess sowohl aktiv als auch passiv parteifähig i.S.v. § 50 ZPO und konnte zudem Mitglied anderer Gesellschaften sein[30]. Des Weiteren wurde die GbR als markenrechtsfähig, grundrechtsfähig[31] und erbrechtsfähig angesehen[32]. Eine Absage erteilte der BGH jedoch weiterhin der GbR mit beschränkter Haftung[33].

Nach wie vor umstritten blieb die Frage, ob eine GbR auch Verwalterin einer Wohnungseigentümergemeinschaft sein konnte. Der BGH hat diese Frage verneint[34]. Trotz Rechts- und Handlungsfähigkeit der GbR könne diese nicht Verwalterin sein, da die Möglichkeit, Träger von Rechten und Pflichten zu sein, nur notwendige, nicht aber auch hinreichende Bedingung für die Bestellung zum Wohnungseigentumsverwalter sei[35]. Das Gesetz geht gerade davon aus, dass sich aus Gründen der Klarheit die Verantwortlichkeit nur auf eine einzelne Person beziehen kann[36]. Eine Mehrheit von Personen kann daher nur zum Verwalter bestellt werden, wenn sie als rechtlich selbstständige Einheit handlungsfähig ist[37]. Anders als bei der Bestellung einer im Handelsregister eingetragenen Personengesellschaft könne bei einer GbR nie sichere Kenntnis darüber erlangt werden, wer für diese handeln kann und darf, da für diese kein Register geführt werde[38]. Dies ließe sich auch nicht durch die Einsichtnahme in den Gesellschaftsvertrag ausgleichen. Das Vertrauen in die Gesellschaftereigenschaft und die im Gesellschaftsvertrag vereinbarten Vertretungsregelungen seien nicht durch die

29 BGHZ 136, 254; siehe auch Schwerdtfeger/*Lubitz/Lehleiter/Hoppe*, Vor § 705 BGB, Rdn. 6.
30 PWW/*von Ditfurth*, § 705, Rn. 35.
31 BVerfG NJW 2002, 3533 in Bezug auf Eigentums- und Verfahrensgrundrechte.
32 *Heinze*, RNotZ 2010, 289, 290 m.w.N.; siehe auch die Auflistung bei *Krauß*, Immobilienkaufverträge, Rn. 330 m.w.N.
33 BGHZ 142, 315; daran anschließend BGH WM 2005, 284.
34 BGH NJW 2006, 2189.
35 BGH NJW 2006, 2189, 2190.
36 MüKoBGB/*Engelhardt*, § 26 WEG, Rn. 2; BeckOK-WEG/*Knop*, § 26, Rn. 20 (2016).
37 BeckOK-WEG/*Knop*, § 26, Rn. 20 (2016).
38 BGH NJW 2006, 2189, 2190; MüKoBGB/*Engelhardt*, § 26 WEG, Rn. 2.

Rechtsordnung geschützt[39]. Die Bestellung einer GbR zum Verwalter ist daher nichtig[40].

II. Die Grunderwerbs- und Grundbuchfähigkeit der GbR

1. Vorbemerkung

Problematisch blieb auch weiterhin die Frage nach der Grundbuchfähigkeit der GbR. Wurde sie von einigen Stimmen in der Literatur als selbstverständliche bzw. konsequente Folge der Rechtsfähigkeit angesehen[41], gab es in der Rechtsprechung noch Instanzgerichte, die dies in Frage stellten[42]. Auch in der Literatur sprachen sich einige unter Hinweis auf die fehlende Registerpublizität der GbR gegen die Grundbuchfähigkeit der GbR aus. *Karsten Schmidt*, welcher als einer der Wegbereiter für die Anerkennung der Rechtsfähigkeit der GbR gilt, prägte in diesem Zusammenhang die Formel: *„keine Publizität des Objekts ohne Publizität des Subjekts“*[43]. Daher wurde unter Verneinung der Grundbuchfähigkeit der GbR für die Beibehaltung der bis dahin herrschenden Eintragungspraxis plädiert[44]. Diese sah vor, dass Grundeigentum einer GbR nicht unter dem Gesamtnamen der GbR eingetragen wurde, sondern vielmehr unter dem Namen der Gesellschafter als „gemeinschaftlich Berechtigte“ verbunden mit dem Berechtigungsverhältnis „in Gesellschaft bürgerlichen Rechts“[45]. Dies war mit Blick auf § 47 GBO in seiner damaligen Fassung konsequent, da die GbR bis zum damaligen Zeitpunkt gerade keine Rechtspersönlichkeit besessen hatte[46]. Allerdings hatte es die absurde Folge, dass die GbR zwar Eigentum an einem Grundstück erwerben, im Grundbuch allerdings nicht eingetragen werden konnte[47]. Die Fähigkeit, ins

39 BGH NJW 2006, 2189, 2190.

40 So schon BGHZ 107, 268; BGH NJW 2006, 2189, 2190; MüKoBGB/*Engelhardt*, § 26 WEG, Rn. 2; Bärmann/*Merle/Becker*, WEG, § 26, Rn. 13.

41 Vgl. u.a. *Wagner*, ZIP 2005, 637, 638, spricht von der Grundbuchfähigkeit als *„Reflex der Rechtsfähigkeit“*; Böttcher, ZNotP 2009, 42 (*„konsequent“*)*Krüger*, NZG 2010, 801, 802; *Altmeppen*, NJW 2011, 1905 (*„selbstverständliche Folge“*); *Kesseler*, NJW 2011, 1909, 1910.

42 Vor allem BayObLGZ 2002, 330.

43 *K. Schmidt*, ZIP 1998, 2, 7; *ders.*, NJW 2001, 993, 1002.

44 *Ulmer/Steffek*, NJW 2002, 330, 331.

45 *Heinze*, RNotZ 2010, 289, 290.

46 *Reymann*, ZNotP 2011, 84.

47 *Altmeppen*, NJW 2011, 1905; *Reymann*, ZNotP 2011, 84, 85.

Grundbuch eingetragen zu werden, ist aber wiederum Voraussetzung für den Grundstückserwerb nach §§ 873 Abs. 1, 925 BGB[48].

Die durch die Entscheidung „Weißes Roß" ausgelöste Kontroverse um die Grundbuchfähigkeit der GbR zog im Wesentlichen zwei aufeinander aufbauende Fragen nach sich: zunächst war zu klären, ob die Rechtsfähigkeit der GbR zur Folge hatte, dass diese selbst als Eigentümerin von Grundstücken und grundstücksgleichen Rechten anzusehen ist. Sollte diese Frage zu bejahen sein, musste im Anschluss daran die Frage beantwortet werden, in welcher Weise die GbR in das Grundbuch einzutragen ist[49].

2. Der Begriff der Grundbuchfähigkeit

Was genau bedeutet es also, wenn von „Grundbuchfähigkeit" die Rede ist? Weder das BGB noch die GBO oder die GBV als einschlägiges Verfahrensrecht enthalten eine Definition der „Grundbuchfähigkeit". Auch der Kurzkommentar Palandt verzichtet in den Vorbemerkungen zu §§ 873 ff. BGB unter dem Stichwort „Grundbuchfähigkeit" auf eine Begriffsbestimmung und stellt lediglich fest: *„Als Rechtsinhaber können eingetragen werden: „Natürliche/juristische Personen (des privaten und öffentlichen Rechts), rechtsfähige Personengesellschaften i.S.v. § 14 II [...]*[50]." Unproblematisch sind daher natürliche und juristische Personen grundbuchfähig, ebenso wie die Personenhandelsgesellschaften oHG und KG[51].

Im Schrifttum und der Rechtsprechung – so auch der V. Zivilsenat des BGH in seiner Entscheidung – wird oftmals zwischen der sogenannten „materiellen" und der „formellen" Grundbuchfähigkeit unterschieden. Dabei soll die materielle Grundbuchfähigkeit die Fähigkeit bezeichnen, Eigentum an Grundstücken und grundstücksgleichen Rechten sowie beschränkt dingliche Rechte an Grundstücken und grundstücksgleichen Rechten erwerben zu können[52]. Bei der formellen Grundbuchfähigkeit soll es hingegen um die Fähigkeit gehen, im Grundbuch eingetragen zu sein[53] und – im besonderen Falle der GbR – die Frage beantworten, unter welcher formellen Bezeichnung die Eintragung zu

---

48 *Tebben*, NZG 2009, 288, 289.

49 Vgl. *Heinze*, Die GbR im Grundbuch nach dem ERVGBG, S. 6; *Miras*, GWR 2009, 78.

50 Palandt/*Bassenge*, Überblick vor § 873, Rn. 9.

51 *Prütting*, Sachenrecht, Rn. 137 a.

52 BGHZ 179, 102, 107.

53 *Tebben*, NZG 2009, 288, 289.

erfolgen hat[54]. Allerdings sind diese Begrifflichkeiten von materieller und formeller Grundbuchfähigkeit missverständlich. Denn die eine kann es nicht ohne die andere geben, da die formelle Eintragung im Grundbuch materiell durch § 873 Abs. 1 BGB für den Eigentumserwerb vorausgesetzt wird[55]. Dass eine GbR Eigentum an einem Grundstück erwerben kann, muss jedoch spätestens seit dem Jahr 2001 außer Frage stehen[56]. So hatte der BGH auch in seiner Entscheidung vom 25. September 2006[57] bereits festgestellt und seither in ständiger Rechtsprechung bestätigt[58], dass die (Teil-)Rechtsfähigkeit der GbR eben auch ihre Fähigkeit erfasst, Eigentümerin von Grundstücken zu sein.

Insofern erscheint es sinnvoll, bei der materiellen Grundbuchfähigkeit eher von der „Grunderwerbsfähigkeit"[59] und bei der formellen Grundbuchfähigkeit von der „Grundbucheintragungsfähigkeit"[60] zu sprechen[61], wobei erstere die Frage des „Ob" und letztere die Frage nach dem „Wie" bezeichnet[62]. Nur noch die Frage des „Wie", also die Frage danach, ob die Gesellschaft unter ihrem Namen oder unter Nennung ihrer Gesellschafter ins Grundbuch eingetragen werden kann, musste und wollte der BGH klären[63]. Um allerdings bei der – auch vom BGH – gewählten Terminologie zu bleiben, wird auch im Folgenden von „materieller" und „formeller" Grundbuchfähigkeit gesprochen.

3. Die Entscheidung des BGH vom 4. Dezember 2008

a) *Der Beschluss*

Die Entscheidung des BGH vom 4. Dezember 2008[64] versuchte die Widersprüchlichkeit, welche durch die Anerkennung der Rechtsfähigkeit der GbR

54 Münch. Hdb. GesR Bd. I/*Gummert*, § 17, Rn. 35; *Hellwig*, Die Grundbuchfähigkeit von Personengesellschaften unter besonderer Berücksichtigung des Rechts der BGB-Gesellschaft, S. 10.

55 *Tebben*, NZG 2009, 288, 289; ihm zustimmend *Krüger*, NZG 2010, 801, 802, hier insbes. Fn. 14.

56 *Prütting*, FS Zimmermann, 2010, S. 239, 242.

57 BGH NJW 2006, 3716.

58 Vgl. u.a. BGH NJW 2008, 1378.

59 Siehe auch *Böttcher*, AnwBl 2011, 1.

60 Vgl. u.a. Münch. Hdb. GesR Bd. I/*Gummert*, § 17, Rn. 35.

61 Ähnlich *Wagner*, ZIP 2005, 637, 638.

62 Vgl. auch *Bestelmeyer*, Rpfleger 2009, 144.

63 BGHZ 179, 102, 110; Lemke/*Böttcher*, § 47 GBO, Rn. 40; *Kessler*, NZM 2009, 190; *Tebben*, NZG 2009, 288, 289; *Hertel*, DNotZ 2009, 121, 123.

64 BGH V ZB 74/08 = BGHZ 179, 102.

entstanden war, zu beenden[65]. Zuvor hatte der BGH die Frage nach der Art und Weise der grundbuchmäßigen Eintragung der GbR ausdrücklich offengelassen[66]. In der vorliegenden Entscheidung musste der BGH allerdings Stellung beziehen[67]. Hierbei stellte der V. Zivilsenat des BGH in den Leitsätzen klar, dass *„die GbR […] unter der Bezeichnung in das Grundbuch eingetragen werden [kann], die ihre Gesellschafter für sie vorgesehen haben. Sieht der Gesellschaftsvertrag keine Bezeichnung der GbR vor, wird die Gesellschaft als „Gesellschaft bürgerlichen Rechts bestehend aus…" und den Namen ihrer Gesellschafter eingetragen"*[68].

Nach Ansicht des Senats war es durch die Anerkennung der (Teil-)Rechtsfähigkeit der GbR zu einer planwidrigen Regelungslücke gekommen. Denn die bisher vorgesehene Buchungsform von Vermögen einer GbR durch Nennung ihrer Gesellschafter im Grundbuch sei insofern irreführend, da sie den Blick darauf verstelle, dass es sich eben nicht um *Gesellschafter-* sondern um *Gesellschafts*vermögen handle[69]. Da es in der Grundbuchverfügung an einer passenden Buchungsvorgabe fehle, müsse das Grundbuchrecht an die neue rechtliche Ausgangslage angepasst werden (Einheit der Rechtsordnung)[70]. Diese Regelungslücke in den grundbuchrechtlichen Verfahrensvorschriften suchte der BGH durch eine rechtsanaloge Anwendung der §§ 124 Abs. 1, 161 Abs. 2 HGB, § 7 Abs. 2 PartGG und § 15 Abs. 1 lit. b GBV zu schließen[71].

Unter Nennung von über 80 Fundstellen stellte der Senat vier Meinungen heraus, die zur Eintragungsfähigkeit der GbR vertreten wurden. Diese reichten von der Nicht-Eintragungsfähigkeit der GbR ins Grundbuch über die Eintragungsfähigkeit gerade der Gesellschaft selbst bis hin zur zwar generellen Bejahung der Grundbuchfähigkeit der GbR, bei der allerdings die alte Eintragungspraxis (Eintragung der Gesellschafter mit Hinweis auf Gesellschaftsverhältnis) beibehalten werden sollte[72]. Bei der Frage, ob die GbR nun unter einem Namen oder unter Nennung aller Gesellschafter ins Grundbuch einzutragen ist, folgte der

65 *Reymann*, ZNotP 2011, 84, 85.

66 Siehe dazu BGH NJW 2006, 3716 und BGH NJW 2008, 1378.

67 In der vom KG zur Entscheidung vorgelegten Frage ging es darum, ob eine GbR, welche einen rechtskräftigen Titel gegen einen Schuldner erwirkt hatte, die Eintragung einer Zwangssicherungshypothek verlangen konnte. Dies wäre nur möglich, wenn die GbR auch formell grundbuchfähig (eintragungsfähig) wäre.

68 BGHZ 179, 102.

69 BGHZ 179, 102, 111.

70 BGHZ 179, 102, 111; vgl. auch *Reymann*, BB 2009, 346, 349; *ders.*, ZfIR 2009, 81, 82.

71 BGHZ 179, 102, 111; *Böttcher*, AnwBl 2011, 1, 2.

72 BGHZ 179, 102, 105 ff.; *Wilhelm*, NZG 2011, 801, 803.

BGH im Ansatz der zweiten dargestellten Meinung[73] – Eintragbarkeit und Eintragung gerade der Gesellschaft –, wobei er jedoch eine vermittelnde Ansicht vertrat[74]. Danach sollte, wie zuvor bereits kurz dargestellt, die GbR, sofern sie im Gesellschaftsvertrag oder in einer Gerichtsentscheidung mit einem Namen bezeichnet ist, unter diesem als Eigentümerin eines Grundstücks oder Gläubigerin eines Grundstücksrechts eingetragen werden ohne zusätzliche Auflistung ihrer Gesellschafter. War kein Name für die GbR vorgesehen, so wurde sie als „Gesellschaft bürgerlichen Rechts bestehend aus …" und den Namen ihrer Gesellschafter eingetragen[75].

b) *Reaktionen auf und Kritik an dem BGH-Beschluss*

Der Unterschied zur alten Rechtslage schien auf den ersten Blick marginal: Im Gegensatz zur Eintragung „ A, B und C in Gesellschaft bürgerlichen Rechts" lautete die Eintragung nun „Gesellschaft bürgerlichen Rechts, bestehend aus A, B und C"[76]. Dennoch war die Aufregung und der Aufruhr in Literatur, instanzgerichtlicher Rechtsprechung, bei Grundbuchämtern, Rechtspflegern und Notaren groß. Der ehemalige Vorsitzende Richter des für das Grundstücksrecht zuständigen V. Zivilsenats des BGH, *Wolfgang Krüger*, bezeichnet in seinem Aufsatz „Die Gesellschaft bürgerlichen Rechts und das Grundbuch – causa infinita"[77] die Entscheidung vom 4. Dezember 2008 als einen „Stein des Anstoße(n)s"[78]. Von einem „große[n] Unglück"[79] war die Rede, dem BGH wurde eine „nach uns die Sintflut"[80]-Einstellung unterstellt und sogar von einem „Weg ins Verderben"[81] gesprochen.

Besonders und vor allem wurden an dem Urteil zwei Punkte kritisiert[82]: Zum einen sahen viele den Schutz eines gutgläubigen Erwerbers in Gefahr[83], da aus dem Grundbuch nicht mehr ersichtlich war, wer Gesellschafter der GbR ist. Sie wurden somit auch nicht mehr als Berechtigte im Sinne von § 891 Abs. 1 BGB

---

73 BGHZ 179, 102, 107.
74 *Böttcher*, AnwBl 2011, 1, 2; *ders.*, ZfIR 2009, 613, 615.
75 BGHZ 179, 102; *Böttcher*, ZfIR 2009, 613, 615.
76 *Britz*, FS Rüßmann, 2013, S. 251, 254.
77 NZG 2010, 801.
78 *Krüger*, NZG 2010, 801, 802.
79 *Volmer*, ZfIR 2009, 97.
80 *Kesseler*, NZM 2009, 190.
81 *Jeep*, notar 2011, 147, 151.
82 *Schubert*, ZNotP 2009, 178.
83 U.a. *Hertel*, DNotZ 2009, 121, 127 ff.; *Reymann*, ZfIR 2009, 81.

angesehen, womit ein gutgläubiger Erwerb ausgeschlossen wäre. Zum anderen – so die Kritiker – ließ der BGH den Rechtsverkehr mit der Frage, wie denn der verfahrensrechtliche Nachweis der Vertretungsverhältnisse in Zukunft zu führen sei, „im Regen stehen“[84]. Dies ging zum Teil so weit, dass Grundeigentum einer GbR bereits als „res extra commercium“[85] deklariert wurde und der Praxis empfohlen wurde, keinen Grundbesitz von einer GbR zu erwerben[86].

Trotz der ablehnenden Haltung vieler Grundbuchrechtler gegenüber der Grundbuchfähigkeit der GbR war die Entscheidung des BGH in materieller Hinsicht als folgerichtig und begründet anzusehen. Denn in ihr wurde nur konsequent die Rechtsprechung des BGH aus dem Jahr 2001 zu Ende gedacht[87]. Spricht man der GbR (Teil-)Rechtsfähigkeit zu, also unter anderem auch die Fähigkeit, materiellrechtlich Eigentümerin von unbeweglichem Vermögen zu sein, so muss sie auch selbst als Rechtsinhaberin im Grundbuch ausgewiesen werden können[88]. Allerdings wurden die Grundbuchämter vor ein entscheidendes Problem gestellt. Da die Rechtsänderung im Hinblick auf die GbR nicht auf einer Gesetzesänderung sondern auf einem Akt höchstrichterlicher Rechtsfortbildung beruhte, gab es für die Eintragung der GbR im Grundbuch keine passende Vorschrift mehr. § 47 GBO (a.F.) sprach von einem „für mehrere gemeinschaftlich“ einzutragendem Recht und knüpfte somit an § 718 Abs. 1 BGB an, wonach das Vermögen als „gemeinschaftliches Vermögen der Gesellschafter“ bezeichnet ist. Jedoch sind seit dem Grundlagenurteil zur Rechtsfähigkeit der GbR gerade nicht mehr die Gesellschafter in gesamthänderischer Verbundenheit Inhaber des Gesellschaftsvermögens, sondern vielmehr ist dies die Gesellschaft selbst. Für eine Anwendung des § 47 GBO (a.F.) auf die GbR war daher an sich kein Raum mehr[89].

4. Die Reaktion des Gesetzgebers – das ERVGBG

Der Gesetzgeber reagierte schnell auf die aufkeimenden Sorgen und Kritik aus der Rechtspraxis, insbesondere von Notaren und Rechtspflegern, in Bezug auf

84 *Bestelmeyer*, Rpfleger 2010, 169, 171.

85 *Steffek*, ZIP 2009, 1445, 1446; *Böttcher*, AnwBl 2011, 1, 3.

86 Böttcher, ZfIR 2009, 613, 616; *Kesseler*, NZM 2009, 190, 191; *Ruhwinkel*, MittBayNot 2009, 177, 185 ff.

87 So auch *Krauß*, Immobilienkaufverträge, Rn. 335; *Heinze*, Die GbR im Grundbuch nach dem ERVGBG, S. 20; *Tolani*, JZ 2013, 224, 227.

88 *Miras*, GWR 2009, 78.

89 *Miras*, GWR 2009, 78, 79.

das soeben dargestellte Urteil des BGH. Dieser selbst hatte – unter anderem in oben genannter Entscheidung – den Gesetzgeber mehrfach zum Handeln aufgefordert. „*Das Verfahrensrecht [sei] an das geänderte Verständnis des Wesens der GbR anzupassen*“[90]. Bereits ein halbes Jahr nach der BGH-Entscheidung wurde am 18. Juni 2009 das „Gesetz zur Einführung des elektronischen Rechtsverkehrs und der elektronischen Akte im Grundbuchverfahren sowie zur Änderung weiterer grundbuch-, register- und kostenrechtlicher Vorschriften“ (kurz: ERVGBG)[91] vom Bundestag verabschiedet.

a) Die Neuregelungen im Einzelnen

Im Wesentlichen sah das ERVGBG, welches in erster Linie der Einführung des elektronischen Rechtsverkehrs im Grundbuchverfahren dienen sollte, Änderungen sowohl im formellen als auch im materiellen Grundbuchrecht die GbR betreffend vor. Grundbuchverfahrensrechtlich wurde durch die Einführung eines Absatzes 2 in § 47 GBO die zwingende Eintragung sämtlicher, nicht nur der zur Vertretung berufenen Gesellschafter angeordnet. Zudem muss nach dem neugeschaffenen § 82 S. 3 GBO die Gesellschaft bei einem Gesellschafterwechsel einen Grundbuchberichtigungsantrag stellen, aus dem sich die neue Zusammensetzung der Gesellschaft ergibt[92]. Daneben sieht § 15 Abs. 1 lit. c GBV die fakultative Möglichkeit der Eintragung des Namens und des Sitzes der GbR vor. Materiellrechtlich statuiert die Vorschrift des § 899 a S. 1 BGB in Erweiterung der Vermutungswirkung des § 891 BGB nunmehr auch eine gesetzliche Vermutung für die Richtigkeit und Vollständigkeit des im Grundbuch verlautbarten Gesellschafterbestandes. Zudem finden die §§ 892 bis 899 BGB entsprechende Anwendung bezüglich der Eintragung der Gesellschafter (§ 899 a S. 2 BGB)[93].

aa) § 47 Absatz 2 GBO

Durch die Anordnung, in § 47 Abs. 2 S. 1 GBO neben der Gesellschaft als Berechtigter auch deren Gesellschafter einzutragen, sollte nach dem Willen des Gesetzgebers zur alten Eintragungspraxis aus der Zeit vor der Anerkennung der (Teil-)Rechtsfähigkeit der GbR durch den BGH zurückgekehrt werden[94]. Dadurch, so die Begründung des Rechtsausschusses, würde Kontinuität in der

---

90 *Schöner/Stöber*, Grundbuchrecht, Rn. 4250 f.

91 BGBl. I 2009, S. 2713 ff.

92 *Miras*, DStR 2010, 604, 605.

93 vgl. auch *Bestelmeyer*, RPfleger 2010, 169, 173; *Steffek*, ZIP 2009, 1445, 1446.

94 BT-Drucks. 16/13437, S. 24.

Grundbuchpraxis gewährleistet und der Umstellungsaufwand bei den Grundbuchämtern verhindert[95]. Dennoch handelt es sich nicht um die Eintragung mehrerer Berechtigter, sondern Rechtsträger ist und bleibt allein die rechtsfähige GbR[96]. Die Eintragung der Gesellschafter hat materiell nicht die Bedeutung, dass diese dinglich Berechtigte am Grundstück sind[97]. Auch wenn sogenannte Publikumsgesellschaften mit möglicherweise mehr als Hunderten von Gesellschaftern (z.B. Immobilienfonds) in der Rechtsform einer GbR als Eigentümerin in das Grundbuch eingetragen werden wollen, müssen zugleich mit der GbR zwingend alle Gesellschafter miteingetragen werden[98].

Mit dieser zwingenden Anordnung der Eintragung aller Gesellschafter verfolgte der Gesetzgeber eine doppelte Funktion. Zum einen soll sie die Identifizierung der berechtigten GbR gewährleisten. Zum anderen soll dadurch sichergestellt werden, dass die Gesellschafter als Teil des Grundbuchinhalts geeigneter Anknüpfungspunkt für verfahrens- und materiellrechtliche Rechtsfolgen sind[99]. § 47 Abs. 2 S. 1 GBO schließt mithin eine Eintragung der GbR nur unter ihrem Gesellschaftsnamen, so wie es der BGH noch in seiner Entscheidung vom 4. Dezember 2008 vorgesehen hatte, aus[100]. Laut Beschlussempfehlung des Rechtsausschusses ist die Eintragung aller Gesellschafter zur bestimmten Bezeichnung der GbR als Berechtigter im Grundbuch erforderlich, aber auch ausreichend[101]. Darüber hinaus sind demnach keine weiteren Merkmale der GbR ins Grundbuch einzutragen. Auch wenn der Gesetzgeber die Möglichkeit des Bestehens einer weiteren beteiligungsidentischen GbR erkannt hat, sollen diese, vom Gesetzgeber als „abstrakt" bezeichneten Identitätszweifel grundbuchverfahrensrechtlich auszublenden sein[102]. Das gewählte Eintragungsmodell des § 47 Abs. 2 GBO soll ausreichen, um den grundbuchrechtlichen Bestimmtheitsgrundsatz[103] zu wahren[104]. Folge von § 47 Abs. 2 GBO ist, dass die Eintragung einer GbR allein unter ihrem Namen (sogenannte „Namens-GbR") unzulässig (geworden) ist[105].

95 BT-Drucks. 16/13437, S. 24.
96 *Demharter*, GBO, § 47, Rn. 28.
97 *Böttcher*, notar 2012, 111, 115.
98 Hügel/*Reetz*, GBO, § 47, Rn. 86.
99 BT-Drucks. 16/13437, S. 24; *Ulmer*, ZIP 2011, 1689, 1691; *Steffek*, ZIP 2009, 1445, 1446.
100 *Steffek*, ZIP 2009, 1445, 1446.
101 BT-Drucks. 16/13437, S. 24.
102 BT-Drucks. 16/13437, S. 24.
103 Vgl. zum Begriff *Ulmer/Steffek*, NJW 2002, 330, 333 f. m.w.N.
104 *Steffek*, ZIP 2009, 1445 (1447).
105 Hügel/*Reetz*, GBO, § 47, Rn. 89; *Böttcher*, ZfIR 2009, 613, 617.

§ 47 Abs. 2 S. 2 GBO ordnet darüber hinaus an, dass die für die Eintragung eines Berechtigten geltenden Vorschriften der Grundbuchordnung entsprechend auf die Eintragung der Gesellschafter anzuwenden sind. Dies gilt insbesondere für die Vorschriften der §§ 13, 19, 22, 29 und 39 GBO[106]. Laut Gesetzesbegründung soll dies dazu führen, dass die GbR grundbuchverfahrensrechtlich im Wesentlichen wieder so behandelt werden kann wie vor der Anerkennung ihrer Rechtsfähigkeit durch die Rechtsprechung[107]. Die explizite Verweisung auf die Gesellschafter ist erforderlich, da diese gerade nicht die Berechtigten im Sinne der GBO sind. Dies ist immer nur die GbR als Eigentümerin oder Inhaberin eines Grundstücksrechts selbst[108].

bb) § 82 Satz 3 GBO

Der neue Satz 3 in § 82 GBO erstreckt den Grundbuchberichtigungszwang auf Änderungen im Gesellschafterbestand, die sich außerhalb des Grundbuchs ergeben. Das Zwangsverfahren soll demnach entsprechende Anwendung finden, wenn infolge eines Gesellschafterwechsels außerhalb des Grundbuchs die Eintragung eines bisherigen Gesellschafters als (fiktiver) Eigentümer des Grundstücks unrichtig geworden ist. Erfasst werden sowohl Fälle des rechtsgeschäftlichen als auch des kraft Gesamtrechtsnachfolge eintretenden Übergangs eines Gesellschaftsanteils auf einen Dritten, aber auch solche Änderungen, die durch einseitiges Ausscheiden bzw. Neueintritt eines Gesellschafters Auswirkungen auf die nach § 47 Abs. 2 S. 1 GBO vorgeschriebene Angabe der Gesellschafter haben[109]. Streng genommen ändert sich zwar durch den Wechsel im Gesellschafterbestand nichts an der Identität der GbR, das Grundbuch wird folglich im Hinblick auf die Rechtsinhaberschaft der GbR nicht unrichtig. Dennoch ist die Anordnung einer Grundbuchberichtigung in diesem Fall folgerichtig, da § 82 S. 3 GBO mit der Vorschrift des neuen § 47 Abs. 2 GBO korrespondiert[110]. § 82 S. 3 GBO liegt somit in der Konsequenz des § 47 Abs. 2 S. 2 GBO, welcher anordnet, dass die Vorschriften über den Berechtigten entsprechend für die im Grundbuch eingetragenen Gesellschafter gelten[111].

---

106 NK-BGB/*Krause*, § 899 a, Rn. 8; *Lautner*, DNotZ 2009, 650, 652.

107 BT-Drucks. 16/13437, S. 24.

108 *Böttcher*, ZfIR 2009, 613, 619; *Heinze*, RNotZ 2010, 289, 293.

109 *Ulmer*, ZIP 2011, 1689, 1692; *Albers*, ZfIR 2010, 705, 707, stellt hierbei m.E. zutreffend fest, dass die Norm von ihrem Wortlaut her zu eng gefasst sein dürfte und diese (zumindest analog) auch anzuwenden ist, wenn zwar die eingetragenen Gesellschafter noch immer zutreffend eingetragen sind, aber ein weiterer hinzutritt.

110 *Miras*, DStR 2010, 604, 605.

111 BT-Drucks. 16/13437, S. 25.

Nicht klar geregelt ist, wen dieser Grundbuchberichtigungszwang trifft, die GbR oder die Gesellschafter[112]. Stellt man auf den Wortlaut von § 82 S. 3 i.V.m. S. 1 GBO ab und geht man von der Eigentümerstellung der GbR selbst aus, so scheint es konsequent, auch der Gesellschaft den Berichtigungszwang aufzuerlegen, vorausgesetzt, diese ist in der Lage, den Berichtigungsantrag zu stellen und die zur Berichtigung notwendigen Unterlagen zu beschaffen[113]. Antragsberechtigt nach § 13 Abs. 1 S. 2 GBO ist nach traditioneller Ansicht derjenige, dessen grundbuchmäßiges Recht durch die Eintragung rechtlich beeinträchtigt wird bzw. einen Verlust erleiden kann. Ein derartiger Rechtsverlust droht der GbR, wenn Personen als ihre Gesellschafter unrichtig im Grundbuch eingetragen sind und in ihrem Namen nach Maßgabe des § 899 a BGB verfügen können. Zudem kann die GbR dem Grundbuchamt ebenfalls die zur Grundbuchberichtigung erforderlichen Unterlagen verschaffen, da sich aus dem Gesellschaftsverhältnis in der Regel sämtliche ein- und austretenden Gesellschafter verpflichtet haben, der Gesellschaft alle Berichtigungsbewilligungen bzw. Nachweisurkunden auszuhändigen, die zur Verhinderung eines Rechtsverlustes nach § 899 a BGB erforderlich sind[114]. Andererseits ist zu beachten, dass an die Eintragung der Gesellschafter aufgrund des § 899 a BGB nunmehr materiellrechtliche Folgen geknüpft werden. Lediglich auf die Eigentümerstellung der GbR an dieser Stelle abzustellen, erscheint daher zumindest fragwürdig. Man könnte daher – solange eine höchstrichterliche Klärung dieser Frage aussteht – darüber nachdenken, sowohl der GbR, als auch ihren Gesellschaftern in Form einer Doppelverpflichtung den Grundbuchberichtigungszwang aufzuerlegen[115].

Aufgrund der in Art. 229 § 21 EGBGB (durch das ERVGBG neu) angeordneten partiellen Rückwirkung kann § 82 S. 3 GBO allerdings nicht für sogenannte Alteintragungen gelten, d.h. Eintragungen, die bereits vor dem 18. August 2009 getätigt wurden und nicht den Anforderungen des neu eingeführten § 47 Abs. 2 S. 1 GBO entsprechen, da Art. 229 § 21 EG BGB gerade nicht auf diesen verweist. Es kann daher nicht die nachträgliche Eintragung der Gesellschafter bei sogenannten „Namens-GbR" verlangt werden, welche im Zeitpunkt des Inkrafttretens der Neuregelungen gemäß der Rechtsprechung des BGH allein unter Angabe ihres Namens und ohne Angabe ihrer Gesellschafter im Grundbuch

---

112 *Schöner/Stöber*, Grundbuchrecht, Rn. 4279; siehe auch *Heinze*, RNotZ 2010, 289, 293.

113 So auch OLG Schleswig NZM 2011, 524; BeckOK-GBO/*Holzer*, GBO § 82, Rn. 24; *Miras*, DStR 2010, 604, 605; a.A. Bauer/von Oefele/*Budde*, GBO, § 82, Rn. 11; *Heinze*, RNotZ 2010, 289, 293; *Reymann*, FS Reuter, 2010, S. 271, 286.

114 *Reymann*, FS Reuter, 2010, S. 271, 286.

115 So auch *Schöner/Stöber*, Grundbuchrecht, Rn. 4279.

eingetragen wurden[116]. Allerdings kann es unter Umständen ratsam sein, nachträglich auf die Eintragung der Gesellschafter im Grundbuch hinzuwirken, dies auch im Hinblick auf den Voreintragungsgrundsatz nach § 39 GBO[117].

cc) § 15 Absatz 1 lit. c GBV

Die Neuregelung in § 15 Abs. 1 lit. c GBV knüpft ebenfalls an § 47 Abs. 2 GBO an[118]. Danach sind zur Bezeichnung der Gesellschafter im Grundbuch die Merkmale nach § 15 Abs. 1 lit. a oder lit. b GBV anzugeben. Bei natürlichen Personen sind dies der Vor- und Familienname, sowie das Geburtsdatum, sofern es sich aus den Eintragungsunterlagen ergibt, anderenfalls sind Wohnort und Beruf einzutragen (§ 15 Abs. 1 lit. a GBV); bei juristischen Personen, Handels- und Partnerschaftsgesellschaften sind Name oder Firma und Sitz anzugeben und – ebenfalls, sofern es sich aus den Eintragungsunterlagen ergibt – Registergericht und Registerblatt (§ 15 Abs. 1 lit. b GBV). Nicht geregelt durch § 15 Abs. 1 lit. c GBV ist lediglich der Fall, wenn eine GbR Gesellschafterin einer anderen GbR ist, was unstreitig möglich ist und bereits vor Anerkennung der Rechtsfähigkeit der GbR bejaht wurde[119]. Allerdings sprechen hier sowohl Systematik als auch Zweck von § 47 Abs. 2 GBO, § 15 Abs. 1 lit. c GBV für eine entsprechende Anwendung, dass heißt für die Bezeichnung der Gesellschafterin (GbR) nach denselben Regeln, die für die einzutragende berechtigte GbR gelten[120].

Zur weiteren Bezeichnung der GbR können zusätzlich ihr Name und ihr Sitz eingetragen werden (vgl. § 15 Abs. 1 lit. c GBV a.E.). Hierbei stellt sich die Frage, ob durch die Formulierung „können [...] eingetragen werden" dem Grundbuchamt Ermessen diesbezüglich eingeräumt wurde[121] oder ob die Eintragung von Name und Sitz als fakultative Bezeichnungsmerkmale in das Belieben der GbR gestellt ist[122]. Die Gesetzesbegründung scheint hierbei von einem Wahlrecht der GbR auszugehen[123]. Die Eintragung der Gesellschafter sei zwar zur

116 BT-Drucks. 16/13437, S. 26; BeckOK-GBO/*Reetz*, § 47, Rn. 95; *Rebhan*, NotBZ 2009, 445, 449.

117 BeckOK-GBO/*Reetz*, § 47, Rn. 108; *Rebhan*, NotBZ 2009, 445, 446; dazu ausführlich unter C. II. 6. Die nachträgliche Eintragung der Gesellschafter bei Namens-GbR, S. 71.

118 BT-Drucks. 16/13437, S. 25.

119 BGH NJW 1998, 376.

120 *Lautner*, DNotZ 2009, 651, 655; *Steffek*, ZIP 2009, 1445, 1447; *Heinze*, RNotZ 2010, 289, 294; siehe zu Unter-GbR auch ausführlich C. II. 5. b) Anwendung des § 899 a BGB auf „mehrstöckige" GbR, S. 69.

121 *Lautner*, DNotZ 2009, 650, 655; *Heinze*, RNotZ 2010, 289, 294.

122 *Steffek*, ZIP 2009, 1445, 1447.

123 BT-Drucks. 16/13437, S. 25; *Steffek*, ZIP 2009, 1445, 1447.

Identifizierung der Gesellschaft im Grundbuchverfahren ausreichend, so der Gesetzgeber. Name und Sitz stellten also bloße Identifizierungshilfen[124] dar. Allerdings entspräche es wohl einem Wunsch in der Praxis, auch im Grundbuch zur weiteren Bezeichnung der GbR ihren Namen und Sitz anzugeben[125]. Daher ist anzunehmen, dass das Grundbuchamt zumindest dann nicht die Eintragung von Name und Sitz verweigern darf, ein etwaiges Ermessen insofern also auf Null reduziert wäre[126], wenn die GbR in ihrer Eintragungsbewilligung einen entsprechenden Antrag stellt[127]. Andersherum kann das Grundbuchamt im Regelfall jedoch nicht die Eintragung von Gesellschaftsname und Sitz erzwingen, auch wenn sich diese aus den Eintragungsunterlagen ergeben[128]. „Können" bedeutet in diesem Fall daher nur, dass ohne Antragstellung Name und Sitz nicht eingetragen werden dürfen[129].

dd) § 899 a BGB

Die Regelung in § 899 a BGB ist die materiellrechtliche Ergänzung der grundbuchverfahrensrechtlichen Neuerung in § 47 Abs. 2 GBO[130]. Ziel ist es, an die Eintragung der Gesellschafter im Grundbuch wieder eine (materiellrechtliche) Vermutung der richtigen und vollständigen Wiedergabe der Gesellschaftsverhältnisse zu knüpfen[131]. Funktional soll die Vermutung des § 899 a S. 1 BGB dabei der des § 891 BGB entsprechen, sie gilt allerdings nur „in Ansehung des eingetragenen Rechts"[132]. Satz 1 enthält sowohl eine positive als auch eine negative Vermutung. Die positive Vermutungswirkung bezieht sich darauf, dass die im Grundbuch eingetragenen Personen Gesellschafter sind, § 899 a Satz 1, 1. Halbsatz. Die negative Vermutung geht dahin, dass es daneben keine weiteren Gesellschafter der GbR gibt, § 899 a Satz 1, 2. Halbsatz[133]. In Kombination

---

124 *Ulmer*, ZIP 2011, 1689, 1692.

125 BT-Drucks. 16 /13437, S. 25.

126 *Böttcher*, notar 2012, 111, 115.

127 *Lautner*, DNotZ 2009, 650, 655; *Steffek*, ZIP 2009, 1445, 1447; *Heinze*, RNotZ 2010, 289, 294; a.A. *Bestelmeyer*, Rpfleger 2010, 169, 173, der von einem „nicht im Beschwerdewege nachprüfbaren freiem Ermessen des Grundbuchamtes" ausgeht.

128 *Steffek*, ZIP 2009, 1445, 1447; ähnlich *Lautner*, DNotZ 2009, 650, 655.

129 *Böttcher*, notar 2012, 111, 115.

130 BT-Drucks. 16/13437, S. 26.

131 *Schöner/Stöber*, Grundbuchrecht, Rn. 4260; jurisPK-BGB/*Touissant*, § 899 a, Rn. 4.

132 BT-Drucks. 16/13437, S. 26; *Schöner/Stöber*, Grundbuchrecht, Rn. 4260; *Heinze*, RNotZ 2010, 289, 295.

133 BT-Drucks. 16 /13437, S. 26; *Schöner/Stöber*, Grundbuchrecht, Rn. 4260; *Prütting*, Sachenrecht, Rn. 235 a.

führt dies insbesondere dazu, dass die GbR als ordnungsgemäß vertreten gilt, wenn alle im Grundbuch verlautbarten Personen gemeinsam in ihrem Namen handeln. Dies ist die notwendige Folge des Grundsatzes der Selbstorganschaft, welcher kennzeichnend für Personengesellschaften ist, vgl. §§ 714, 709 Abs. 1 BGB[134].

Satz 2 des neuen § 899 a BGB erklärt – aufbauend auf Satz 1 – die §§ 892 bis 899 BGB bezüglich der Eintragung der Gesellschafter für entsprechend anwendbar. Auch in dieser Vorschrift wird deutlich, dass der Gesetzgeber, ähnlich wie schon bei seinen Ausführungen zu § 47 Abs. 2 S. 2 GBO, wieder an die Behandlung der GbR vor Anerkennung ihrer Rechtsfähigkeit anknüpfen wollte. Denn solange die Gesellschafter selbst als gesamthänderische Berechtigte angesehen wurden, waren die §§ 892 bis 899 BGB ohne weiteres direkt auf eine entsprechende Grundbucheintragung anwendbar. § 899 a S. 2 BGB, so der Gesetzgeber, solle diesen Rechtszustand auf Grundlage der neueren Rechtsentwicklung funktional nachbilden[135].

Welche Voraussetzungen für die Anwendung von § 899 a BGB vorliegen müssen und wie weit § 899 a BGB reicht, soll erst an späterer Stelle erläutert und diskutiert werden[136].

b) Alternative Lösungsvorschläge

Es stellt sich an dieser Stelle die Frage, ob sich dem Gesetzgeber nicht alternative Möglichkeiten geboten hätten, um das vom BGH aufgeworfene Dilemma zu beseitigen. In der Literatur wurden vor allem zwei sehr gegensätzliche Möglichkeiten diskutiert, die der Gesetzgeber hätte ergreifen können[137].

Zum einen hätte der Gesetzgeber die Anerkennung der Rechtsfähigkeit durch den BGH wieder rückgängig machen und so die frühere Rechtslage wiederherstellen können[138]. Der Gesetzgeber hatte auf das Urteil „Weißes Ross“ im Jahr 2001 zunächst nicht reagiert. Anders als die sonstige gesamte juristische Fachöffentlichkeit, welche sofort in eine intensive Diskussion einstieg, schien

---

134 BT-Drucks. 16/13437, S. 26; Staudinger/*Gursky* (2013), § 899 a, Rn. 7; *Schöner/Stöber*, Grundbuchrecht, Rn. 4260; *Hartmann*, RNotZ 2011, 401, 407; *Heinze*, RNotZ 2010, 289, 295.

135 BT-Drucks. 16/13437, S. 27.

136 Siehe dazu unten C. II. 1. Reichweite des § 899 a BGB, S. 25.

137 So auch *Hertel*, FS Brambring, 2011, S. 171, 178; *Jeep*, notar 2011, 147, 151; *Krüger*, NZG 2010, 801, 803.

138 Dafür u.a. *Bestelmeyer*, Rpfleger 2010, 169, 171; *Weigl*, NZG 2010, 1053, 1056; *Ruhwinkel*, MittBayNot 2009, 421, 426.

der Gesetzgeber die Anerkennung der Rechtsfähigkeit der GbR nicht als eine derart gewichtige und rechtpolitische Frage einzustufen. Erst als im Jahr 2008 der V. Zivilsenat den Gesetzgeber ausdrücklich zu Hilfe rief, nahm dieser sich des Themas an[139]. Auch zu diesem Zeitpunkt hätte der Gesetzgeber noch zur alten Rechtslage zurückkehren können und insofern beispielweise in Ergänzung des § 705 BGB anordnen können, dass die GbR nicht rechtsfähig ist[140]. Allerdings sind die insoweit vorgebrachten Einwände nicht so leicht zu beseitigen. Vor allem wurde angemerkt, dass seit der Rechtsfähigkeitsentscheidung bereits mehr als sieben Jahre vergangen waren. Eine Korrektur hätte alsbald nach der Entscheidung erfolgen müssen, um keinen Schaden anzurichten. Eine Rückkehr zur alten Rechtslage erst zu diesem Zeitpunkt hätte wohl mehr neue Probleme geschaffen, da sich der Rechtsverkehr bereits auf den Paradigmenwechsel eingestellt hatte[141]. Insofern erschien es konsequent vom Gesetzgeber, diesen Lösungsweg nicht einzuschlagen[142].

Die andere Möglichkeit hätte darin bestanden, die Rechtsprechung des II. Zivilsenates des BGH konsequent weiterzuführen und ein GbR-Register zu schaffen, so wie es bereits für andere rechtsfähige Gesellschaften besteht[143]. Diese Lösung hätte sich an den Strukturen des Handelsrechts orientieren können. Durch die Einführung eines GbR-Registers hätte man durch die Anwendung des § 15 HGB die Lücke schließen können, welche die Vorschriften der §§ 891, 892 BGB gelassen haben. Aus dem Register wären Bestand und Vertretungsverhältnisse der GbR ersichtlich geworden, woran man das Rechtsinstitut des „guten Glaubens" hätte knüpfen können[144]. Warum der Gesetzgeber diesen Weg nicht beschritten hat, ist unklar. In der Gesetzesbegründung heißt es hierzu lediglich: *„Im Übrigen würde die Einführung eines GbR-Registers […] das Spannungsverhältnis zwischen Zivilprozess- und Grundbuchrecht nicht auflösen […]"*[145].

---

139 *Hertel*, FS Brambring, 2011, S. 171, 179.

140 So der Vorschlag von *Bestelmeyer*, Rpfleger 2010, 169, 171.

141 *Hertel*, FS Brambring, 2011, S. 171, 179; *Krüger*, NZG 2010, 801, 804; *Rebhan*, NotBZ 2009, 445, 450.

142 A.A. *Scherer*, NJW 2009, 3063, die in den Neuregelungen des ERVGBG die Rechtsfähigkeit der GbR zumindest als erneut in Frage gestellt ansieht.

143 Dafür u.a. *Krüger*, NZG 2010, 801, 804; *Heinemann*, JR 2010, 31, 33; *Blum/Schellenberger*, BB 2009, 400, 403; wohl auch *Miras*, DStR 2010, 604, 608; *Häublein*, FS Roth, 2011, S. 221, 231 f.; *ders.* in Bayer/Koch, Die BGB-Gesellschaft im Grundbuch, S. 51, der sich allerdings für eine nur fakultative Eintragungsmöglichkeit der GbR ins Handelsregister und gegen ein gesondertes GbR-Register ausspricht.

144 *Krüger*, NZG 2010, 801, 804; *ders.*, FS Zimmermann, 2010, S. 177, 183.

145 BT-Drucks. 16/13437, S. 24.

Bedenken an ein GbR-Register wurden auch in der Art geäußert, dass es den Bedürfnissen des Rechtsverkehrs zuwiderlaufen würde[146]. Die GbR wäre gerade deshalb so beliebt, da sie keine Eintragung in ein Register erfordern würde und daher leichter zu handhaben sei. Hätte man nunmehr ihre Eintragung in ein Register gefordert, hätte das wohl das Ende der GbR im Grundstücksverkehr bedeutet, zumal für die GbR ja auch die Möglichkeit bestand - und nach wie vor besteht -, sich als oHG oder KG ins Handelsregister eintragen zu lassen[147]. Zudem hätte es einen enormen praktischen Aufwand bedeutet, ein neues Register zu schaffen.

Der Gesetzgeber hat sich bekanntlich weder für die Beseitigung der Rechtsfähigkeit noch für die Einführung eines GbR-Registers entschieden. Vermutlich versuchte er vielmehr mit dem Erlass des ERVGBG eine Art Kompromiss zwischen den beiden Alternativen zu versuchen[148].

c) Zwischenfazit

Auch wenn der Gesetzgeber sich im Rahmen des ERVGBG bemüht hat, die Probleme, welche die Anerkennung der Rechtsfähigkeit der GbR und im Anschluss daran die Bejahung der formellen Grundbuchfähigkeit durch den BGH mit sich gebracht haben, zu lösen, ist meines Erachtens zu konstatieren, dass dies nur partiell gelungen ist. Es bestehen nach wie vor ungelöste Fragen im Grundbuchverkehr mit GbR, und zwar unabhängig davon, ob diese auf Veräußererseite oder auf Erwerberseite auftritt.

---

146 *Lehmann*, DStR 2011, 1036, 1040; in eine ähnliche Richtung *Hertel*, FS Brambring, 2011, S. 171, 180.

147 *Lehmann*, DStR 2011, 1036, 1040.

148 *Hertel*, FS Brambring, 2011, S. 171, 180; *Rebhan*, NotBZ 2009, 445, 450; vgl. auch *Krüger*, FS Zimmermann, 2010, S. 177, 183 („Spagat“); *ders.*, ZNotP 2012, 42 („nicht Fisch und nicht Fleisch“).

C. Praktische Probleme bei Grundstücksgeschäften mit einer GbR

Dass mit den Neuregelungen des ERVGBG nicht alle Probleme, die mit der GbR im Zusammenhang mit Immobilieneigentum einhergingen, beseitigt werden konnten, war zu erwarten gewesen. Sowohl verfahrens- als auch materiellrechtlich sind entscheidende Fragen offen gelassen oder sogar neue Fragen aufgeworfen worden. So ist zum einen streitig, ob sich die Vertretungsmacht der Gesellschafter bzw. der Schutz des guten Glaubens an diese auch auf das schuldrechtliche Geschäft erstreckt (dazu unter II.). Auch ist eine vom gesetzlichen Regelfall abweichende Vertretungsregel im Gesellschaftsvertrag (Einzelvertretung) nach wie vor nicht eintragungsfähig. Besonders großen GbR hilft die Vermutung aus § 899 a BGB also nur, wenn alle Gesellschafter gemeinsam auftreten, was einen erheblichen Aufwand verursachen kann[149]. Zum anderen gänzlich unbehandelt vom Gesetzgeber blieb die Frage, welche Nachweise eine GbR beim Grundstückserwerb gegenüber dem Grundbuchamt erbringen muss (dazu unter IV.).

I. Vorteile der GbR im Bereich des Grundstücksrechts

Der Notar – oder auch ein rechtsberatender Anwalt oder Steuerberater – gelangt typischerweise in die Situation, sich mit der Frage auseinander zu setzen, ob in GbR Grundeigentum erworben werden soll oder nicht, wenn mehrere Beteiligte gemeinsam ein Grundstück erwerben wollen. Nach § 47 Abs. 1 GBO ist es nämlich zwingend erforderlich, dass das Verhältnis, in welchem erworben wird, anzugeben ist. In Betracht kommen bei einem Erwerb durch mehrere in der Regel ein Erwerb zu Bruchteilen oder in GbR. Dies ist notwendig vor Abschluss des Erwerbsgeschäfts (regelmäßig ein Kaufvertrag) mit den Beteiligten zu klären. Die Vorteile, welche ein Erwerb in GbR bietet, liegen vor allem in der flexiblen Ausgestaltung der Rechtsbeziehung der Gesellschafter untereinander[150]. Daneben kann es aufgrund der vereinfachten Übertragbarkeit der Gesellschaftsanteile[151] steuerrechtliche Vorteile mit sich bringen.

---

149 *Albers*, ZfIR 2010, 705, 707.

150 *Suttmann*, NJW 2013, 423.

151 Zum Wechsel im Gesellschafterbestand siehe ausführlich unter D., S. 118.

Auch wenn es „chronologisch" gesehen sinnvoll erscheint, zunächst den Grunderwerb einer GbR zu beleuchten, soll aufgrund der soeben aufgezeigten Gesetzesänderung durch das ERVGBG, welche insbesondere die Grundstücksveräußerung durch eine GbR im Blick hatte, diese Seite auch zuerst dargestellt werden.

II. Die GbR auf Veräußererseite

Trifft eine GbR eine Verfügung über ein Grundstück oder Grundstücksrecht, so muss sie, um die dafür entsprechenden Erklärungen, wie z.B. Auflassungserklärung, Eintragungsbewilligung, Löschungsbewilligung etc., abgeben zu können, ihre Verfügungs- und Vertretungsberechtigung nachweisen. Dies führt vielmals zu Schwierigkeiten[152]. Denn zum einen hat der Notar bei der Beurkundung gemäß §§ 17, 12 BeurkG diese Angaben nachzuprüfen[153], zum anderen aufgrund der Anforderungen der §§ 20, 29 GBO. Da es kein GbR-Register gibt, welches den aktuellen Bestand der Gesellschafter und die Vertretungsverhältnisse mit öffentlichem Glauben wiedergibt, ist nur schwer nachzuweisen, ob die eingetragene GbR wirksam vertreten wird oder ob sie nicht – beispielsweise durch das Ausscheiden von Gesellschaftern – bereits inexistent und das Grundbuch insofern unrichtig geworden ist. Denn anders als bei registerfähigen Gesellschaften kann mangels GbR-Registers der Nachweis des Bestehens sowie die Vertretungsberechtigung einer GbR nicht gemäß § 32 GBO durch Vorlage eines amtlichen Registerauszuges, einer beglaubigten Registerabschrift oder durch Notarbescheinigung gemäß § 21 BNotO geführt werden.[154] Mit der Einführung des neuen § 899 a BGB durch das ERVGBG sollten diese Schwierigkeiten beseitigt werden. Hierbei stellt sich jedoch die Frage nach der Sicherung der Wirksamkeit des Kausalgeschäfts beim Erwerb von einer GbR, also die Frage nach der Reichweite des Vertrauensschutzes des § 899 a BGB[155].

---

152 *Häublein*, FS Roth, 2011, S. 221, 223.

153 *Rebhan*, NotBZ 2009, 445, 449.

154 *Häublein*, FS Roth, 2011, S. 221, 223; *Böttcher*, notar 2012, 111; *Wicke*, GWR 2009, 336, 337.

155 *Weigl*, NZG 2010, 1053; vgl. auch *Häublein*, FS Roth, 2011, S. 221, 224.

1. Reichweite des § 899 a BGB

a) Ausgangslage

Der Gesetzgeber wollte nach eigener Aussage mit den Neuregelungen des ERVGBG den status quo ante wiederherstellen, welcher vor Anerkennung der Rechtsfähigkeit der GbR bestand[156]. Damals konnte ein Grundstück gutgläubig und kondiktionsfest von den gesamthänderisch verbundenen Gesellschaftern erworben werden. Insbesondere sollte an die Eintragung der Gesellschafter wieder eine materiellrechtliche Vermutung bezogen auf die Gesellschafterstellung und die entsprechende Anwendbarkeit der §§ 892 ff. BGB geknüpft werden können[157]. Denn nach § 892 Abs. 1 S. 1 BGB gilt der Inhalt des Grundbuchs zugunsten des Erwerbers als richtig. Ein interessierter Erwerber sollte sich also wieder auf die Eintragung im Grundbuch verlassen können. Nur wenn ein hinreichender Schutz des Erwerbers gewährleistet ist, ist es GbR auch möglich, erfolgreich am Grundstücksverkehr teilzunehmen[158].

b) Voraussetzungen

Systematisch ist die Norm des § 899 a BGB so aufgebaut, dass in Satz 1 die tatbestandlichen Voraussetzungen für die Anwendung beider Sätze geregelt sind. Satz 2 enthält dagegen im Wesentlichen lediglich eine weitergehende Rechtsfolgenregelung, ist von seinen Anwendungsvoraussetzungen aber gleichzusetzen mit Satz 1[159].

Voraussetzung ist danach zunächst, dass „eine Gesellschaft bürgerlichen Rechts im Grundbuch eingetragen ist“. Die Formulierung der Norm ist an dieser Stelle ungenau und missverständlich[160]. Da dem Grundbuch keine Funktion eines allgemeinen Gesellschaftsregisters zukommt und es nach dem ausdrücklich erklärten Willen des Gesetzgebers auch nicht zu einem solchen werden soll[161], findet gerade keine Eintragung der GbR als solcher im Grundbuch statt (anders als bei der Eintragung beispielsweise einer oHG oder KG im Handelsregister, vgl. §§ 106 Abs. 1, 161 Abs. 2 HGB)[162]. Im Grundbuch eingetragen werden

---

156 BT-Drucks. 16/13437, S. 24; *Reiff*, GS Wolf, 2011, S. 303; *Lieder*, Jura 2012, 335, 338.

157 BT-Drucks. 16/13437, S. 24.

158 *Albers*, ZfIR 2010, 705, 709.

159 *Kohler*, Jura 2012, 83, 84.

160 MüKoBGB/*Kohler*, § 899 a, Rn. 7; jurisPK-BGB/*Touissant*, § 899 a, Rn. 8.

161 BT-Drucks. 16/13437, S. 26.

162 JurisPK-BGB/*Touissant*, § 899 a, Rn. 8.

vielmehr die Übertragung von Grundstücken und grundstücksgleichen Rechten sowie die Änderung oder Aufhebung von Rechten an einem Grundstück bzw. grundstücksgleichem Recht nach Maßgabe der §§ 873 ff. BGB[163]. § 899 a BGB regelt folglich die Eintragung einer GbR als Berechtigte bzw. Begünstigte dieser im Grundbuch verlautbarter Rechte und nicht die Eintragung der GbR als solcher (vgl. insofern die treffendere Formulierung in § 47 Abs. 2 S. 1 GBO). Erfasst sind somit jedenfalls alle für eine GbR als Berechtigte eingetragenen eintragungsfähigen dinglichen Rechte des Privatrechts, auf die auch §§ 891, 892 BGB anwendbar sind. Allerdings ist der Anwendungsbereich der Norm darauf nicht beschränkt. Es ist daher davon auszugehen, dass § 899 a BGB auch für sonstige im Grundbuch eingetragene Vermerke gelten muss, welche die GbR als Begünstigte nennen. Sie ist daher einschränkungslos – unabhängig von ihrer rechtlichen Qualifizierung – auch auf die Vormerkung für einen Anspruch einer GbR und darüber hinaus auch auf einen die GbR begünstigenden Widerspruch anzuwenden[164].

Des Weiteren findet § 899 a BGB in Verbindung mit den §§ 892 ff. BGB naturgemäß nur Anwendung, wenn es sich um einen rechtsgeschäftlichen Erwerb handelt, dies schon allein deshalb, da es auf die Vertretungsmacht der Gesellschafter bei einem gesetzlichen Erwerbstatbestand von vornherein nicht ankommen kann[165].

Der durch § 899 a BGB in Verbindung mit den §§ 892–899 BGB eröffnete Gutglaubensschutz regelt in erster Linie den Eigentumserwerb von einer nicht ordnungsgemäß vertretenen GbR. Nimmt beispielsweise eine aus den Gesellschaftern A und B bestehende GbR noch den weiteren Gesellschafter C auf, lässt dies jedoch nicht im Grundbuch eintragen, so wird bei einer Grundstücksveräußerung durch A und B zugunsten des Erwerbers vermutet, dass – entsprechend dem Grundbuchstand – nur A und B Gesellschafter sind und diese daher die GbR wirksam vertreten konnten. Ohne die Regelung des § 899 a BGB wäre die Auflassung wegen der fehlenden Mitwirkung des C unwirksam[166].

---

163 *Kohler*, Jura 2012, 83, 85.

164 MüKoBGB/*Kohler*, § 899 a, Rn. 7; jurisPK-BGB/*Touissant*, § 899 a, Rn. 8; *Kohler*, Jura 2012, 83, 85.

165 *Witt*, BB 2011, 259, 260; *Lautner*, DNotZ 2009, 650, 669.

166 *Wertenbruch*, ZIP 2010, 1884.

c) *§ 899 a BGB als Vermutung der Verfügungsbefugnis oder der Vertretungsmacht der eingetragenen Gesellschafter*

Streitig ist in der Literatur die Frage, ob sich die Vermutungsregel der §§ 899 a S. 1, 891 BGB auf die Verfügungsbefugnis oder aber die Vertretungsmacht der eingetragenen Gesellschafter bezieht. Schon die Gesetzesbegründung ist insoweit unklar. Dort heißt es zum einen, dass die Regelung eine Vermutung begründe, wenn die eingetragenen Gesellschafter über das Eigentum „verfügen"[167], zum anderen spricht sie aber auch von der Vermutung, dass die GbR ordnungsgemäß „vertreten" ist[168]. Die wohl überwiegende Ansicht spricht sich für eine Vermutung bezogen auf die Vertretungsmacht der Gesellschafter aus[169]. Auch wenn die §§ 891, 892 BGB bisher und auch weiterhin „nur" den guten Glauben daran schützen, dass der eingetragene Rechtsträger auch tatsächlich Inhaber des Rechts ist, und nicht etwa – im Falle der GbR – auch den guten Glauben an die Vertretungsmacht[170] der eingetragenen Gesellschafter, so ist § 899 a BGB als Ausnahmevorschrift in diesem Zusammenhang anzusehen[171]. Die Gegenansicht, welche sich für eine Vermutung der Verfügungsbefugnis ausspricht, stützt sich im Wesentlichen darauf, dass die gesetzlich vermutete kollektive Vertretungsmacht aller Gesellschafter der GbR im Widerspruch zu dem in der Praxis häufig anzutreffenden Regelungsmodell der organschaftlichen Vertretung durch einzelne oder einen Teil der Gesellschafter stünde[172].

Naheliegender erscheint meines Erachtens die Annahme, dass sich die Vermutung des § 899 a BGB auf die Vertretungsmacht der Gesellschafter beziehen soll. Dies wäre dann zwar als Novum anzusehen und würde einen gesetzlichen Paradigmenwechsel in der Gestalt darstellen, dass der öffentliche Glaube des

167 BT-Drucks. 16/13437, S. 26 (rechte Spalte, Mitte).

168 BT-Drucks. 16/13437, S. 26 (recht Spalte, unten).

169 *Westermann*, WM 2013, 441, 447; *Böttcher*, notar 2012, 111, 112; *Wilhelm*, NZG 2011, 801, 806; *Witt*, BB 2011, 259, 260; *Kiehnle*, ZHR 174 (2010), 209, 213, 219; *Wertenbruch*, ZIP 2010, 1884, 1885; *Lautner*, DNotZ 2009, 650, 667; a.A. *Ulmer*, ZIP 2011, 1689, 1696. *Altmeppen*, NJW 2011, 1905 sieht in § 899 a BGB weder den guten Glauben an die Vertretungsmacht noch an die Verfügungsbefugnis geschützt, sondern hält die Norm insgesamt für „misslungen" und ohne Anwendungsbereich.

170 Ganz h.M., siehe u.a. RGZ 134, 283, 284; Staudinger/*Gursky* (2013), § 892, Rn. 67; Palandt/*Bassenge*, § 892, Rn. 3; MüKoBGB/*Kohler*, § 892, Rn. 15; *Witt*, BB 2011, 259, 260; *Krüger*, NZG 2010, 801, 803.

171 *Wilhelm*, NZG 2011, 801, 806; *Kiehnle*, ZHR 174 (2010), 209, 213; in eine ähnliche Richtung *Wertenbruch*, ZIP 2010, 1884, 1885,

172 *Ulmer*, ZIP 2011, 1689, 1696.

Grundbuches auf die Vertretungsmacht anzuwenden wäre[173]. Allerdings ist diese Deutung aufgrund der Rechtsfähigkeit der GbR, welche die neuen Vorschriften auch zu Grunde legen, geboten.

d) Ausweitung des Anwendungsbereichs des § 899 a BGB auf die schuldrechtliche Ebene

Nicht erörtert und damit auch nicht beantwortet wird vom Gesetzgeber die Frage nach dem Schicksal des zugrundeliegenden Verpflichtungsgeschäfts. Dieses bildet den Rechtsgrund für den Grundstückserwerb. Und auch hierbei muss die GbR wirksam vertreten worden sein. Ein von den Handelnden ohne hinreichende Vertretungsmacht abgeschlossener Kaufvertrag wäre ansonsten zunächst schwebend unwirksam (§ 177 BGB) und bei verweigerter Genehmigung durch die GbR endgültig unwirksam. Hieraus würden sich zwei schwerwiegende Konsequenzen ergeben[174]: Zum einen könnte man zu der Annahme kommen, dass § 899 a BGB weitgehend leer liefe, wenn sich der Gutglaubensschutz nur auf das dingliche Verfügungsgeschäft und nicht auch auf das Verpflichtungsgeschäft erstrecken würde; der Erwerb von Grundeigentum von einer GbR hätte letztlich bei fehlerhafter Eintragung der Gesellschafter keinen Bestand[175]. Denn die GbR könnte den verlorenen Gegenstand bereicherungsrechtlich zurückverlangen[176]. Zum anderen stellt sich die Frage, ob die zugunsten des Erwerbers eingetragene Auflassungsvormerkung noch zum Schutz des Erwerbers vor Zwischenverfügungen geeignet ist, da diese mangels sicherbaren Anspruchs gar nicht erst entstehen würde[177].

aa) Meinungsstand

Die Ausführungen in der Gesetzesbegründung geben wenig Aufschluss über die hier zu entscheidende Frage. Dort heißt es zunächst, dass die Eintragung der Gesellschafter wieder eine *„gesicherte Grundlage für die Anwendung der §§ 891 bis 899 des Bürgerlichen Gesetzbuchs“* bilden soll, welche derzeit gefehlt habe[178]. In erster Linie wollte der Gesetzgeber eine (zumindest teilweise) Rückkehr zu dem Rechtszustand, welcher vor Anerkennung der Rechtsfähigkeit der GbR

---

173 So auch *Wilhelm*, NZG 2011, 801, 809.

174 Dazu später ausführlich unter C. II. 3. Praktische und rechtliche Konsequenzen, S. 45.

175 *Wertenbruch*, ZIP 2010, 1884.

176 *Hartmann*, ZNotP 2011, 139.

177 *Hartmann*, ZNotP 2011, 139; *Lieder*, Jura 2012, 335, 338.

178 BT-Drucks. 16/13437, S. 24.

geherrscht hatte. Daher heißt es in der Gesetzesbegründung weiter: „*Solange bei der GbR die Gesellschafter selbst als gesamthänderische Rechtsinhaber angesehen wurden, waren die §§ 892 bis 899 BGB ohne weiteres direkt auf eine entsprechende Grundbucheintragung anwendbar.*“[179] Satz 2 des neuen § 899 a BGB sollte diesen Rechtszustand auf Grundlage der neuen Rechtsentwicklung nachbilden[180]. Ob damit auch eine Ausdehnung auf das schuldrechtliche Verpflichtungsgeschäft angestrebt wurde, wird ausdrücklich nicht erwähnt.

In der Literatur gehen die Meinungen zur Reichweite des § 899 a BGB weit auseinander. Sie reichen von absoluter Ablehnung einer Anwendung des § 899 a BGB auf das Schuldrecht über eine zwar ablehnende Haltung allerdings mit Behelfslösungen wie das Heranziehen von Rechtsscheingrundsätzen bis hin zur analogen Anwendung von § 899 a BGB.

Einigkeit herrscht zumindest in der Hinsicht, dass § 899 a BGB mangels des erforderlichen unmittelbaren Bezugs nicht auf den Erwerb eines GbR-Anteils von einem Buchgesellschafter[181] anwendbar ist, ebenso wenig wie auf die Mitveräußerung von beweglichen Sachen (beispielsweise Einrichtungsgegenstände für das auf dem Grundstück stehende Gebäude)[182]. Dies gilt wegen der Verweisung in § 926 Abs. 2 BGB auf §§ 932 ff. BGB auch dann, wenn es sich um Grundstückszubehör handelt[183].

(1) Ablehnende Ansicht

In der Tat erscheint eine Anwendung von § 899 a BGB auf das Verpflichtungsgeschäft aufgrund des geltenden Trennungs- und Abstraktionsprinzips zunächst abwegig[184]. Daher sprechen sich auch einige Stimmen in der Literatur vehement gegen eine (entsprechende) Anwendung aus[185]. Insbesondere die systematische Stellung des § 899 a BGB wird hierbei als Argument angeführt. Denn § 899 a

---

179 BT-Drucks. 16/13437, S. 27.

180 BT-Drucks. 16/13437, S. 27.

181 BT-Drucks. 16/13437, S. 27; *Witt*, BB 2011, 259, 260; *Langenfeld*, ZEV 2010, 17, 22; *Heinze*, RNotZ 2010, 289, 297.

182 MüKoBGB/*Kohler*, § 899 a, Rn. 18; *Langenfeld*, ZEV 2010, 17, 22, *Lautner*, DNotZ 2009, 650, 672; *Wicke*, GWR 2009, 336, 338.

183 *Kohler*, Jura 2012, 83, 86.

184 So auch *Albers*, ZfIR 2010, 705, 710.

185 Siehe u.a. Palandt/*Bassenge*, § 899 a, Rn. 6; MüKoBGB/*Kohler*, § 899 a, Rn. 16; BeckOK-BGB/*Eckert*, § 899 a, Rn. 5 f.; jurisPK-BGB/*Touissant*, § 899 a BGB, Rn. 28; *Bestelmeyer*, Rpfleger 2010, 169; *Kiehnle*, ZHR 2010, 209; *Krüger*, NZG 2010, 801; *Kesseler*, NJW 2011, 1909.

BGB ist systematisch in die Vorschriften über die Unrichtigkeit des Grundbuches und den Erwerb eines Grundstücksrechts vom Buchberechtigten eingereiht, steht folglich im dritten Buch des BGB, dem Sachenrecht[186]. Da aber nach dem Abstraktions- und Trennungsprinzip Verpflichtungs- und Verfügungsgeschäft streng voneinander zu unterscheiden und unabhängig voneinander zu betrachten sind, drängt sich die Frage auf, ob eine – zumindest systematisch – sachenrechtliche Norm ohne Weiteres auf das schuldrechtliche Verpflichtungsgeschäft angewendet werden kann. Auch die Formulierung „in Ansehung des eingetragenen Rechts" sehen viele als Zeichen dafür, dass § 899 a BGB nur dingliche Wirkung entfaltet, da es sich hierbei nur um solche Rechtshandlungen handeln könne, welche einen unmittelbaren Bezug zum Eintragungsgegenstand aufweisen. Dies sei aber nur beim Verfügungs- und nicht beim Verpflichtungsgeschäft der Fall[187].

Gegen eine analoge Anwendung des § 899 a BGB spreche weiterhin die Funktion des Grundbuches. Diese bestünde darin, die dingliche Rechtslage an Grundstücken zu ordnen und sicherzustellen, nicht aber schuldrechtlichen Verträgen zu ihrer Wirksamkeit zu verhelfen[188].

Auch der klar in der Gesetzesbegründung zum Ausdruck kommende Wille des Gesetzgebers, kein allgemeines GbR-Register schaffen zu wollen[189], sondern vor allem eine Erleichterung von Geschäften mit unmittelbarem Bezug zum Eintragungsgegenstand herbeizuführen, zeige, dass § 899 a BGB gerade keine Geschäfte über andere Gegenstände wie etwa Grundstückszubehör umfassen solle. Dies spreche für einen engen Anwendungsbereich von § 899 a BGB und damit gegen eine Ausweitung auf das Verpflichtungsgeschäft[190].

Darüber hinaus könne schon nicht von einer analogen Anwendung ausgegangen werden, da es an der für eine Analogie notwendigen planwidrigen Regelungslücke fehle[191]. Der Gesetzgeber sei nämlich bei Erlass des § 899 a BGB in „analogiezerstörender Weise"[192] tätig geworden, da er in Kenntnis der dadurch ausgelösten Problematik gehandelt habe[193].

---

186 Vgl. *Kesseler*, NJW 2011, 1909, 1913.

187 Palandt/*Bassenge*, § 899 a, Rn. 6; MüKoBGB/*Kohler*, § 899 a, Rn. 15 f.

188 *Albers*, ZfIR 2010, 705, 710.

189 BT-Drucks. 16/13437, S. 27.

190 *Albers*, ZfIR 2010, 705, 710.

191 Staudinger/*Gursky* (2013), § 899 a, Rn. 11; NK-BGB/*Krause*, § 899 a, Rn. 15.

192 *Bestelmeyer*, Rpfleger 2010, 169, 175 m.w.N.

193 Siehe dazu u.a. *Häublein*, FS Roth, 2011, S. 221, 224, insbesondere Fn. 17 ff.; *Bestelmeyer*, Rpfleger 2010, 169, 176; a.A. *Albers*, ZfIR 2010, 705, 711; *Heinze*, RNotZ 2010, 289, 297.

(2) Befürwortende Ansicht

Auch die meisten Gegenstimmen erkennen grundsätzlich an, dass die Regelung des § 899 a BGB dem Wortlaut und seiner systematischen Stellung nach als sachenrechtliche Regelung konzipiert wurde und daher auch zunächst und in direkter Form nur auf das dingliche Rechtsgeschäft anwendbar ist[194]. Nur vereinzelt sprechen sich manche Literaturmeinungen für eine direkte Anwendung des § 899 a BGB auf das schuldrechtliche Verpflichtungsgeschäft aus[195]. Der Großteil will § 899 a BGB jedoch analog auf die schuldrechtliche Ebene anwenden[196]. Der Formulierung „in Ansehung des eingetragenen Rechts“ ließe sich eine Einschränkung nur auf die dingliche Verfügungsebene nicht entnehmen. Vielmehr erfolge gerade auch der Abschluss des Kaufvertrages in „Ansehung des eingetragenen Grundstückseigentums“[197]. Der erforderliche Bezug, um von der Vermutung des § 899 a BGB erfasst zu werden, sei also für diejenigen Verpflichtungsgeschäfte anzunehmen, welche eine Erfüllung der Verfügung in Ansehung des eingetragenen Rechts bedeuten würden[198]. „In Ansehung“ sei in diesem Zusammenhang nicht anders zu verstehen als „mit (unmittelbarem) Bezug auf“ und könne daher auch auf das entsprechende schuldrechtliche Geschäft bezogen werden. Und selbst hierbei bedeute unmittelbarer Bezug nicht notwendigerweise unmittelbares Einwirken auf das Recht im Sinne einer Verfügung[199].

Hauptargument aber – so die Meinungen, welche sich für eine (direkte oder analoge) Anwendung des § 899 a BGB aussprechen – sei der Gesetzeszweck der Norm. Der Gesetzgeber habe mit der Einführung des § 899 a BGB sicherlich nicht das absurde Ergebnis herbeiführen wollen, dass zwar gutgläubig Eigentum von einer fälschlich im Grundbuch ausgezeichneten GbR erworben werden könne, dies jedoch im Wege der Kondiktion mangels wirksamen Kaufvertrages wieder herauszugeben wäre[200]. Die Vorschrift verfolge das Ziel, die

---

194 *Launter*, DNotZ 2009, 650, 670; *Miras*, DStR 2010, 604, 606.

195 *Heinze*, RNotZ 2010, 289, 298; *Wertenbruch*, ZIP 2010, 1884, 1885.

196 Siehe u.a. *Prütting*, Sachenrecht, Rn. 235 a; *Armbrüster*, ZGR 2013, 366, 380; *Böttcher*, AnwBl 2011, 1, 10; *Albers*, ZfIR 2010, 705, 713; *Heinze*, RNotZ 2010, 289, 298; *Miras*, DStR 2010, 604, 607; *Launter*, DNotZ 2009, 650, 671.

197 *Wertenbruch*, ZIP 2010, 1884, 1885; *Lautner*, DNotZ 2009, 650, 671.

198 *Heinze*, RNotZ 2010, 289, 298; besonders nachdrücklich *Wertenbruch*, ZIP 2010, 1884, 1885.

199 *Lautner*, DNotZ 2009, 650, 671 f.

200 Siehe u.a. *Armbrüster*, ZGR 2013, 366, 380; *Böttcher*, AnwBl 2011, 1, 10; *Albers*, ZfIR 2010, 705, 713 („würden […] den Rechtsverkehr unerträglich beschweren“); *Heßeler/Kleinhenz*, WM 2010, 446, 449; *Lautner*, DNotZ 2009, 650, 671 („aus Verkehrsschutzgesichtspunkten unerträgliches Ergebnis“); *Ruhwinkel*, MittBayNot 2009, 421, 423

Sicherheit und Leichtigkeit des Grundstücksverkehrs unter Beteiligung von GbR zu gewährleisten[201]. Würde man die analoge Anwendung des § 899 a BGB auf das Verpflichtungsgeschäft nicht zulassen, so müsste ein Erwerber noch Jahre nach der Auflassung damit rechnen, das gutgläubig erworbene Grundstücksrecht an den Veräußerer rückauflassen zu müssen. Ein solches Ergebnis ginge aber nicht nur zu Lasten der Vertragspartei, sondern auch zu Lasten des Rechtsverkehrs[202]. Auch wenn der Wille des Gesetzgebers nicht klar und deutlich im Wortlaut der Norm umgesetzt wurde, so würde er doch hinreichend deutlich, wenn es in den Gesetzesmaterialien heißt, dass die GbR als ordnungsgemäß vertreten gilt, *„wenn diejenigen Personen in ihrem Namen handeln, die als ihre Gesellschafter im Grundbuch verlautbart sind“*[203]. Da vor Anerkennung der Rechtsfähigkeit der GbR auch von (Schein-)Gesellschaftern wirksam Eigentum erworben werden konnte und ausweislich der Gesetzesmaterialien – wie bereits mehrfach dargestellt – durch die Neuregelungen dieser Zustand wiederhergestellt werden sollte, sei von einer planwidrigen Regelungslücke auszugehen. Diese sei im Wege der Analogiebildung zu § 899 a BGB zu schließen[204].

Zudem könne man die Norm des § 1138 BGB als Auslegungshilfe für eine analoge Anwendung des § 899 a BGB auch auf das Verpflichtungsgeschäft brauchbar machen. Denn nach § 1138 BGB ist es möglich, gutgläubig eine Hypothek zu erwerben, auch wenn diese wegen des Erlöschens der Forderung zur Eigentümergrundschuld wurde. Dies würde zeigen, dass auch schuldrechtliche Rechtsverhältnisse in sachenrechtlichen Gutglaubensvorschriften bedeutsam sein können[205].

(„unerträglicher Wertungswiderspruch der Rechtsordnung“); vgl. auch *Tolani*, JZ 2013, 224, 231.

201 *Lieder*, Jura 2012, 335, 338.

202 *Tolani*, JZ 2013, 224, 231.

203 BT-Drucks. 16/13437, S. 26; vgl. *Miras*, DStR 2010, 604, 607.

204 *Lieder*, Jura 2012, 335, 338, der sich jedoch nur für die Anerkennung einer analogen Anwendung, welche auf das zur Verwirklichung des Regelungsziels der Vorschrift erforderliche Maß beschränkt ist, ausspricht. Die Wirkung der analogen Anwendung seien daher beschränkt zum einen auf den Ausschluss eines etwaigen Kondiktionsanspruches der GbR und zum anderen auf die Sicherung des Grundstückserwerbs durch Eintragung einer wirksamen Auflassungsvormerkung. Darüber hinausgehende Rechtswirkungen seien durch Analogiebildung zu § 899 a BGB nicht begründbar.

205 *Heinze*, Die GbR im Grundbuch nach dem ERVGBG, S. 39; vgl. auch *Ruhwinkel*, MittBayNot 2009, 412, 423.

(3) Vermittelnde Ansicht

Einige Stimmen in der Literatur sprechen sich zwar ebenfalls gegen eine (analoge) Anwendung des § 899 a BGB auf das Verpflichtungsgeschäft aus, wollen allerdings die vom Gesetzgeber wohl unbeabsichtigten Konsequenzen daraus umgehen, indem sie die fehlende Vertretungsmacht bei Abschluss des schuldrechtlichen Vertrages über die Grundsätze der Rechtsscheinvollmachten ersetzen[206]. Eine GbR, die Eigentümerin eines Grundstückes sei, nehme regelmäßig auch in erheblichem Umfang am Rechtsverkehr teil, sei es durch den Abschluss von Mietverträgen oder durch das Zahlen der Grundsteuer. Bei all diesen Rechtsgeschäften werde die GbR durch ihre Gesellschafter vertreten. Diese setze dadurch den Rechtsschein, dass die für sie Handelnden auch zur Vertretung der Gesellschaft berechtigt sind. Die Gesellschaft müsse sich daher regelmäßig schuldrechtlich die Erklärungen nach den Grundsätzen der Rechtsscheinvollmacht (Anscheins- oder Duldungsvollmacht) zurechnen lassen[207].

bb) Stellungnahme

(1) Grammatische Auslegung

Schon nach der klassischen Auslegungslehre *Savignys*[208] war stets vom möglichen Wortsinn des Gesetzes auszugehen. Er ist zugleich Ausgangs- aber auch Endpunkt und Grenze der Auslegung[209]. Bei § 899 a BGB soll die Formulierung „in Ansehung des eingetragenen Rechts" verdeutlichen, dass es genau um diejenigen Rechtspositionen bzw. Rechtshandlungen geht, die einen unmittelbaren Bezug zu dem Gegenstand haben, welcher zugunsten der GbR im Grundbuch eingetragen ist[210]. Wie bereits erläutert ist ein derartiger unmittelbarer Bezug vor allem bei Rechtsgeschäften über bewegliche Sachen ebenso wie bei der Übertragung von Gesellschaftsanteilen zu verneinen. Aber auch für schuldrechtliche Geschäfte fehlt der notwendige unmittelbare Bezug. Dies gilt auch für solche Rechtshandlungen, die den Bestand und den Inhalt des Immobiliarrechts

---

206 *Lehmann*, DStR 2011, 1036; *Kuckein/Jenn*, NZG 2009, 848, 851; *Lautner*, DNotZ 2009, 650; *Wicke*, GWR 2009, 336, 338.

207 *Altmeppen*, ZIP 2011, 1937, 1942; *ders.*, NJW 2011, 1905, 1908 f.; *Lehmann*, DStR 2011, 1036, 1038; *Wicke*, GWR 2009, 336, 338.

208 Siehe dazu v.a. *Savigny*, System des heutigen Römischen Rechts I, 1840; *ders.* Juristische Methodenlehre, hrsg. von G. Wesenberg, 1951.

209 *Larenz*, Methodenlehre, S. 320, 322; *Zippelius*, Juristische Methodenlehre, Kap. III, § 9, S. 37.

210 So auch noch BT-Drucks. 16/13437, S. 26 f.

bestimmen, so wie es namentlich bei der akzessorischen Hypothek und der ebenfalls akzessorischen Vormerkung der Fall ist[211]. Zwar stellt man bei einer dezidierteren Auseinandersetzung mit dem Wortlaut „in Ansehung“ fest, dass dieser in einer Vielzahl von Rechtsvorschriften verwendet wird; allein im BGB finden sich etwa 40 Vorschriften, so beispielsweise §§ 105 a, 166 Abs. 2, 407 Abs. 1, 893, 1138 BGB[212]. Allerdings stellt man ebenso fest, dass die verschiedenen Normen auch ganz unterschiedliche Regelungsziele verfolgen[213]. Auch wenn im Zweifel davon auszugehen ist, dass sich das Gesetz eines einheitlichen Sprachgebrauches bedienen will und es daher gängiger Auslegungspraxis entspricht, gleichlautende Formulierungen auch übereinstimmend auszulegen (Einheitlichkeit der Terminologie)[214], kann dieses Auslegungsargument kein allzu großes Gewicht haben, wenn es mit der „Funktionsgebundenheit der Rechtsbegriffe“[215] konkurrieren würde[216]. Im vorliegenden Fall mag man sich unter Umständen noch dafür aussprechen können, dass auch eine (analoge) Anwendung von § 899 a BGB auf schuldrechtliche Rechtsgeschäfte vom Wortlaut der Norm gedeckt wäre. Ein Vergleich zu anderen Normen mit ähnlicher oder sogar gleichlautender Formulierung „in Ansehung“ schließt dieses Ergebnis zumindest nicht gänzlich aus. Dennoch spricht meines Erachtens viel dafür, den Wortlaut des § 899 a BGB dahingehend zu verstehen, dass davon lediglich die sachenrechtliche Ebene umfasst werden sollte.

Hingegen können aus der Norm des § 1138 BGB und seinem Wortlaut keinerlei Rückschlüsse gezogen werden, wie es manche Befürworter[217] tun. Anders als bei § 899 a BGB wird bei § 1138 BGB eine Forderung zur Aufrechterhaltung des Akzessorietätsprinzips für eine Verfügung fingiert. Durch § 1138 BGB wird ein abgeleiteter Erwerb einer mangels gesicherter Forderung nicht bestehender, aber eingetragener Hypothek ermöglicht, ohne dass es hierbei auf den schuldrechtlichen Anspruch auf Übertragung der Hypothek ankäme. Diese Sach- und Rechtslage ist jedoch nicht vergleichbar mit der des § 899 a BGB. Denn hier soll dem Verpflichtungsgeschäft unter Heilung vertretungsrechtlich bedingter

---

211 *Kohler*, Jura 2012, 83, 85.

212 Siehe zu weiteren Beispielen *Heinze*, Die GbR im Grundbuch nach dem ERVGBG, S. 38, Fn. 240.

213 Hierzu ausführlich *Heinze*, Die GbR im Grundbuch nach dem ERVGBG, S. 38 ff.

214 *Zippelius*, Juristische Methodenlehre, Kap. III, § 10 III, S. 43.

215 *Zippelius*, Juristische Methodenlehre, Kap. III, § 10 VI, S. 50.

216 *Heinze*, Die GbR im Grundbuch nach dem ERVGBG, S. 39.

217 Siehe z.B. *Ruhwinkel*, MittBayNot 2009, 421, 423.

Unwirksamkeit dennoch zur Wirksamkeit verholfen werden[218]. § 1138 BGB ist als Ausnahmeregelung konzipiert und kann daher nicht als Auslegungshilfe herangezogen werden[219]. Vielmehr spricht die Existenz des § 1138 BGB dafür, dass eine Anwendung von sachenrechtlichen Vorschriften auf schuldrechtlicher Ebene einer ausdrücklichen gesetzlichen Anordnung bedarf[220].

(2) Systematische Auslegung

Die Auslegung nach der Systematik einer Norm knüpft insbesondere daran an, in welchen Kontext die Norm eingeordnet ist. Ausgangspunkt ist hierbei die Annahme, dass das Gesetz oder ein bestimmter Normenkomplex auf einem einheitlichen und möglichst widerspruchsfreien Regelungsplan beruht. Keine Rechtsnorm steht für sich allein.[221] Die auszulegende Norm sollte daher weder zu den Inhalten noch Rechtsfolgen der anderen, dem entsprechenden Komplex zugehörigen Normen im Widerspruch stehen[222].

§ 899 a BGB ist bei den allgemeinen Vorschriften über Rechte an Grundstücken und damit im Dritten Buch (Sachenrecht) des BGB eingeordnet worden. Es scheint daher äußerst naheliegend, daraus ein Argument für eine ausschließliche Anwendung auf Verfügungen zu ziehen. Allerdings ist der Schluss von der systematischen Stellung auf den Charakter der Rechtsvorschrift nicht zwingend[223]. Immer wieder kreuzen Normen scheinbar „systemfremd" in anderen Normenkomplexen auf[224].

Dass der Einordnung einer Rechtsnorm jedoch eine starke Indizwirkung zukommt und auch zukommen muss, lässt sich nur schwerlich abstreiten. Hinzu kommt, dass § 899 a BGB in seinem Satz 2 auf die §§ 892 – 899 BGB verweist. Diese regeln unzweifelhaft nur den sachenrechtlichen Erwerb[225]. Ein derart enger systematischer Zusammenhang, nicht nur der äußeren Erscheinung nach, sondern auch inhaltlicher Natur, spricht für eine Begrenzung des § 899 a BGB

---

218 Siehe zu alledem *Kohler*, ZIP 2011, 2277, 2279; vgl. auch *Reymann*, FS Reuter, 2010, S. 271, 283 f.

219 Vgl. *Teichmann/Körber/Schaub*, JuS 2011, 723, 728; *Krüger*, NZG 2010, 801, 806; ebenfalls ablehnend *Hartmann*, RNotZ 2011, 401, 407.

220 *Teichmann/Körber/Schaub*, JuS 2011, 723, 729.

221 *Rüthers/Fischer/Birk*, Rechtstheorie, Rn. 745.

222 *Larenz*, Methodenlehre, S. 325; *Zippelius*, Juristische Methodenlehre, Kap. III, § 8, S. 36.

223 *Heinze*, Die GbR im Grundbuch nach dem ERVGBG, S. 41.

224 So gibt es beispielsweise Strafnormen im Handelsgesetzbuch, siehe § 341 m HGB.

225 *Kohler*, ZIP 2011, 2277, 2279; *Krüger*, NZG 2010, 801, 806.

auf das Sachenrecht[226]. Zwar wäre es durchaus denkbar gewesen, § 899 a BGB auch im Recht der Gesellschaft in den §§ 705 ff. BGB zu verorten[227] oder aber die Norm beim allgemeine Stellvertretungsrecht nach den §§ 164 ff. BGB einzugliedern[228]. Allerdings ist zu beachten, dass § 899 a BGB nicht den Bestand der Vertretungsbefugnis als solcher regelt. Die Vorschrift besagt nichts darüber, ob eine organschaftliche Vertretung durch alle Gesellschafter gegeben ist, oder ob eine hiervon abweichende Regelung getroffen wurde[229]. Vielmehr knüpft § 899 a BGB eine Vermutung an eine Eintragung in das Grundbuch und entspricht daher der gesetzlichen Richtigkeitsvermutung des Grundbuchs nach § 891 BGB[230]. Die systematische Eingliederung in das Sachenrecht war daher auch folgerichtig und sachgerecht. Dies wiederum spricht gegen eine Anwendung des § 899 a BGB auf die schuldrechtliche Ebene.

(3) Historische und teleologische Auslegung

Die Besonderheit der historischen Auslegung beruht laut *Savigny* auf der Überlegung, dass das Recht eine Erscheinung des Volksgeistes sei; das Recht habe somit seine „natürliche Quelle" im Willen des Volkes[231]. Mag diese „Lehre vom Volksgeist" auch etwas überholt anmuten, so ist ihr auch aus heutiger Sicht zumindest insofern zuzustimmen, dass das Recht für den überwiegenden Teil der Gemeinschaft konsensfähig sein soll[232]. Es ist also nach der erkennbaren Regelungsabsicht und der Wertentscheidung des historischen Gesetzgebers zu fragen[233]. Allerdings ist zu beachten, dass nach ganz h.M. der subjektive Wille des Gesetzgebers nicht allein entscheidend ist. Das BVerfG hat dazu bereits 1966 festgestellt, dass *„der objektive Wille des Gesetzgebers durch Auslegung des Wortlautes und des Gesetzeskontextes zu ermitteln"* ist[234]. Maßgebend, so das BVerfG später, sei danach der in einem Gesetz zum Ausdruck kommende objektivierte Wille des Gesetzgebers[235].

---

226 A.A. *Wertenbruch*, ZIP 2010, 1884, 1885.

227 Dafür *Häublein* in Bayer/Koch, Die BGB-Gesellschaft im Grundbuch, S. 42; siehe auch *Wertenbruch*, ZIP 2010, 1884, 1885, insbes. Fn. 18.

228 Vgl. *Reymann*, ZfIR 2009, 81, 85 ff.; siehe auch *Krauß,* Immobilienkaufverträge, Rn. 395.

229 *Tolani*, JZ 2013, 224, 229.

230 So auch schon die Gesetzesbegründung, BT-Drucks. 16/13437, S. 26.

231 *Zippelius*, Juristische Methodenlehre, Kap. III, § 8, S. 36 f., insbes. Fn. 8 ff.

232 *Zippelius*, Methodenlehre, Kap. III, § 8, S. 37.

233 *Larenz*, Methodenlehre, S. 328.

234 BVerfGE 20, 283.

235 BVerfGE 79, 106.

Aufschluss über die Vorstellungen des Gesetzgebers ergibt sich häufig aus der Entstehungsgeschichte. Vor allem bei sogenannten Maßnahmegesetzen kann diese umso mehr ins Gewicht fallen je weniger sich die Lebensverhältnisse seit Inkrafttreten des Gesetzes geändert haben[236]. Zu betrachten sind daneben die Materialien, die zu dem in Frage stehenden Gesetz geführt haben, wie etwa Entwürfe, Beratungsprotokolle und Begründungen[237].

Folgt man den Befürwortern einer Ausdehnung des Anwendungsbereichs von § 899 a BGB, so ist das gewichtigste Argument der gesetzgeberische Zweck und die Zielsetzung des § 899 a BGB[238]. In ihren Augen wäre es mit dem Willen des Gesetzgebers unvereinbar, würde man § 899 a BGB nur auf das dingliche Verfügungsgeschäft anwenden und somit den Erwerber einem Kondiktionsanspruch der GbR aussetzen[239]. Angesichts der eindeutigen gesetzgeberischen Vorstellung müsse insbesondere das Argument der entgegenstehenden systematischen Einordnung des § 899 a BGB im Sachenrecht zurücktreten. § 899 a BGB sei zwar eine grundstücksbezogene, aber eben auch zugleich eine vertretungsrechtliche Norm und nehme daher im Sachenrecht eine absolute Ausnahmestellung ein[240].

Allerdings darf den Gesetzesmaterialien und dem Willen des Gesetzgebers auch nur insoweit Bedeutung beigemessen werden, als dies mit dem Wortlaut der auszulegenden Norm zu vereinbaren ist. Oder um es mit den Worten von *Krüger* auszudrücken: *„Der Gesetzgeber mag sich vielerlei denken. Wenn er das Gedachte nicht zum Gegenstand einer gesetzlichen Regelung macht, bleiben die in der Gesetzesbegründung niedergelegten Gedanken folgenlos.“*[241] Wie zwar bereits zuvor festgestellt wurde, ist der Wortlaut des § 899 a BGB nicht zu 100% aufschlussreich und kann im Hinblick auf die Formulierung „in Ansehung des eingetragenen Rechts“ durchaus auch in die Richtung ausgelegt werden, dass auch das schuldrechtliche Geschäft davon erfasst würde. Bleiben nach der Interpretation des Wortlauts und der Systematik des Gesetzes immer noch verschiedene Deutungsmöglichkeiten offen, ist es gerade dann angebracht, nach der Regelungsabsicht und den Normvorstellungen des Gesetzgebers zu fragen[242].

---

236 BGHZ 124, 147 = NJW 1994, 457; NK-BGB/*Krause*, § 899 a, Rn. 14; *Heinze*, ZfIR 2010, 713, 716.

237 *Larenz*, Methodenlehre, S. 330; *Schmalz*, Methodenlehre, Rn. 265; *Wank*, Die Auslegung von Gesetzen, S. 68.

238 siehe dazu bereits die Nachweise oben unter Fn. 200.

239 *Lautner*, DNotZ 2010, 643, 648 f.; Miras, DStR 2010, 604, 607.

240 *Lautner*, DNotZ 2010, 643, 649; *Wertenbruch*, ZIP 2010, 1884, 1885.

241 *Krüger*, NZG 2010, 801, 805; in eine ähnliche Richtung *Altmeppen*, NJW 2011, 1905, 1907.

242 *Larenz*, Methodenlehre, S. 328.

Hierbei ist zu berücksichtigen, dass der Gesetzgeber betonte, man wolle mit den Neuregelungen durch das ERVGBG den status quo ante weitestgehend wiederherstellen, welcher vor der Anerkennung der Rechtsfähigkeit der GbR bestand. Auch damals konnte der Erwerber von einer gesamthänderisch verstandenen GbR trotz fehlerhafter Gesellschaftereintragung zwar gutgläubig Eigentum von den eingetragenen Gesellschaftern erwerben, zu einer Wirksamkeit des zugrundeliegenden Verpflichtungsgeschäftes verhalf die Eintragung aber auch damals schon nicht[243].

Eine derartige Auslegung steht auch im Einklang mit der Funktion des Grundbuches. Dieses dient in erster Linie der Publizität der Eigentumsverhältnisse und schützt nicht den Erwerber bei fehlender Vertretungsmacht des Veräußerers[244]. Anders wäre dies freilich, wenn man dem Grundbuch die gleiche Funktion wie dem Handelsregister zuweisen würde. Dies soll aber ausweislich der Gesetzesmaterialien gerade nicht geschehen[245]. Zwar heißt es dort weiter, dass §§ 892, 899 a S. 2 BGB in ihrer Funktionsweise dem § 15 Abs. 3 HGB gleichen (sollen), dies *„allerdings beschränkt auf einen Kreis von bestimmten, unmittelbar auf das eingetragene Recht bezogenen Rechtshandlungen“*[246]. Dass davon nur die dingliche Ebene betroffen sein kann, ergibt sich bereits aus der Verweisung auf § 892 BGB.

(4) Eigene Stellungnahme

Meines Erachtens sprechen insgesamt die besseren Argumente gegen eine (analoge) Anwendung des § 899 a BGB auch auf das schuldrechtliche Verpflichtungsgeschäft. Nach dem Wortlaut und aus der Systematik der Norm lässt sich nur schwerlich ein anderes Ergebnis ableiten. Zudem würde durch die analoge Anwendung des § 899 a BGB den Gesellschaftern ein sehr weiter und überaus großer Gestaltungsspielraum zugestanden. Denn bei Verfügungen liegt es in der Natur der Sache, dass diese nur einen durch den Typenzwang vorgegebenen Inhalt haben können (Übertragung, Belastung, Inhaltsänderung, Aufhebung) und daher abgrenzbar sind. Dies ist bei Verpflichtungsgeschäften nicht der Fall. Im Schuldrecht herrscht grundsätzlich Vertragsfreiheit. Die Parteien können über den Inhalt des Rechtsgeschäfts weitestgehend disponieren. Häufig gibt es bei Verträgen über Grundstücke neben der Verpflichtung zur Eigentumsverschaffung auf der einen Seite und der zur Kaufpreiszahlung auf der anderen

243 MüKoBGB/*Kohler*, § 899 a, Rn. 16.
244 Bamberger/Roth/*Eckert*, § 899 a, Rn. 6.
245 BT-Drucks. 16/13437, S. 26.
246 BT-Drucks. 16/13437, S. 27.

Seite noch weitere Vereinbarungen, beispielsweise zur Mitveräußerung von beweglichen Sachen oder zur Haftung bei Rechts- und Sachmängeln. Der von § 899 a BGB geforderte Bezug zum Eintragungsgegenstand wäre dann nicht mehr hinreichend gewährleistet, da nicht abgrenzbar ist, welche Rechtsgeschäfte noch erfasst sind und welche nicht. Zudem ist nichts darüber gesagt, was von der Vertretungsmacht der Gesellschafter abgedeckt ist und was nicht. Eine uferlose Ausweitung des Anwendungsbereichs von § 899 a BGB war sicherlich nicht das vom Gesetzgeber angestrebte Ziel.

Bleibt man zudem bei dem Argument, dass der Gesetzgeber in erster Linie die Teilnahme der GbR am Immobilienverkehr stärken und wieder sicherer gestalten wollte, so muss man doch feststellen, dass dieses primäre Regelungsziel des Gesetzgebers auch dann erreicht wird, wenn man § 899 a BGB eben nur auf sachenrechtlicher Ebene anwendet. Der Grundstückserwerb von einer eingetragenen GbR ist wieder sicherer geworden. Dass vom Gesetzgeber unter Umständen sogar beabsichtigt gewesen sein könnte, dieses Regelungsziel in erster Linie sachenrechtlich umzusetzen, scheint vielen Befürwortern einer analogen Anwendung von § 899 a BGB auf das Verpflichtungsgeschäft gar nicht in den Sinn zu kommen. Betrachtet man einmal die Historie der Norm genauer, dann wird jedoch deutlich, dass § 899 a BGB den Charakter einer Maßnahmenorm hat, die darauf gerichtet ist, die Rechtsunsicherheit zu beheben, welche durch die Rechtsprechung des BGH zur Anerkennung der (auch formellen) Grundbuchfähigkeit der GbR im Jahr 2008 entstanden war[247]. Dabei ging es aber gerade nicht um die materielle Grundbuchfähigkeit, sondern rein um den dinglichen Vollzug von Erwerbsgeschäften mit GbR-Beteiligung. Das Vertretungsproblem auf schuldrechtlicher Ebene bestand bereits zuvor, nämlich spätestens seit der Anerkennung der Rechtsfähigkeit der GbR im Jahr 2001. Damals sah es der Gesetzgeber jedoch nicht als notwendig an, Maßnahmen zu ergreifen, um diese Problematik zu lösen. Wenn er dies nun nach dem BGH-Urteil 2008 für nötig hielt, ist dies wohl eher als Indiz dafür anzusehen, dass er die Rechtslage wieder an diejenige vor eben diesem Urteil anpassen wollte. Dies spricht meines Erachtens dafür, dass der Gesetzgeber keine die schuldrechtliche Ebene betreffende Regelung treffen wollte[248].

---

247 Siehe dazu auch *Häublein* in Bayer/Koch, Die BGB-Gesellschaft im Grundbuch, S. 35.
248 Siehe ausführlich zum Ganzen *Kohler*, ZIP 2011, 2277, 2279.

cc) Zwischenergebnis

Durch die Verweisung von § 899 a S. 2 BGB auf § 892 BGB und durch seine systematische Stellung wird klar, dass § 899 a BGB sich direkt nur auf Verfügungen beziehen kann und soll. Auf schuldrechtliche Rechtsgeschäfte findet er demnach keine Anwendung. Aber auch eine analoge Anwendung kann nach oben Gesagtem nicht ernsthaft in Betracht gezogen werden. Sowohl Wortlaut als auch Systematik und Historie sprechen – zwar nicht eindeutig aber doch überwiegend – gegen eine Analogie. Zudem sind die Gestaltungsmöglichkeiten bei Verpflichtungsgeschäften zu vielfältig und nicht klar begrenzbar. Der Handlungsspielraum der Gesellschafter wäre zu groß.

Daher kann § 899 a BGB auch nicht analog auf Verpflichtungsgeschäfte angewendet werden.

dd) Erwerberschutz nach Rechtsscheintatbeständen

In Betracht gezogen werden muss, ob man die Konsequenzen des zunächst schwebend unwirksamen Verpflichtungsgeschäftes anders vermeiden kann, indem man die fehlende Vertretungsmacht nicht über eine (analoge) Anwendung des § 899 a BGB herzustellen versucht, sondern – wie die vermittelnde Ansicht dies vertritt – auf die Grundsätze zurückgreift, welche über eine fehlende Vertretungsmacht hinweghelfen können[249]. Hierbei kann insbesondere an die allgemeinen Regeln über Rechtsscheinvollmachten, insbesondere also Duldungs- und Anscheinsvollmacht, gedacht werden[250]. Derartige Rechtsscheinvollmachten als Vertrauenshaftung begründen nur dann eine Haftung des angeblich Vertretenen, wenn durch sein Verhalten ein objektiver Vertrauenstatbestand geschaffen wurde, der auf eine Bevollmächtigung des Vertreters schließen lässt[251]. Seine dogmatische Grundlage findet die Vertrauenshaftung teilweise in einer analogen Anwendung der §§ 170 – 173 BGB oder des § 56 HGB, vor allem aber auch in dem aus § 242 BGB folgenden Gebot von Treu und Glauben[252].

---

249 *Albers*, ZfIR 2010, 705, 712.

250 So auch *Kohler*, ZIP 2011, 2277, 2280; *ders.*, Jura 2012, 83, 86; für Duldungsvollmacht *Lehmann*, DStR 2011, 1036, 1038; für Anscheinsvollmacht *Ulmer*, ZIP 2011, 1689, 1697.

251 BGH NJW 1952, 657, 658; BeckOK-BGB/*Schäfer*, § 167, Rn. 14.

252 MüKoBGB/*Schubert*, § 167, Rn. 92; BeckOK-BGB/*Schäfer*, § 167, Rn. 14; *Reymann*, ZfIR 2009, 81, 86.

Denken mag man in den hier entscheidungsrelevanten Fällen der fehlenden Vertretungsmacht der Gesellschafter an eine Anscheinsvollmacht[253]. Diese liegt in der Regel dann vor, wenn der vermeintlich Vertretene das Verhalten des für ihn Handelnden zwar nicht kennt, es bei pflichtgemäßer Sorgfalt aber hätte erkennen und verhindern können[254]. Der Geschäftsgegner darf sich dann auf den Rechtsschein der Vollmacht verlassen, wenn er nach Treu und Glauben und mit Rücksicht auf die Verkehrssitte annehmen durfte, dass dem scheinbar Vertretenen das Handeln nicht verborgen bleiben und es somit als geduldet auffassen durfte[255]. Zudem muss das Verhalten von einer gewissen Dauer oder Häufigkeit gewesen sein[256]. Ausnahmsweise kann aber auch bereits bei einem ein- bzw. erstmaligem Verhalten ein Rechtsschein angenommen werden, wenn das Verhalten des Vertreters ohne Vertretungsmacht mit großer Deutlichkeit für eine Bevollmächtigung spricht[257].

Allerdings stellt sich die Frage, ob die Grundbucheintragung als Rechtsscheinträger überhaupt in Betracht kommt und der GbR der im Grundbuch verlautbarte Inhalt auch schuldhaft zurechenbar ist. Dies wäre nur dann der Fall, wenn die GbR zumindest eine Obliegenheit trifft, das Grundbuch hinsichtlich seiner Gesellschafter aktuell zu halten[258]. Zudem müsste sich darüber hinaus die Grundbucheintragung als ein Hinweis der Duldung des Handelns der Gesellschafter durch die GbR auffassen lassen[259].

Dass das Grundbuch zumindest für den Immobilienverkehr einen erheblichen Rechtsschein setzen kann, liegt auf der Hand. Hierbei schließen es die Regelungen des BGB grundsätzlich nicht aus, dass sich der Rechtsscheinsgehalt des Grundbuches auch auf die schuldrechtliche Ebene bezieht[260]. Von Grundbucheintragungen gehen beweisrechtliche Vermutungswirkungen zugunsten der Richtigkeit von eingetragenen und gelöschten Rechten aus. Sie haben somit

---

253 So u.a. *Altmeppen*, ZIP 2011, 1937, 1942; *Kesseler*, NJW 2011, 1909, 1913; *Albers*, ZfIR 2010, 705, 712; *Kiehnle*, ZHR 174 (2010), 209, 227.

254 BGH NJW 1952, 657, 658; Palandt/*Ellenberger*, § 172, Rn. 11.

255 BGH NJW 1952, 657, 658; Palandt/*Ellenberger*, § 172, Rn. 11; BeckOK-BGB/*Schäfer*, § 167, Rn. 16.

256 BGH NJW 1956, 1673, 1674; Palandt/*Ellenberger*, § 172, Rn. 12; MüKoBGB/*Schubert*, § 167, Rn. 110; BeckOK-BGB/*Schäfer*, § 167, Rn. 14; *Kiehnle*, ZHR 174 (2010), 209, 227.

257 PWW/*Frensch*, § 167, Rn. 40.

258 So bereits vor Änderung durch das ERVGBG *Reymann*, ZfIR 2009, 81, 86.

259 *Kiehnle*, ZHR 174 (2010), 209, 227.

260 *Reymann*, FS Reuter, 2010, S. 271, 282.

eine Beweiserleichterung zur Folge. Zwar enthält das BGB keine ausdrücklichen Regelungen, dass unmittelbar aus dem Rechtsschein des Grundbuches Schuldverhältnisse erwachsen können. Allerdings kann man aus dem Recht der beweglichen Sachen Rückschlüsse darauf ziehen, dass dingliche Rechtsscheinträger auch auf schuldrechtlicher Ebene Rechtsscheintatbestände bilden können. Denn auch wenn der Besitz nur als Rechtsscheinträger für die Eigentümerstellung dient, kann er nach § 366 HGB auch Rechtsscheinträger für die Verfügungsmacht und im Rahmen des § 172 BGB auch Vertrauensträger für die schuldrechtliche Vertretungsmacht sein[261].

Zudem ist es eine gesetzlich formulierte Aufgabe des Rechtsinhabers, den Grundbuchstand korrekt zu halten[262]. Dies zeigt auch die Einführung des Satzes 3 in § 82 GBO, welcher den Grundbuchberichtigungszwang auf Änderungen im Gesellschafterbestand der GbR erstreckt. Wie bereits festgestellt, ist nicht klar geregelt, wen dieser Grundbuchberichtigungszwang trifft[263]. Vieles spricht dafür - zumindest auch - der GbR selbst den Grundbuchberichtigungszwang aufzuerlegen. Insofern wäre der GbR der durch die fehlerhafte Eintragung der Gesellschafter gesetzte Rechtsschein auch zurechenbar.

Damit ist jedoch noch nichts darüber gesagt, wie weit die Rechtsscheinwirkung des Grundbuches im Hinblick auf die Gesellschaftereintragung reicht. Über den Mangel an Vertretungsmacht kann er meines Erachtens nicht hinweghelfen. Die Reichweite des öffentlichen Glaubens an das Grundbuch legen die §§ 891, 892 BGB fest. § 899 a BGB erweitert dies, indem die Vorschrift ausnahmsweise auch den guten Glauben an die Vertretungsmacht der eingetragenen Gesellschafter schützt. Wie jedoch bereits zuvor aufgezeigt, gilt § 899 a BGB uneingeschränkt nur auf sachenrechtlicher Ebene. Auch wenn man naturgemäß bei persönlichen Angaben zum Rechtsinhaber - wie hier bei den Gesellschafterangaben zur GbR - nicht zwischen dinglicher und schuldrechtlicher Ebene differenziert[264], muss der Vertrauensschutz gerade wegen der Einführung von § 899 a BGB gesondert betrachtet werden. Würde man die Grundbucheintragung als Grundlage für die Anwendung von allgemeinen Rechtsscheingrundsätzen ausreichen lassen, käme man über diesen Weg doch zu einer wie auch immer gearteten Anwendung des § 899 a BGB auf das Verpflichtungsgeschäft[265].

---

261 Siehe zu alledem ausführlich *Reymann*, FS Reuter, 2010, S. 271, 282 ff.

262 *Kesseler*, NJW 2011, 1909, 1913.

263 Siehe dazu bereits B. II. 4. a) Die Neuregelungen im Einzelnen, S. 13.

264 So auch *Reymann*, FS Reuter, 2010, S. 271, 284.

265 *Krüger*, NZG 2010, 801, 806; ähnlich *D. Schmidt*, Jura 2012, 7, 9; *Kesseler*, NJW 2011, 1909, 1913; a.A. *Albers*, ZfIR 2010, 705, 712.

e) *Zwischenergebnis*

§ 899 a BGB kann nur soweit reichen, wie es Gesetzeszweck und vor allem sein Wortlaut zulassen. Wie jedoch zuvor festgestellt, gilt dies eben nur auf dinglicher Ebene. Und auch die Grundsätze von Duldungs- und Anscheinsvollmacht stoßen dort an ihre Grenzen, wo ihrem vermeintlichen Rechtsscheinträger – hier dem Grundbuch – ebenfalls Grenzen gezogen sind. Zu einer Wirksamkeit des schuldrechtlichen Vertrages vermag § 899 a BGB somit nicht zu verhelfen.

2. Das Grundbuch als gegenständlich beschränktes GbR-Register

Von einigen Stimmen in der Literatur wird angeregt, dass die Neuregelung des § 899 a BGB so zu verstehen sei, dass sie dem Grundbuch doch eine Art Registerfunktion zuweise, eben beschränkt auf das jeweilige betroffene Grundstück[266]. Wie bereits zuvor festgestellt hat sich der Gesetzgeber zwar sowohl gegen die Beseitigung der Rechtsfähigkeit als auch die Einführung eines GbR-Registers entschieden. Allerdings zielen die getroffenen Regelungen zumindest auf eine dem Handelsregister ähnliche Funktion ab. So heißt es in der Gesetzesbegründung unter anderem, dass § 899 a S. 2 BGB in Verbindung mit § 892 BGB in seiner Funktionsweise der Vorschrift des § 15 Abs. 3 HGB gleiche, dies allerdings eben nur beschränkt auf einen Kreis von bestimmten, unmittelbar auf das eingetragene Recht bezogenen Rechtshandlungen[267]. Dem Grundbuch würde insofern doch eine Funktion zukommen, welche typischerweise dem Handelsregister obliegt[268].

Die Lösung über ein beschränktes GbR-Register im Grundbuch würde das Problem der GbR-Rechtsfähigkeit ohne GbR-Register am ehesten beseitigen können[269]. Dennoch ist immer wieder darauf hinzuweisen, dass der Gesetzgeber betont, dass dem Grundbuch gerade nicht die Funktion eines allgemeinen Gesellschaftsregisters zukommen solle[270]. Handelsregister und Grundbuch

---

266 *Hertel*, FS Brambring, 2011, S. 171, 183; *Lautner*, DNotZ 2009, 650, 652 („kleines Ersatzregister"); *Rebhan*, NotBZ 2009, 445, 447 („das Grundbuch übernimmt damit eine Ersatzregisterfunktion").

267 BT-Drucks. 16/13437, S. 27.

268 Vgl. *Krüger*, NZG 2010, 801, 804, der auch von „ein bisschen Register" spricht; ebenso *Hertel* in Krüger/Hertel, Der Grundstückskauf, Rn. 1448; bereits vor Änderung der Rechtslage *Zimmer*, NZM 2009, 187, 188.

269 Zutreffend bei *Hertel* in Krüger/Hertel, Der Grundstückskauf, Rn. 1448 („*nicht dogmatisch schön, aber praktisch enorm hilfreich*").

270 BT-Drucks. 16/13437, S. 26.

unterscheiden sich grundlegend, ebenso wie die Konzepte des öffentlichen Glaubens an diese verschiedenen Register sich unterscheiden. § 899 a BGB ist daher von seiner Reichweite nicht so ausgeprägt wie § 15 HGB[271]. Dem Grundbuch insofern nunmehr Handelsregisteraufgaben zukommen lassen zu wollen, wäre systemwidrig, zumal es auch verfehlt wäre, das Handelsregister zu schonen und gleichzeitig das Grundbuch zu überfrachten[272]. Hinzu kommt, dass es den Vertragspartnern von GbR in erster Linie darauf ankommen wird, zu erfahren, wer die GbR im Rechtsverkehr vertritt. Bei besonders mitgliederstarken GbR kann diese Information meist nicht unmittelbar aus dem Grundbuch erlangt werden, da die §§ 709, 714 BGB in aller Regel abbedungen sein dürften. Das eigentliche Informationsbedürfnis wird daher nicht nur am falschen Ort, sondern auch nur sehr bedingt befriedigt[273]. All diese Umstände sprechen meines Erachten dagegen, dem Grundbuch eine beschränkte Registerfunktion zukommen zu lassen.

3. Praktische und rechtliche Konsequenzen

Wie bereits kurz angesprochen hat die Frage nach der Reichweite des § 899 a BGB und seinem Verhältnis zum schuldrechtlichen Kausalgeschäft deshalb eine so große Praxisrelevanz, da es – folgt man der hier vertretenen Auffassung – zu dem Szenario kommen könnte, dass ein Erwerber zwar über § 899 a BGB gutgläubig Eigentum von der GbR erwerben könnte, dieses Eigentum dann aber wegen Rechtsgrundlosigkeit der Verfügung wieder kondiziert werden könnte. Darüber hinaus würde eine zugunsten des Erwerbers eingetragene Auflassungsvormerkung mangels sicherbaren Anspruchs nicht zur Entstehung gelangen.

a) Bereicherungsrechtliche Ansprüche nach § 812 BGB

aa) Leistungs- oder Nichtleistungskondiktion

Angesichts des fehlenden Kaufvertrages als causa für das Verfügungsgeschäft stellt sich die Frage nach einer Kondiktion durch die GbR. Die Abgrenzung zwischen Leistungs- und Nichtleistungskondiktion ist an dieser Stelle deshalb von Bedeutung, da sich nach dem Grundsatz des „Vorrangs der Leistungsverhältnisse" ein Bereicherungsausgleich entlang der Leistungsbeziehungen vollzieht. Ansprüche von Personen, die außerhalb der Leistungsbeziehung stehen,

271 *Krüger*, NZG 2010, 801, 804.
272 *Krüger*, NZG 2010, 801, 804.
273 *Häublein*, FS Roth 2011, S. 221, 231.

kommen dann nicht in Betracht[274]. Der Großteil der Literatur spricht sich hierbei für eine Leistungskondiktion aus[275]. Zwar ist die von den Handelnden abgegebene schuldrechtliche Leistungszweckbestimmung der GbR nicht objektiv zurechenbar. Aus ihrer Perspektive hat sie nicht geleistet, denn bei der Übereignung handelten für sie nur Vertreter ohne Vertretungsmacht[276]. Allerdings kommt es für die Frage, wer Leistender im Mehrpersonen-Verhältnis ist, nach ständiger Rechtsprechung[277] im Zweifel auf den sogenannten „objektivierten Empfängerhorizont" an, sofern es sich nicht bereits aus der Zweckbestimmung beziehungsweise aus dem Willen der Parteien ergibt[278]. Aus Sicht des Käufers erhielt dieser durch die Handelnden eine zweckgerichtete Zuwendung der GbR; das Grundstück wurde diesem aufgrund des vermeintlich bestehenden Kaufvertrages aufgelassen[279]. § 899 a BGB soll den redlichen Erwerber so stellen, wie er stünde, wenn die Verfügung von der ordnungsgemäß vertretenen GbR getroffen worden wäre[280]. Folglich ist diese auch Leistende[281]. Ein Anspruch der GbR würde sich daher aus § 812 Abs. 1 S. 1 Alt. 1 BGB ergeben.

bb) Rechtsbeständigkeit des Rechtserwerbs nach § 899 a BGB

Die Frage nach einer bereicherungsrechtlichen Rückabwicklung würde sich allerdings dann nicht stellen, wenn man davon ausginge, dass der Erwerb nach § 899 a BGB – trotz Nichtanwendbarkeit auf das schuldrechtliche Verpflichtungsgeschäft – kondiktionsfest ist, folglich der Erwerb mit Rechtsgrund (causa) erfolgte.

(1) Rechtsgrundverhältnis über § 179 Abs. 1 BGB

Manche wollen aus dem gesetzlichen Erfüllungsanspruch des § 179 Abs. 1 BGB einen Rechtsgrund herleiten, welcher einem Anspruch aus § 812 Abs. 1 S. 1 BGB entgegenstehen würde[282]. Gemäß § 179 Abs. 1 BGB ist der Vertreter ohne

---

274 MüKoBGB/*Schwab*, § 812, Rn. 65.

275 *Hartmann*, ZNotP 2011, 139, 140; *Bestelmeyer*, Rpfleger 2010, 169, 175; *Kiehnle*, ZHR 174 (2010), 209, 222; *Miras*, DStR 2010, 604, 607; *Kuckein/Jenn*, NZG 2009, 848, 851; a.A. *Lautner*, DNotZ 2009, 650, 670; *Ruhwinkel*, MittBayNot 2009, 421, 423.

276 *Kiehnle*, ZHR 174 (2010), 209, 222.

277 BGHZ 105, 365; 122, 46.

278 Palandt/*Sprau*, § 812, Rn. 54; jurisPK-BGB/*Martinek*, § 812, Rn. 107.

279 *Albers*, ZfIR 2010, 705, 711.

280 *Kiehnle*, ZHR 174 (2010), 209, 222.

281 *Hartmann*, RNotZ 2011, 401, 408.

282 *Witt*, BB 2011, 259, 263; in Betracht ziehend, im Ergebnis aber ablehnend *Kohler*, ZIP 2011, 2277, 2282.

Vertretungsmacht dem anderen Teil nach dessen Wahl entweder zur Erfüllung oder zum Schadensersatz verpflichtet. Die handelnden Gesellschafter würden folglich dem Erwerber gegenüber als falsi procuratores haften. Verlangte der Vertragspartner nunmehr von den Gesellschaftern Erfüllung, entstünde zwischen ihnen ein (gesetzliches) Schuldverhältnis. Zwar würden die Gesellschafter dadurch nicht zu Parteien des zugrundeliegenden Verpflichtungsgeschäftes zwischen Erwerber und GbR, sie würden aber hinsichtlich dessen Inhalt und Abwicklung als solche behandelt[283]. § 179 BGB begründet insoweit einen dem gescheiterten Erfüllungsanspruch gegen den fälschlich Vertretenen inhaltsgleichen gesetzlichen Anspruch auf Erfüllung gegen die unberechtigt für die GbR Handelnden[284].

Im Ansatz sind diese Überlegungen richtig. Denn handelten die (vermeintlichen) Gesellschafter tatsächlich unberechtigt als (Gesamt-)Vertreter ohne Vertretungsmacht, so entsteht ein Anspruch des Vertragspartners dem Grunde nach gemäß § 179 BGB. Allerdings ist diese Lösung insofern fragwürdig, als sie nicht denselben Schutz bieten kann, wie der, den § 899 a BGB auf sachenrechtlicher Ebene bietet. Der Anspruch aus § 179 Abs. 1 BGB entfällt nämlich schon dann, wenn entweder der falsus procurator den Mangel seiner Vertretungsmacht nicht kannte (§ 179 Abs. 2 BGB) oder wenn der Vertragspartner den Mangel der Vertretungsmacht kannte oder kennen musste (§ 179 Abs. 3 BGB). Folglich reicht hierbei schon die fahrlässige Unkenntnis aus. Bei § 899 a (i.V.m. § 892) BGB hingegen ist der Anspruch erst dann ausgeschlossen, wenn der andere Teil positive Kenntnis von der fehlerhaften bzw. unvollständigen Grundbucheintragung hat[285].

In den wahrscheinlich oftmals auftretenden Fällen, in denen die Gesellschafter nicht vorsätzlich, sondern in Unkenntnis ihrer fehlenden Gesamtvertretungsmacht handeln, hilft § 179 Abs. 1 BGB daher nicht weiter, um einen Rechtsgrund zu begründen. Zudem tritt ein Anspruch aus § 179 Abs. 1 BGB zwar an die Stelle des gescheiterten Erfüllungsanspruchs und ist insofern auch inhaltsgleich. Allerdings entsteht dieser Rechtsgrund lediglich zwischen den Buchgesellschaftern und dem Erwerber und nicht im Verhältnis zur GbR.

283 *Witt*, BB 2011, 259, 263.
284 *Kohler*, ZIP 2011, 2277, 2282.
285 *Kohler*, ZIP 2011, 2277, 2283.

(2) Rechtsgrund nach § 128 HGB analog i.V.m. § 242 BGB

Andere wollen die Kondiktionsfestigkeit des gutgläubigen Erwerbs nach § 899 a BGB mit den Grundsätzen von Treu und Glauben begründen. Dabei berufen sie sich insbesondere auf die Haftung der GbR-Gesellschafter aus § 128 HGB analog i.V.m. § 242 BGB[286]. Begründet wird dies mit dem Verbot selbstwidersprüchlichen Verhaltens. Personen, die als Gesellschafter einer tatsächlich nicht existierenden Gesellschaft aufträten, hafteten dem Erwerber gegenüber gemäß § 128 S. 1 HGB analog. Jeder Gesellschafter sei dann verpflichtet, die versprochene Verfügung vorzunehmen[287]. Aufgrund dieser persönlichen Verpflichtung erfolgte dann auch die Leistung in Form der Übertragung des Immobiliarsachenrechts[288].

Auch in dieser Konstellation ist es insoweit richtig, dass die persönliche Haftung der GbR-Gesellschafter nach § 128 HGB analog grundsätzlich besteht. Allerdings ist zu beachten, dass Vertragspartner nach wie vor die GbR ist. Sie tritt als Verkäuferin auf und in ihrem Namen erfolgt auch die Auflassung. Die Leistung erfolgt dann aus der Sicht des Erwerbers in Erfüllung der Verpflichtung aus dem Kaufvertrag, auch wenn dieser unerkannterweise nicht wirksam zustande gekommen ist. Der Erwerber rechnet in diesem Fall nicht mit einer Haftung der Gesellschafter. Sollte er dies dennoch tun, würde er wahrscheinlich entweder Abstand vom Vertrag nehmen, weil ihm dieser zu unsicher erscheint, oder zumindest auf weitere Sicherheitsmaßnahmen zurückgreifen wollen[289].

Daher kann auch die analoge Haftung der Buchgesellschafter nach § 128 HGB nicht über einen fehlenden Rechtsgrund im Verhältnis zur GbR hinweghelfen bzw. einen solchen begründen.

(3) Rechtsbeständigkeit nach den Wertungen des § 816 BGB

Übertrüge man die Wertungen zum gutgläubigen (entgeltlichen) Erwerb vom Nichtberechtigten auf die vorliegende Sachlage, so könnte dies zur Rechtsbeständigkeit des Grunderwerbs führen[290]. Dem ursprünglichen Eigentümer steht gegen den entgeltlichen gutgläubigen Erwerber kein Bereicherungsanspruch zu, sondern lediglich ein Anspruch aus § 816 BGB gegen den verfügenden

---

286 *Kohler*, ZIP 2011, 2277, 2290.

287 *Kohler*, ZIP 2011, 2277, 2284 f.

288 *Kohler*, ZIP 2011, 2277, 2285.

289 Siehe zu alledem auch *Heinze*, Die GbR im Grundbuch nach dem ERVGBG, S. 56.

290 So u.a. *Hertel*, FS Brambring, 2011, S. 171, 185; *Hartmann*, ZNotP 2011, 139, 141 ff.; *Jeep*, notar 2011, 147, 152.

Nichtberechtigten[291]. So hat der BGH unter anderem in seinem Urteil vom 22. Oktober 1999 festgestellt, dass *„der Erwerb des Gutgläubigen vom Nichtberechtigten […] grundsätzlich kondiktionsfest"* sei[292]. § 816 BGB zeige, dass der gutgläubige entgeltliche Erwerb aufgrund der Leistung eines Nichtberechtigten im Verhältnis zu demjenigen, der infolge dessen sein Recht verliert, zur Folge hat, dass Letzterer bereicherungsrechtlich abschließend auf einen Anspruch gegen den als nichtberechtigt Verfügenden auf Herausgabe verwiesen ist[293]. Die Vorschriften, welche den gutgläubigen Erwerb ermöglichten, würden bedeutungslos, wäre der Erwerber der Kondiktion des früheren Eigentümers ausgesetzt. Sie rechtfertigten daher das Behaltendürfen[294]. Dies sei bereits für den historischen Gesetzgeber unzweifelhaft gewesen[295].

Von einer ähnlichen Prämisse geht der Ansatz aus, welcher im Falle eines Gutglaubenserwerbs eine schuldrechtliche Causa für nicht erforderlich hält[296]. Vermögensverschiebungen, welche aufgrund gesetzlicher Anordnung, sei es durch Verjährung, Verwirkung, Ersitzung und eben den Vorschriften über den gutgläubigen Erwerb, eintreten, sollen danach niemals eine ungerechtfertigte Bereicherung darstellen[297]. Der gutgläubige Erwerb trage seinen Rechtsgrund in sich. § 899 a BGB sei als „zivilrechtliches Novum" anzusehen, da hierdurch erstmals von einer berechtigten, aber nicht ordnungsgemäß vertretenen GbR gutgläubig Eigentum erworben werden könne[298].

Zu bedenken ist aber, dass die Lage bei § 899 a BGB eine andere als bei § 816 Abs. 1 S. 1 BGB. Denn es findet gerade kein Erwerb vom Nichtberechtigten statt, sondern der Erwerber erwirbt das Eigentum gerade von der berechtigten Grundstückseigentümerin[299]. Vielmehr handelt es sich um einen Erwerb vom Rechtsinhaber, welcher jedoch aufgrund eines Mangels in der Vertretungsmacht

291 *Hertel*, FS Brambring, 2011, S. 171, 185; *Jeep*, notar 2011, 147, 152.

292 BGH, Urt. v. 22.10.1999 – V ZR 358/97, MDR 2000, 142; vgl. aber auch schon BGHZ 36, 56, 60.

293 *Böttcher*, notar 2012, 111, 114; ähnlich *Jeep*, notar 2011, 147, 150.

294 So wohl h.M., siehe u.a. BGH MDR 2000, 142, 143; Palandt/*Sprau*, Einf. v. § 812, Rn. 4; *Hartmann*, ZNotP 2011, 139, 141; *Witt*, BB 2011, 259, 263.

295 *Mugdan*, Motive II, S. 853; *Hartmann*, RNotZ 2011, 401, 408.

296 *Von Caemmerer*, FS Boehmer 1954, S. 145, 151 f.

297 *Von Caemmerer*, FS Boehmer 1954, S. 145, 152; *Reymann*, FS Reuter, 2010, S. 271, 278; *Hartmann*, RNotZ 2011, 401, 408.

298 *Hartmann*, RNotZ 2011, 401, 408.

299 *Böttcher*, notar 2012, 111, 114; *Heßeler/Kleinhenz*, WM 2010, 446, 449; *Kuckein/Jenn*, NZG 2009, 848, 851.

unwirksam ist. Die Gutglaubensschutzregelung des § 899 a BGB hat in diesem Fall die Funktion, das Defizit hinsichtlich der Vertretungsmacht zu überwinden[300]. Zudem schließt § 816 Abs. 1 S. 1 BGB nach h.M. nur die Nichtleistungskondiktion als speziellere Eingriffskondiktion und nicht die hier vorliegende Leistungskondiktion aus[301]. Das Argument, dass gutgläubiger Erwerb per se kondiktionsfest sei, greift daher in der von den Befürwortern dargestellten Allgemeinheit nicht. Denn vor einer Leistungskondiktion ist auch der gutgläubige Erwerber grundsätzlich nicht gefeit[302]. Und auch wenn § 816 Abs. 1 S. 1 BGB den durch § 899 a BGB neu eingeführten gutgläubigen Erwerb durch Leistung des Berechtigten noch gar nicht tatbestandlich erfassen konnte, weil dieser bis dahin einfach undenkbar war, so lässt sich meines Erachtens eine analoge Anwendung auf den neuen Fall nicht konstruieren[303].

cc) Zwischenergebnis

Aufgrund der fehlenden Vertretungsmacht der fehlerhaft eingetragenen Gesellschafter ist das zugrundeliegende Verpflichtungsgeschäft nicht wirksam zustande gekommen. Der durch § 899 a BGB wirksam gewordenen Verfügung mangelt es daher an einer schuldrechtlichen Causa. Dies hat zur Folge, dass der gutgläubige Erwerber sich einem Kondiktionsanspruch der GbR aus § 812 Abs. 1 S. 1 Alt. 1 BGB ausgesetzt sieht.

b) Die Problematik der Auflassungsvormerkung

aa) Allgemeines

Gemäß § 883 BGB kann zugunsten des Erwerbers eine Auflassungsvormerkung zur Sicherung seines Anspruchs in das Grundbuch eingetragen werden. Wegen des im Grundstücksrecht geltenden Buchungszwangs nach § 873 Abs. 1 BGB wird der Erwerber erst mit seiner Eintragung Rechtsinhaber. Zwischenverfügungen des Verpflichteten zugunsten von Dritten sind zwar vertragswidrig, allerdings wirksam[304]. Die Vormerkung stellt ein besonderes liegenschaftsrechtliches Sicherungsinstrument dar, welche den obligatorisch Berechtigten bereits vor seiner Eintragung im Grundbuch vor rechtsgeschäftlichen Zwischenverfügungen,

---

300 *Böttcher*, notar 2012, 111, 114.

301 BeckOK-BGB/*Wendehorst*, § 816, Rn. 3; *Kuckein/Jenn*, NZG 2009, 849, 851.

302 *Armbrüster*, ZGR 2013, 366, 379 f.

303 A.A. *Hartmann*, RNotZ 2011, 401, 408; *ders.*, ZNotP 2011, 139, 142 f.; *Witt*, BB 2011, 259, 263.

304 MüKoBGB/*Kohler*, § 883, Rn. 2.

aber auch vor hoheitlichen Verfügungen oder der Eröffnung des Insolvenzverfahrens schützt[305]. Praktisch ist die Vormerkung deshalb von besonderer Bedeutung, da durch sie auch die Sicherung eines künftigen oder bedingten Anspruchs zulässig wird; etwas, das ansonsten nur durch die durch das BGB nicht zugelassene bedingte Auflassung (§ 925 Abs. 2 BGB) möglich wäre[306]. Die Rechtsnatur der Vormerkung ist äußerst umstritten[307]. Mit der herrschenden Ansicht ist jedoch in jedem Fall davon auszugehen, dass die Vormerkung kein dingliches Recht darstellt, sondern ein mit gewisser dinglicher Wirkung ausgestattetes Sicherungsmittel eigener Art[308]. Anders als ein dinglich Berechtigter hat der Vormerkungsberechtigte lediglich einen obligatorischen Anspruch auf dingliche Rechtsänderung gegenüber dem Verpflichteten.

Eine vormerkungswidrige Verfügung ist in zweierlei Hinsicht relativ unwirksam. Zum einen gilt sie personal beschränkt nur gegenüber dem Vormerkungsberechtigten, während sie Dritten gegenüber zunächst voll wirksam ist. Zum anderen gilt sie in sachlicher Hinsicht nur insoweit, als sie den gesicherten Anspruch vereiteln oder beeinträchtigen würde. Die Unwirksamkeit der vormerkungswidrigen Verfügung dient folglich nur dem Zweck des endgültigen Rechtserwerbs des Vorgemerkten[309].

Die Vormerkung bewirkt jedoch keine Grundbuchsperre, das heißt, der Inhaber des Rechts, welches von der Vormerkung betroffen ist, bleibt grundsätzlich weiterhin verfügungsbefugt[310]. Sie berührt insoweit weder Verfügungsmacht noch Verfügungsbefugnis oder Bewilligungsberechtigung, ebenso wenig beinhaltet sie ein Verfügungsverbot[311].

bb) Akzessorietätsprinzip und Identitätsgrundsatz

Wichtigstes und entscheidendes Merkmal der Vormerkung ist ihre Abhängigkeit (Akzessorietät) vom zu sichernden Anspruch[312]. Ohne diesen würde die Vormerkung nicht zur Entstehung gelangen; ist der Anspruch unwirksam, geht

---

305 MüKoBGB/*Kohler*, § 883, Rn. 1 ff.; BeckOK-BGB/*Eckert*, § 883, Rn. 1.

306 MüKoBGB/*Kohler*, § 883, Rn. 4.

307 Siehe zu den verschiedenen Auffassungen Staudinger/*Gursky* (2013), § 883, Rn. 328 ff.

308 U.a. BGHZ 60, 46; 200, 179; Staudinger/*Gursky* (2013), § 883, Rn. 328; Palandt/*Bassenge*, § 883, Rn. 2; MüKoBGB/*Kohler*, § 883, Rn. 5.

309 BeckOK-BGB/*Eckert*, § 883, Rn. 4.

310 Staudinger/*Gursky* (2013), § 883, Rn. 203, Palandt/*Bassenge*, § 883, Rn. 22; jurisPK-BGB/*Stamm*, § 883, Rn. 54.

311 BeckOK-BGB/Eckert, § 883, Rn. 50.

312 Siehe u.a. BGH NJW 2002, 2313; Palandt/*Bassenge*, § 883, Rn. 2.

auch die entsprechende Vormerkung unter. Das Grundbuch würde unrichtig, die Vormerkung wäre als streng akzessorisches Sicherungsmittel zu löschen[313]. Damit eine wirksame Vormerkung entsteht, genügt also nicht nur ihre Bewilligung und ihre Eintragung ins Grundbuch. Vielmehr muss zusätzlich ein wirksamer schuldrechtlicher Anspruch gegen den Rechtsinhaber bestehen[314]. Die Vormerkung stellt ein Nebenrecht bzw. Annex zum gesicherten Anspruch dar. Bei einer Abtretung des Anspruchs geht die Vormerkung daher ohne gesonderte Erklärung ebenfalls auf den Zessionar über, sie selbst bleibt allerdings weder abtretbar noch (ver)pfändbar. Da der Übergang außerhalb des Grundbuches eintritt, ist die Eintragung des neuen Berechtigten lediglich Berichtigung.

Der gesicherte Anspruch selbst ist nach seinen spezifischen, meist schuldrechtlichen, Regeln zu beurteilen. Eine Vormerkung kann grundsätzlich immer nur einen Anspruch sichern. Das Akzessorietätsprinzip verlangt hierbei, dass die Vormerkung eindeutig einer konkreten Forderung zugeordnet werden kann[315]. Einen anderen als den in der Eintragung angegebene Anspruch kann die Vormerkung nicht sichern. Daher sichert sie auch nicht zugunsten des Käufers dessen eventuelle Ansprüche aus der Rückabwicklung des Kaufvertrages etwa infolge eines Rücktritts.

Das sogenannte Identitätsgebot auf Passivseite besagt, dass zwischen dem Schuldner des vorzumerkenden Anspruchs und dem derzeitigen Inhaber des betroffenen Grundstücks zumindest im Zeitpunkt der Eintragung Identität bestehen muss[316]. Dies wird auch durch den Wortlaut des § 886 BGB deutlich, denn dieser zeigt, dass das Gesetz von der Identität von Rechtsinhaber und Vormerkungsschuldner ursprünglich ausgegangen ist[317]. Gerechtfertigt wird der Identitätsgrundsatz vor allem damit, dass die Vormerkung den Gläubiger in erster Linie vor einem nachträglichen Verlust der Rechtszuständigkeit des Schuldners schützen soll. Dieser Schutz ist aber dann nicht mehr notwendig, wenn der Schuldner von vornherein nicht in der Lage ist, den Anspruch aus seinem eigenen Vermögen zu erfüllen[318].

---

313 Vgl. BGHZ 54, 56; Staudinger/*Gursky* (2013), § 883, Rn. 21.

314 NK-BGB/*Krause*, § 899 a, Rn. 15.

315 Staudinger/*Gursky* (2013), § 883, Rn. 22; Palandt/*Bassenge*, § 883, Rn. 5.

316 BGHZ 12, 115; Staudinger/*Gursky* (2013), § 883, Rn. 56; MüKoBGB/*Kohler*, § 883, Rn. 34.

317 Staudinger/*Gursky* (2013), § 883, Rn. 56.

318 Staudinger/*Gursky* (2013), § 883, Rn. 56.

cc) Die Problematik der Auflassungsvormerkung beim Erwerb von einer nicht ordnungsgemäß vertretenen GbR

Ist also in der hier interessierenden Situation der zwischen GbR und Käufer geschlossene Kaufvertrag nicht wirksam zustande gekommen, da nach oben Gesagtem § 899 a BGB nicht auf das schuldrechtliche Rechtsgeschäft angewendet werden kann, konnte auch die bewilligte Eigentumsvormerkung aufgrund ihrer strengen Akzessorietät nicht zur Entstehung gelangen. Der Erwerber wäre für die Zeit bis zum gutgläubigen Eigentumserwerb nicht gegen Zwischenverfügungen durch die GbR oder ihre Insolvenz gesichert[319].

Einige Stimmen in der Literatur wollen daher in Ansehung der Vormerkung eine zu sichernde Forderung fingieren[320]. Dass dies grundsätzlich möglich sein könne, zeige § 1138 BGB. Danach kann bei der Übertragung einer Hypothek, welcher die entsprechende Forderung fehlt, was aufgrund ihrer Akzessorietät grundsätzlich zum Erlöschen der Hypothek führt, der Erwerber sich darauf verlassen, dass die Forderung nach wie vor besteht. Allerdings zeigt die Existenz der Vorschrift des § 1138 BGB, dass ein solches Vorgehen gerade der ausdrücklichen gesetzlichen Anordnung bedarf. Zudem ist die Interessenlage bei § 1138 BGB eine andere als bei der Eintragung einer Vormerkung. Hierbei geht es – anders als bei § 1138 BGB – ausschließlich um die Sicherung eines Übertragungsanspruchs und nicht um die Verkehrsfähigkeit des gesamten Grundstücks[321]. Dies spricht daher dagegen, einen zu sichernden Anspruch zu fingieren.

dd) Zwischenergebnis

Aufgrund ihrer strengen Akzessorietät kann eine Vormerkung im Anwendungsbereich des § 899 a BGB nicht wirksam zur Entstehung gelangen, wenn die GbR beim Verpflichtungsgeschäft nicht ordnungsgemäß vertreten wurde. Der Erwerber wäre dann nicht gegen Zwischenverfügungen oder Insolvenz der GbR geschützt. Anders als bei § 1138 BGB kann in diesem Fall auch keine Forderung fingiert werden. Ob der Erwerber durch andere Sicherungsmittel geschützt werden kann, soll im Folgenden erörtert werden.

---

319 *Krauß*, Immobilienkaufverträge, Rn. 393.

320 Vgl. *Witt*, BB 2011, 259, 263; *Böttcher*, NJW 2010, 1647, 1655.

321 *Teichmann/Körber/Schaub*, JuS 2011, 723, 729; siehe dazu auch schon ausführlich oben C. II. 1. d) bb) (1) Grammatische Auslegung, S. 34.

4. Lösungsansätze

Die bisherigen Ergebnisse zum Grundstücksverkauf durch eine GbR erscheinen auf den ersten Blick recht unbefriedigend. Denn sie hinterlassen den Eindruck, dass derjenige, welcher sich auf ein Grundstücksgeschäft mit einer GbR einlässt, sich gleichzeitig auf ein äußerst risikoreiches und unsicheres Geschäft einlässt. Sollte der Fall eintreten, dass die GbR tatsächlich nicht ordnungsgemäß vertreten wurde, so würde der Erwerber weder durch eine etwaige bewilligte Auflassungsvormerkung geschützt, noch könnte er sichergehen, dass er das Eigentum nach Umschreibung auch tatsächlich behalten darf, da die GbR dieses gegebenenfalls nach § 812 BGB wieder kondizieren könnte. Ein derartiges Ergebnis kann weder von einem potenziellen Erwerber noch von der verkaufswilligen GbR hingenommen werden. Es sollen daher verschiedene Lösungsansätze betrachtet werden.

a) Analoge Anwendung von § 172 BGB auf den Gesellschaftsvertrag

Hierbei ist zunächst in Erwägung zu ziehen, den Erwerber analog § 172 BGB zu schützen, wenn dieser sich einen beurkundeten GbR-Vertrag vorlegen lässt, aus welchem sich (vermeintlich) die Gesellschafterstellung und Vertretungsmacht der Handelnden ergibt[322]. Derartige Überlegungen wurden bereits nach alter Rechtslage zum Verkehrsschutz auf dinglicher Ebene angestellt[323]. Allerdings spricht sich die wohl überwiegende Meinung gegen eine analoge Anwendung von § 172 BGB aus[324]. Für eine Analogie fehle es an der Vergleichbarkeit[325]. Der Gesellschaftsvertrag ist anders als eine Vollmachtsurkunde nicht primär zur Verwendung gegenüber Dritten bestimmt. Üblicherweise kommt ihm ausschließlich die Funktion von Innenrecht zu[326]. Mit einer Vollmachtsurkunde soll in der Regel allein der Zweck befolgt werden, dem Vertreter Rechtsmacht zu verleihen und ihn mit einem Legitimationsausweis auszustatten. Hingegen verfolgt der Gesellschaftsvertrag rein gesellschaftsinterne Zwecke[327]. Daher dürfte

322 *Kiehnle*, ZHR 174 (2010), 209, 225 f.; *Steffek*, ZIP 2009, 1445, 1455; ähnlich *Zimmer*, NZM 2009, 187, 189.

323 Siehe u.a. *Knöfel*, AcP 205 (2005), 645, 652; *Lautner*, MittBayNot 2005, 93, 96; *Wertenbruch*, WM 2003, 1785, 1788.

324 MüKoBGB/*Schubert*, § 172, Rn. 9; Lemke/*Böttcher*, § 47 GBO, Rn. 53; *Albers*, ZfIR 2010, 705, 712; *Schubert*, ZNotP 2009, 178, 185 f.

325 *Reymann* in Bayer/Koch, Die BGB-Gesellschaft im Grundbuch, S. 69.

326 *Hartmann*, RNotZ 2011, 401, 409.

327 *Reymann* in Bayer/Koch, Die BGB-Gesellschaft im Grundbuch, S. 69.

es häufig am Bewusstsein für die Risiken des Umlaufs bei Gesellschaftsverträgen fehlen, zumal nicht selten mehrere Exemplare des Gesellschaftsvertrages im Umlauf sind. Eine Rückgabe oder Kraftloserklärung wie bei der Vollmacht gemäß § 172 Abs. 2 BGB ist rechtlich nicht vorgesehen und in der Praxis auch bei der Änderung des Vertrages unüblich. Es fehlt folglich ein Mittel zur Beseitigung des Rechtsscheintatbestandes. Daher erwartet auch der Rechtsverkehr bei der Vorlage eines bestimmten Vertrages nicht die gleiche Rechtsscheinwirkung wie bei einer Vollmacht[328].

In Betracht zu ziehen wäre noch die Möglichkeit der Gesellschafter, dem Gesellschaftsvertrag ausdrücklich die Legitimationsfunktion nach außen in der Urkunde zuzuweisen, den Vertrag notariell beurkunden zu lassen und jedem Gesellschafter eine Ausfertigung zum Zwecke der Vertretung auszuhändigen[329]. Ganz unabhängig von der Frage, ob man in diesem Fall eine Analogie zu § 172 BGB zulässt oder nicht, bleibt das Problem bestehen, dass durch den bei Gründung vereinbarten Gesellschaftsvertrag lediglich die Vertretungsverhältnisse nachzuweisen sind, welche auch zu diesem Zeitpunkt bestanden haben. Das Vertrauen in den Inhalt und den unveränderten Fortbestand des Gesellschaftsvertrages kann daher auch nicht weiter reichen, zumal man diesen auch beliebig oft ohne Formzwang ändern könnte[330]. Findet ein Wechsel im Gesellschafterbestand statt, so verliert die Gründungsurkunde bereits dadurch ihre Nachweistauglichkeit[331].

b) Ausstellen von sogenannten Geburtsvollmachten

Nachzudenken ist daneben über sogenannte Geburtsvollmachten[332]. Diese können den Gesellschaftern durch die GbR in zeitlich engem Zusammenhang mit der Gründung aber getrennt vom Gesellschaftsvertrag ausgestellt werden[333]. Damit wäre zumindest eine rechtsgeschäftliche Vertretungsmacht der Gesellschafter über § 172 BGB dauerhaft gewährleistet. Die organschaftliche Vertretungsmacht der Gesellschafter schließt eine Erteilung von derartigen Vollmachten

---

328 *Albers*, ZfIR 2010, 705, 712; *Schubert*, ZNotP 2009, 178, 186.

329 *Hartmann*, RNotZ 2011, 401, 409; ähnlich *Kiehnle*, ZHR 174 (2010), 209, 226.

330 Vgl. BGH NJW 2006, 2189, 2190; *Reiff*, GS Wolf, S. 303, 311.

331 *Hartmann*, RNotZ 2011, 401, 410; vgl. auch *Bestelmeyer*, Rpfleger 2010, 169, 179.

332 MüKoBGB/*Schubert*, § 172, Rn. 11; *Hartmann*, RNotZ 2011, 401, 410.

333 *Steffek*, ZIP 2009, 1445, 1455; *Zimmer*, NZM 2009, 187, 188; a.A. *Hartmann*, RNotZ 2011, 401, 412, der es als notwendig ansieht, die Vollmacht unbedingt gleichzeitig mit der Gründung zu erteilen.

zur gewillkürten Vertretungsmacht gemäß §§ 164 ff. BGB grundsätzlich nicht aus[334]. Fraglich ist jedoch auch hier, wie weit die Legitimationswirkung solcher Geburtsvollmachten reicht. Kritiker bemängeln, dass durch die Vorlage der Vollmachtsurkunde nicht auch ein Nachweis über die Fortexistenz der Gesellschaft erbracht werden könnte. Das Fortbestehen der Vertretungsmacht kann zwar unter Umständen nach § 172 BGB an der Vorlage der Vollmachtsurkunde festzumachen sein, das Fortbestehen der GbR selbst, welche die Vollmacht erteilt hat, jedoch nicht[335].

Befürworter der Vollmachtslösung halten dem entgegen, dass die Bedenken bezüglich der Fortexistenz der GbR unberechtigt seien[336]. Bei der Frage nach der Fortexistenz der GbR gehe es im Wesentlichen um eine im Rahmen des § 29 GBO nur beschränkt nachweisbare negative Tatsache. Daher gelten diesbezüglich Nachweiserleichterungen[337]. Das Grundbuchamt kann und muss danach bei Vorlage einer Vollmacht aufgrund eines entsprechenden Erfahrungssatzes von dem aktuellen Fortbestand ausgehen, sofern nicht besondere konkrete Umstände für eine Prüfungsnotwendigkeit sprechen[338].

Mithilfe von Vollmachtsurkunden in Form von Geburtsvollmachten könnten also unter Umständen die Gesellschafter ihre Vertretungsmacht nachweisen und damit dem Verpflichtungsgeschäft zur Wirksamkeit verhelfen. Allerdings zeigt schon der Streit um die Legitimationswirkung, dass dies nicht in jedem Fall auch zutrifft. Zudem ist damit auch nicht solchen GbR geholfen, welche nicht an die Ausstellung von derartigen Geburtsvollmachten gedacht haben. Ein nachträgliches Erstellen von Vollmachtsurkunden ist zwar denkbar, aber wenig zielführend, da damit nicht der Nachweis des Fortbestandes der Gesellschaft geführt werden kann.

---

334 Palandt/*Sprau*, § 714, Rn. 2; MüKoBGB/*Schubert*, § 172, Rn. 11; *Hartmann*, RNotZ 2011, 401, 411; *Steffek*, ZIP 2009, 1445, 1455; zur generellen Zulässigkeit solcher Vollmachten auch an Dritte BGH NJW 1983, 2498.

335 *Britz*, FS Rüßmann, 2013, S. 251, 255.

336 *Hartmann*, RNotZ 2011, 401, 411.

337 Siehe zu den Nachweiserleichterungen unten C. IV. 2. c) Nachweis der Eintragungsunterlagen, S. 97 ff.

338 Meikel/*Hertel*, GBO, § 29, Rn. 55; *Schöner/Stöber*, Grundbuchrecht, Rn. 3582; *Demharter*, GBO, § 19, Rn. 80; *Hartmann*, RNotZ 2011, 401, 411.

c) *Modell der Doppelverpflichtung bzw. Verpflichtung im Dreiecksverhältnis*

Um zumindest die Kondiktion durch die GbR zu vermeiden und dem Erwerber insofern eine Sicherungsmöglichkeit zu bieten, wird verbreitet vorgeschlagen, dass sich die handelnden Gesellschafter im Grundstückskaufvertrag ausdrücklich auch selbst zur Leistung verpflichten (Doppelverpflichtung)[339]. Im Innenverhältnis verpflichtet sich die GbR gegenüber den Gesellschaftern zur Erfüllung der Übereignungspflicht (Verpflichtung im Dreiecksverhältnis)[340]. Dadurch soll sichergestellt werden, dass jedenfalls ein wirksames Vertragsverhältnis zustande kommt. Sollte die GbR beim schuldrechtlichen Verpflichtungsgeschäft nicht ordnungsgemäß vertreten worden sein, so ist zwar mit dieser kein wirksamer Vertrag zustande gekommen[341]. Die Mitverpflichtung der (Schein-)Gesellschafter begründet aber jedenfalls im Verhältnis von diesen zum Käufer eine wirksame Leistungspflicht. Die Erfüllung dieser Leistungspflicht ist als Rechtsgrund zum Behaltendürfen anzusehen. Eine direkte (Nichtleistungs-)Kondiktion der GbR gegenüber dem Erwerber wäre dann ausgeschlossen, da im Verhältnis vom diesem zu den (Schein-)Gesellschaftern ein vorrangiges Leistungsverhältnis bestünde[342]. Die Rückabwicklung erfolgte dann im Verhältnis Käufer – (Schein-) Gesellschafter und (Schein-)Gesellschafter – Gbr.

Die Erweiterung des Kreises der Schuldner erscheint in den Fällen des durch § 899 a BGB neu eingeführten gutgläubigen Erwerbs geboten und zweckmäßig[343]. Auch der BGH hat bereits festgestellt, dass es im Passivprozess praktisch immer ratsam sei, neben der Gesellschaft auch die Gesellschafter persönlich zu verklagen[344]. Für die Vertragsgestaltung bei Grundstücksgeschäften mit einer GbR hieße dies, dass eben neben der Gesellschaft auch immer die Gesellschafter persönlich zu verpflichten wären. Zudem dürfte diese Konstruktion auch keine doppelte Grunderwerbsteuer auslösen, da die GbR und ihre Gesellschafter steuerlich als identisch angesehen werden[345].

---

339 Siehe u.a. Lemke/*Böttcher*, § 47 GBO, Rn. 53; Würzburger Notarhandbuch/*Hertel*, Teil 2, Kap. 2, Rn. 592; *Krauß*, notar 2009, 429, 436 mit Formulierungsvorschlag.

340 Würzburger Notarhandbuch/*Hertel*, Teil 2, Kap. 2, Rn. 592.

341 *Suttmann*, NJW 2013, 423, 427; *Kesseler*, NJW 2011, 1909, 1913 f.

342 *Ruhwinkel*, MittBayNot 2009, 421, 423.

343 *Ruhwinkel*, MittBayNot 2009, 421, 423.

344 BGHZ 146, 341, 357.

345 Würzburger Notarhandbuch/*Hertel*, Teil 2, Kap. 2, Rn. 592.

Allerdings gibt es einige Stimmen in der Literatur, welche das Doppelverpflichtungsmodell bzw. die zusätzliche Verpflichtung der Gesellschafter selbst für ungeeignet halten, um über den fehlenden Rechtsgrund hinwegzuhelfen[346]. Denn wenn die handelnden Gesellschafter keine Vertretungsmacht haben die GbR wirksam zu verpflichten, kann auch ihre zusätzliche Selbstverpflichtung keine causa für die Leistung der Gesellschaft darstellen[347]. Zudem sei der Erwerber auch nicht schutzwürdig, wenn er sich dinglich auf seinen guten Glauben an die Vertretungsmacht der Handelnden beruft, schuldrechtlich aber ein Handeln der vermeintlichen Gesellschafter annehmen will, wenn sich im Nachhinein deren fehlende Vertretungsmacht herausstellt[348]. In der Tat erscheint es ausgesprochen konstruiert, wenn man in dem Handeln der Gesellschafter einen Rechtsgrund im Verhältnis zwischen Erwerber und GbR annehmen wollte. Allerdings sieht die Lösung des Doppelverpflichtungsmodells bzw. der Verpflichtung im Dreieck dies gar nicht vor. Wie bereits oben aufgezeigt, geht es hierbei nicht um das Merkmal des Rechtsgrunds zum Behaltendürfen, sondern vielmehr bereits um das Tatbestandsmerkmal der Leistung. Verpflichten sich die Gesellschafter im Erwerbsvertrag auch selbst zusätzlich zur Gesellschaft, wird in jedem Fall gewährleistet, dass im Verhältnis zum Erwerber eine Leistungsbeziehung besteht, die einer etwaigen Nichtleistungskondiktion entgegengehalten werden könnte.

Mit der Doppelverpflichtung der Gesellschafter im Vertrag wäre zumindest der gutgläubige Erwerb von einer nicht ordnungsgemäß vertretenen GbR wieder rechtsicher gestaltbar. Das Problem der unwirksamen Auflassungsvormerkung löst diese Konstruktion allerdings nicht. Denn für das Entstehen des Vormerkungsschutzes fehlt es dann an der notwendigen Identität von Schuldner des Übereignungsanspruches (die im Grundbuch eingetragenen Gesellschafter) und Grundstückseigentümer (GbR)[349].

d) Abwicklung über Notaranderkonto

In der Praxis der Notare ist es darüber hinaus weit verbreitet, die Abwicklung des Kaufvertrages über ein sogenanntes Notaranderkonto durchzuführen. Insbesondere in dem Fall, dass die Eintragung einer Auflassungsvormerkung nicht

346 *Wilhelm*, NZG 2011, 801, 807, Fn. 48; *Kiehnle*, ZHR 174 (2010), 209, 221, Fn. 55.
347 *Wilhelm*, NZG 2011, 801, 807, Fn. 48; *Kiehnle*, ZHR 174 (2010), 209, 221, Fn. 55.
348 *Kiehnle*, ZHR 174 (2010), 209, 221, Fn. 55.
349 *Böttcher*, notar 2012, 111, 113.

die gewünschte Wirkung entfaltet, kann dadurch zumindest eine gewisse Sicherung erreicht werden[350].

Hierbei wird der Notar den Käufer regelmäßig dazu auffordern, den Kaufpreis spätestens dann auf dem Anderkonto zu hinterlegen, sobald die üblichen Fälligkeitsvoraussetzungen, wie Verzichtserklärung der zuständigen Gebietskörperschaft betreffend das Vorkaufsrecht gemäß § 24 BauGB, die Unbedenklichkeitsbescheinigung des zuständigen Finanzamtes, etwaige Genehmigungserklärungen und Löschungsbewilligungen, vorliegen. Der Antrag auf Eigentumsumschreibung wird dann gestellt, sobald die Voraussetzungen für den Vertragsvollzug vorliegen und der Kaufpreis auf dem Anderkonto eingegangen ist. Erst wenn die Umschreibung im Grundbuch vollzogen ist, erfolgt die Auszahlung des Kaufpreises an die Gesellschaft[351].

Nach § 54 a Abs. 2 Nr. 1 BeurkG setzt die Abwicklung über Notaranderkonto ein berechtigtes Sicherungsinteresse voraus. Laut Gesetzesbegründung soll dieses berechtigte Sicherungsinteresse nach objektiven Kriterien bestimmt werden um einer „formularmäßig" vorgesehenen Verwahrung entgegenzuwirken[352]. Eine allgemeine Definition, wann ein solches berechtigtes Sicherungsinteresse vorliegt, besteht bisher nicht. Vielmehr sind verschiedene Fallgruppen anerkannt. Unter anderem soll ein Sicherungsinteresse bestehen, wenn eine Absicherung nicht anders als durch Notaranderkonto möglich ist[353]. Der BGH hatte dies beispielsweise für den Fall des Erwerbs durch eine ausländische Gesellschaft angenommen, bei welcher ihre Rechtsfähigkeit und Vertretung bei der Beurkundung nicht eindeutig geklärt werden konnte[354].

Auch beim Erwerb von einer GbR kann regelmäßig davon ausgegangen werden, dass es keine vergleichbare Sicherung des Erwerbsgeschäfts gibt. Denn wie zuvor aufgezeigt, kann bei einer nicht ordnungsgemäß vertretenen GbR eine eingetragene Auflassungsvormerkung keine Wirksamkeit entfalten. Der Erwerber wäre bis zur Eigentumsumschreibung nicht durch diese geschützt. Es besteht daher zumindest immer ein gewisses Risiko beim Grundstückserwerb von einer GbR für den Erwerber. Ein berechtigtes Sicherungsinteresse wäre somit anzunehmen.

---

350 *Krauß*, Immobilienkaufverträge, Rn. 399.

351 Würzburger Notarhandbuch/*Hertel*, Teil 2, Kap. 2, Rn. 591.

352 BT-Drucks. 13/4184, S. 37.

353 Würzburger Notarhandbuch/*Hertel*, Teil 2, Kap. 2, Rn. 610.

354 BGH DNotZ 1994, 2744.

Bei der Abwicklung über ein Notaranderkonto kann man dem Problem der unwirksamen Auflassungsvormerkung entgegenwirken. Der Kaufpreis wäre bis zur Eigentumsumschreibung hinterlegt, der Erwerber folglich nicht schutzlos gestellt, sollte die GbR tatsächlich nicht wirksam vertreten worden sein. Allerdings löst dieses Konstrukt nicht die Problematik der Kondizierbarkeit des Eigentums nach Umschreibung. Wie jedoch bereits aufgezeigt, kann dieses Problem durch das Modell der Doppelverpflichtung bzw. der Verpflichtung im Dreiecksverhältnis umgangen werden. Notare sollten daher die Beteiligten vor Beurkundung auf beide Sicherungsmöglichkeiten hinweisen und dazu raten, auch beide in den Kaufvertrag aufzunehmen.

e) Umwandlung in oHG oder KG

Natürlich könnten die Gesellschafter auch darüber nachdenken, vor Veräußerung ihres Eigentums die GbR identitätswahrend in eine oHG oder KG umzuwandeln[355]. Für die Eintragung der oHG/KG ins Grundbuch reicht zunächst die Berichtigungsbewilligung aller eingetragenen Gesellschafter[356]. Nach Umwandlung und Eintragung ins Handelsregister wäre dann eine ordnungsgemäße Vertretung der Gesellschaft gewährleistet, § 15 HGB, § 32 GBO.

Allerdings ist bei Erwägung dieser Lösung darauf hinzuweisen, dass zum einen die Abwicklung länger dauern wird als bei einer „normalen" Veräußerung von der GbR, zum anderen fallen zusätzliche Kosten für die oHG/KG-Gründung und deren Eintragung sowie für die vorherige Grundbuchberichtigung an. Zudem ist der Übergang von der GbR auf die oHG/KG nur dann grunderwerbssteuerfrei, wenn sich die Beteiligungsquote innerhalb von fünf Jahren nach dem Übergang nicht verändert, § 6 Abs. 3 GrEStG.

Viele GbR und ihre Gesellschafter werden wahrscheinlich nicht nur aufgrund oben genannter Aspekte davon absehen, ihre BGB-Gesellschaft in eine oHG oder KG umzuwandeln. Denn der Vorteil, den viele in der Gründung einer GbR sehen, ist ihre Schnelllebigkeit. Sowohl Gründung als auch Ein- oder Austritt von Gesellschaftern sind grundsätzlich formfrei möglich. Es bedarf keiner Anmeldungen zum Register oder ähnlichem, um direkt handlungsfähig zu sein. Diese einfache Handhabung macht sie zu einer beliebten Gesellschaftsform. Viele entscheiden sich gerade deshalb für die Gründung einer GbR. Diese Entscheidung würde den Gesellschaftern indirekt genommen werden, verlangte man, dass sie sich doch in eine oHG oder KG umwandelt, wenn sie Grundeigentum erwerben

---

355 *Hertel*, FS Brambring, 2011, S. 171, 186; *Rebhan*, NotBZ 2009, 445, 449.

356 *Schöner/Stöber*, Grundbuchrecht, Rn. 985; *Rebhan*, NotBZ 2009, 445, 449.

oder veräußern wollte. Zudem ist der Betrieb einer oHG oder KG mit einem höheren Verwaltungsaufwand und mehr Organisation (wie beispielsweise der Buchführungspflicht) verbunden[357], ganz abgesehen davon, dass es auch zusätzliche Kosten für die GbR für Anmeldung und Eintragung bedeuten würde. Es ist daher davon auszugehen, dass nur wenige GbR sich auch tatsächlich in eine oHG oder KG umwandeln werden, zumal sich diese Umwandlung in erster Linie für den Erwerber als vorteilhaft darstellte und nicht den Interessen der GbR entspricht.

f) Zwischenergebnis

Die Probleme, die auftreten können, wenn eine GbR ihr Grundeigentum veräußern will, sind immer noch vielfältig. Die Rechtslage ist trotz der Einführung von § 899 a BGB unsicher und unklar. Vor allem das Problem der nicht bestehenden Auflassungsvormerkung und das der Kondiktion durch die GbR nach erfolgter Umschreibung stellen erhebliche Schwierigkeiten für die Rechtspraxis dar. Es mangelt daher auch nicht an Vorschlägen, wie man diese Probleme zu beseitigen vermag.

5. Weitere Problemfelder des § 899 a BGB

Neben der bereits dargestellten Problematik der Wirksamkeit des schuldrechtlichen Verpflichtungsgeschäfts stellt § 899 a BGB die Rechtspraxis noch vor weitere ungelöste Fragen. Diese – zugegebenermaßen – zum Teil recht theoretisch daherkommenden Problemfelder behandeln zum einen die Frage, ob durch § 899 a BGB auch ein gutgläubiger Erwerb von einer nicht (mehr) existierenden GbR ermöglicht wird, zum anderen, ob § 899 a BGB auch auf sogenannten „mehrstöckige" Gesellschaften Anwendung findet.

a) Die Vermutung der Existenz der Gesellschaft

Besonders beschäftigt hat viele Autoren die Frage, ob nach § 899 a BGB auch die Vermutung der Existenz von einer nicht oder nicht mehr existierenden GbR ermöglicht wird, ob folglich ein gutgläubiger Erwerber auch von einer nicht existierenden, aber noch im Grundbuch eingetragenen GbR möglich ist.

---

357 *Waldner*, Immobilienkaufverträge, Rn. 41.

aa) Ausgangslage und Fallkonstellationen

Ist im Grundbuch eine GbR bestehend aus zwei Gesellschaftern A und B eingetragen und überträgt nunmehr B seinen GbR-Anteil außerhalb des Grundbuches auf A, so erlischt die GbR liquidationslos und ihr Vermögen wächst dem A gemäß § 738 Abs. 1 S. 1 BGB an. Das Grundbuch ist dann insoweit unrichtig[358]. Veräußert nunmehr A unter Mitwirkung des B im Namen der (nicht mehr bestehenden) GbR das Grundstück an den gutgläubigen C, ist es fraglich, ob dieser in seinem guten Glauben an die Existenz der Gesellschaft durch § 899 a BGB geschützt ist. Dies mag wohl der bedeutsamste und häufigste Fall einer nicht mehr existierenden GbR sein.

Daneben kann es aber auch Fälle geben, in welchen die GbR aus anderen Gründen nicht besteht, insbesondere dann, wenn es bereits beim Gründungsvorgang zu erheblichen Fehlern gekommen ist[359]. Dies wäre denkbar, wenn beispielsweise einer der vermeintlichen Gesellschafter beim Abschluss des Gesellschaftsvertrages unerkannt geschäftsunfähig war oder die Gesellschaft einen gesetzliche missbilligten Gesellschaftszweck im Sinne von §§ 134, 138 BGB verfolgte[360]. Problematisch an diesen Konstellationen ist vor allem, dass die GbR dann niemals Inhaberin des Grundstücksrechts geworden ist, weder durch Einbringung von Gesellschaftsvermögen durch einen der vermeintlichen Gesellschafter noch durch Übertragung von Grundstücksrechten durch Dritte[361].

Die Frage nach dem gutgläubigen Erwerb von einer nicht (mehr) bestehenden GbR gewinnt dann besondere Bedeutung, wenn man sich vor Augen führt, dass es hierbei um den Bestand des eingetragenen Rechts selbst wegen Nichtexistenz des Rechtssubjekts, dem es rechtsinhaberschaftlich nach Aussage des Grundbuches zustehen soll, geht.

bb) Meinungsstand

Ausweislich der Gesetzesmaterialien soll die Möglichkeit des gutgläubigen Erwerbs auch von einer nicht bestehenden GbR (zumindest explizit für ersteren Fall) zu bejahen sein. Nach § 899 a S. 1 BGB werde nicht nur vermutet, dass B noch Gesellschafter der GbR ist, sondern darüber hinaus, dass die GbR überhaupt noch (fort)besteht[362]. Begründet wird dies vor allem damit, dass *„die*

358 Beispielsfalls nach BT-Drucks. 16/13437, S. 27.

359 *Kohler*, NZG 2012, 441, 446.

360 *Altmeppen*, ZIP 2011, 1937, 1943.

361 Vgl. *Kohler*, ZIP 2011, 441, 446 f.

362 BT-Drucks. 16/13437, S. 27.

Existenz der GbR [...] denknotwendige Voraussetzung für das Vorhandensein von Gesellschaftern" sei[363]. § 899 a BGB sei an die Vorschriften der § 893 und § 1138 angelehnt. Für die Zwecke des gutgläubigen Erwerbs werde daher eine Gesellschaft fingiert[364]. Zudem sollte § 899 a BGB die Schwierigkeiten beseitigen, welche durch die Anerkennung der Rechtsfähigkeit der GbR für den Grundbuchverkehr eingetreten waren. Bevor die GbR als Trägerin eigener Rechte und Pflichte anerkannt wurde, spielte die Existenz der GbR selbst keine Rolle. Denn Anknüpfungspunkt war nicht die Gesellschaft, sondern waren die Gesellschafter. Die nunmehr durch die Anerkennung der Rechtsfähigkeit der GbR eingetretenen Schwierigkeiten können aber nur dann beseitigt werden, wenn über § 899 a BGB auch die Existenz der GbR vermutet würde[365]. Im Übrigen würde das Regelungsziel des § 899 a BGB nur sehr unzureichend verwirklicht, würde die Vorschrift nicht auch über die mangelnde Existenz der GbR hinweghelfen. Denn aufgrund der hohen Nachweisstandards des § 29 GBO wäre der Existenznachweis kaum zu erbringen. Die Leichtigkeit des Grundstücksverkehrs wäre erheblich beeinträchtigt, würde man ihn gleichwohl verlangen[366]. Die wohl überwiegende Meinung in der Literatur hat sich dieser Ansicht unter Berufung auf ebendiese Argumentation angeschlossen[367].

Allerdings gibt es auch Widerspruch[368]. Insbesondere wird von der Gegenansicht kritisiert, dass es ganz allgemein anerkannt ist, dass es im Geltungsbereich der §§ 891 ff. BGB keinen Gutglaubenserwerb von einer nicht existierenden Person gibt[369]. In Übereinstimmung mit der Argumentation zu § 891 BGB handle es sich bei § 899 a BGB nicht um eine Tatsachen-, sondern um eine reine Rechtsvermutung[370]. Geschützt werde der Gutgläubige lediglich in seinem Vertrauen darauf, dass der Eingetragene Inhaber des zu veräußernden Rechts sei, nicht aber darauf, dass es ihn auch tatsächlich als Rechtspersönlichkeit gebe[371]. Hätte

---

363 BT-Drucks. 16/13437, S. 27.

364 *Rebhan*, NotBZ 2009, 445, 447.

365 NK-BGB/*Krause*, § 899 a, Rn. 14.

366 *Lieder*, Jura 2012, 335, 340.

367 Siehe u.a. jurisPK-BGB/*Touissant*, § 899 a, Rn. 25; *Suttmann*, NJW 2013, 423, 427; *Lautner*, DNotZ 2011, 643, 648; *Ulmer*, ZIP 2011, 1689, 1698; *Albers*, ZfIR 2010, 705, 710; *Heinze*, RNotZ 2010, 289, 295; *Miras*, DStR 2010, 604, 606.

368 Insbes. *Kohler*, NZG 2012, 441; *Altmeppen*, ZIP 2011, 1937, 1943; *Bestelmeyer*, Rpfleger 2010, 169, 174; *Krüger*, NZG 2010,801, 805; *Steffek*, ZIP 2009, 1446, 1453.

369 *Tolani*, JZ 2013, 224, 232; *Kohler*, NZG 2012, 441, 444; *Altmeppen*, ZIP 2011, 1937, 1942; *Heinze*, ZfIR 2010, 713, 714.

370 Vgl. *Lieder*, Jura 2012, 335, 340 m.w.N.

371 *Krüger*, NZG 2010, 801, 805.

der Gesetzgeber einen Gutglaubenserwerb von einer nicht existenten GbR zulassen wollen, so hätte er die insoweit einschlägige Vermutung des § 891 S. 1 BGB durch die Vorschrift des § 899 a BGB entsprechend erweitern und ausdrücklich anordnen müssen[372]. Die Erweiterung in § 899 a S. 1 BGB („so wird auch vermutet") beziehe sich aber explizit nur auf die Richtigkeit und Vollständigkeit des eingetragenen Gesellschafterbestandes, nicht jedoch „auch" auf die fortbestehende Existenz der eingetragenen GbR[373]. Auch bei Personenhandels- und Partnerschaftsgesellschaften werde nicht gemäß § 891 BGB der Bestand der Gesellschaft vermutet. Vielmehr ergebe sich deren Existenz aus dem Handelsregister mit den Wirkungen des § 15 HGB[374]. Da aber laut Gesetzesbegründung dem Grundbuch ausdrücklich keine Funktion eines GbR-Registers zukommen soll[375], könne § 899 a BGB gerade keine dem § 15 HGB entsprechende Funktion entnommen werden.

cc) Stellungnahme

Zuzugeben ist den Befürwortern der Erstreckung der Vermutungswirkung auf die Existenz der GbR, dass sie dem klar zum Ausdruck kommenden Willen des Gesetzgebers entspricht. Und auch das Argument, dass die Existenz der GbR eben „denknotwendige" Voraussetzung für das Vorhandensein von Gesellschaftern sei, ist nicht direkt von der Hand zu weisen. Denn auch der BGH betont in anderem Zusammenhang (beim Grunderwerb durch eine bestehende GbR), dass das Eigentum der GbR grundbuchrechtlich durch die Gesellschafter vermittelt werde[376]. Es liegt also nicht allzu fern, von den für die nicht (mehr) existente GbR handelnden „Gesellschaftern" auf deren Existenz zu schließen[377]. Darüber hinaus setzt auch der Wortlaut des § 899 a BGB lediglich voraus, dass ein Recht für eine GbR eingetragen ist. Voraussetzung für seine Anwendbarkeit ist demnach gerade nicht, dass diese Gesellschaft auch tatsächlich besteht[378]. Zudem

372 *Bestelmeyer*, Rpfleger 2010, 169, 174; ähnlich *Krüger*, NZG 2010, 801, 805: *„Der Gesetzgeber mag sich vielerlei denken. Wenn er das Gedachte nicht zum Gegenstand einer gesetzlichen Regelung macht, bleiben die in der Gesetzesbegründung niedergelegten Gedanken folgenlos."*.

373 *Bestelmeyer*, Rpfleger 2010, 169, 174.

374 *Tolani*, JZ 2013, 224, 232.

375 BT-Drucks. 16/13437, S. 27.

376 BGHZ 189, 274. Dazu ausführlich unten unter C. IV. 3. Der BGH-Beschluss vom 28. April 2011, S. 102.

377 *Lautner*, DNotZ 2011, 643, 648; ähnlich auch *Kesseler*, NJW 2011, 1909, 1912 f.

378 *Suttmann*, NJW 2013, 423, 427; *Lieder*, Jura 2012, 335, 340.

wäre es für die Verkehrsfähigkeit von Grundstücken bei Verträgen mit einer GbR förderlich, würde man zugunsten des Erwerbers deren Existenz über § 899 a BGB vermuten[379]. Auch wurde eine ähnliche Argumentation bereits zum § 32 GBO a.F. herangezogen. § 32 GBO hatte vor der Änderung durch das ERVGBG folgenden Wortlaut:

> „(1) Der Nachweis, dass der Vorstand einer Aktiengesellschaft aus den im Handelsregister eingetragenen Personen besteht, wird durch ein Zeugnis des Gerichts über die Eintragung geführt.
> (2) Das gleiche gilt von dem Nachweis der Befugnis zur Vertretung einer offenen Handelsgesellschaft, einer Partnerschaftsgesellschaft, einer Kommanditgesellschaft, einer Kommanditgesellschaft auf Aktien oder einer Gesellschaft mit beschränkter Haftung."

Nach einhelliger Auffassung bezog sich das Zeugnis gemäß § 32 GBO a.F. über den Wortlaut hinaus auch auf die Existenz und das Erlöschen der Gesellschaft[380]. Dabei sei die Existenz der Gesellschaft begriffsnotwendig Voraussetzung dafür, dass sie durch bestimmte Personen vertreten werden könne[381].

Dennoch ist meines Erachtens die Systematik des § 899 a S. 1 BGB in Anlehnung an § 891 BGB hier ausschlaggebend, um sich gegen eine Vermutungswirkung auch auf die Existenz der Gesellschaft auszusprechen. Es ist bisher allgemein anerkannt worden, dass § 891 BGB gerade keinen Gutglaubensschutz im Bezug auf die Rechtspersönlichkeit des Eingetragenen gewährt[382]. Das Argument der Gegenansicht besticht zwar durch eine gewisse Logik, ist allerdings keineswegs zwingend[383]. § 899 a BGB kann nämlich auch dahingehend verstanden werden, dass die Regelung eine Vermutung für die Richtigkeit und Vollständigkeit des Grundbuches im Hinblick auf den dort verzeichneten Personenkreis als Gesellschafter einer durch sie bezeichneten GbR aufstellt, dies allerdings nur unter der Voraussetzung, dass diese GbR auch als rechtsfähiges Subjekt besteht. Die Existenz der GbR ist folglich kein Vermutungsinhalt des § 899 a BGB, sondern vielmehr Mindestvoraussetzung zur Anwendung der Norm[384]. Daher ist

---

379 *D. Schmidt*, Jura 2012, 7, 9.

380 BGH, Urt. v. 11.2.2010 – V ZB 167/09 (juris Rn. 11); OLG Hamm, NJW-RR 1995, 469, 470.

381 Siehe zu alledem ausführlich *Heinze*, ZfIR 2010, 713, 715 m.w.N.

382 *Krüger*, NZG 2010, 801, 805.

383 So schon vor der Reform durch das ERVGBG Staudinger/*Gursky* (2008), § 891, Rn. 41: *„[...] ist die Erstreckung der Vermutungswirkung auf die Rechtspersönlichkeit des Eingetragene sicherlich kein zwingendes Gebot der Logik."*; vgl auch *D. Schmidt*, Jura 2012, 7, 10.

384 *Kohler*, NZG 2012, 441, 443.

der Wortlaut der Norm auch dahingehend zu verstehen, dass er zweifelsohne eine bestehende GbR voraussetzt[385]. Es entsprach zwar der ständigen Rechtsprechung zu § 32 GBO a.F., dass die Existenz denknotwendige Voraussetzung für die Vermutung der Vertretung der jeweiligen Gesellschaft war. Gerade deshalb ist es umso verwunderlicher, dass der Gesetzgeber den Wortlaut dieser Norm durch das ERVGBG angepasst hat, es jedoch bei § 899 a BGB unterließ.

Auch die Argumentation, dass aufgrund der fehlenden Prüfungspflicht des Grundbuchamtes beim Grundstückserwerb hinsichtlich der Existenz der GbR das Risiko steigt, dass eine nicht existente GbR in das Grundbuch gelangen könnte, und es gerade deswegen unter Verkehrsgesichtspunkten nur konsequent wäre, auch die Existenz der GbR nach § 899 a BGB zu vermuten[386], überzeugt meines Erachtens nicht. Der Umstand, dass das Grundbuchamt die Existenz der GbR bei ihrer Eintragung nicht prüft – und im Übrigen nach der Rechtsprechung des BGH auch nicht zu prüfen braucht[387] – spricht vielmehr dagegen, die Vermutungswirkung auszuweiten. Denn wird ein Umstand von Gesetzes wegen unterstellt, ist dies in der Regel ein Indiz dafür, dass dieser Umstand besonders gründlich geprüft wurde. Nur dann lässt sich eine Vermutung diesbezüglich überhaupt rechtfertigen[388].

Der Umstand, dass die Nachweisanforderungen des § 29 GBO besonders hoch angesiedelt sind, spricht ebenfalls dafür, die Existenz der GbR nicht über § 899 a BGB zu vermuten. Denn auch wenn dadurch zwar die Leichtigkeit des Grundstücksverkehrs unter Beteiligung von GbR beeinträchtigt wird[389], ist dies noch kein Argument dafür, dass das Grundbuchamt die Existenz der GbR einfach so annehmen kann. Aus der fehlenden Prüfungspflicht des Grundbuchamtes beim Grunderwerb durch eine GbR folgt vielmehr, dass spätestens dann bei der Grundstücksveräußerung ein besonderes Augenmerk auf die Nachweise bezüglich Existenz der GbR gelegt werden muss.

Ebenso überzeugt meiner Ansicht nach ein Vergleich zu § 15 HGB. Über § 15 Abs. 3 HGB wird ein Schutz des guten Glaubens an das Bestehen der im Handelsregister eingetragenen Gesellschaft gewährleistet. Da aber durch § 899 a BGB das Grundbuch gerade keine Registerfunktion im Sinne eines GbR-Registers zukommen soll, stellt § 899 a BGB auch kein dem § 15 Abs. 3 HGB

---

385 *Wellenhofer*, JuS 2010, 1048, 1051.

386 *Lautner*, DNotZ 2011, 643, 648.

387 Vgl. BGHZ 189, 274. Auch hierzu ausführlich unten C. IV. 1. Notarielle Praxis – Nachweise gegenüber dem Notar, S. 92.

388 *D. Schmidt*, Jura 2012, 7, 10.

389 So *Lieder*, Jura 2012, 335, 340.

vergleichbares vollständiges Surrogat dar. Würde man den guten Glauben an die Existenz einer nicht bestehenden GbR dennoch über § 899 a BGB vermuten, so würde dies dem § 899 a BGB eine übersteigerte Bedeutung zumessen und damit der gesetzgeberischen Absicht – trotz gegenläufiger Aussagen in der Gesetzesbegründung selbst – zuwiderlaufen[390].

dd) Praktische Konsequenzen

Nimmt man mit der hier vertretenen Ansicht an, dass ein gutgläubiger Erwerb von einer nicht (mehr) existierenden GbR nicht möglich ist, stellt sich die Frage, ob der Vertragspartner in diesem Fall schutzlos gestellt ist oder ob er einen Anspruch gegen die Handelnden als vermeintliche Gesellschafter geltend machen kann.

In Betracht käme eine Haftung des- oder derjenigen, die sich als Vertreter der nicht (mehr) bestehenden GbR gerieren nach § 179 Abs. 1 BGB. Ein Vertreter ohne Vertretungsmacht haftet dem Vertragspartner nach seiner Wahl auf Erfüllung oder Schadensersatz.

In dem oben genannten Beispielsfall, in welchem A und B als Gesellschafter der bereits nicht mehr existierenden GbR das Eigentum an den gutgläubigen C veräußern, stellt sich die Situation relativ einfach dar. Aufgrund der Übertragung des Gesellschaftsanteils von B an A, ist A Alleineigentümer geworden. Objektiv betrachtet können die vermeintlichen Gesellschafter A und B nunmehr infolge Erlöschens der gesellschaftsrechtlichen Rechtsverhältnisse weder auf obligatorischem noch auf sachenrechtlichem Gebiet Vertretungsmacht haben. Da die GbR nicht mehr existiert, besteht auch keine Aussicht auf Genehmigung gemäß § 177 BGB des abgeschlossenen Rechtsgeschäftes. Die vermeintlichen Gesellschafter, darunter dann auch der jetzige Alleininhaber A, haften dem Vertragspartner dann aufgrund § 179 Abs. 1 BGB nach seiner Wahl in der Regel auf Erfüllung[391].

b) Anwendung des § 899 a BGB auf „mehrstöckige“ GbR

Aufgrund ihrer Rechtsfähigkeit ist es einer GbR ohne Weiteres möglich, als „Unter“-Gbr Gesellschafterin einer anderen „Ober“-GbR zu sein[392]. Dies hielten bereits das Reichsgericht[393] und auch schon der BGH[394] vor Anerkennung der

---

390 *Kohler*, NZG 2012, 441, 448.
391 Siehe zu alldem *Kohler*, NZG 2012, 441, 445.
392 Palandt/*Sprau*, § 705, Rn. 24 a; *Bestelmeyer*, Rpfleger 2010, 169, 176.
393 RGZ 136, 236 (240).
394 BGH NJW 1998, 376.

Rechtsfähigkeit der GbR für möglich. Eine derartige Gesellschafter-GbR ist in entsprechender Anwendung der §§ 47 Abs. 2 GBO, 15 Abs. 1 lit. c GBV in gleicher Weise wie die Ober-GbR, nämlich unter Angabe ihrer sämtlichen Gesellschafter, in das Grundbuch einzutragen[395]. Fraglich ist hierbei jedoch, ob auch die Richtigkeit und Vollständigkeit des Gesellschafterbestandes der Unter-GbR von der materiellrechtlichen Vermutung des § 899 a BGB erfasst wird[396]. Aus der verfahrensrechtlichen Gleichbehandlung von Ober- und Unter-GbR könnte dies geschlussfolgert werden. Allerdings ist zu beachten, dass es sich bei dem „eingetragenen Recht" im Sinne von § 899 a BGB nur um ein Recht der Ober-GbR handelt, während der Unter-GbR überhaupt kein Recht zusteht, da sie lediglich als Gesellschafterin an der Ober-GbR beteiligt ist[397].

Die Beurteilung der inhaltlichen Reichweite der Vermutung des § 899 a BGB kann nur soweit reichen, wie es der Wortlaut zulässt. Der Auslegung ist somit eine äußerste Grenze gesetzt[398]. Gemäß § 899 a BGB gilt die Vermutung eben nur „in Ansehung des eingetragenen Rechts". Die Unter-GbR ist aber nicht als dingliche Berechtigte anzusehen, sondern, wie zuvor festgestellt, nur Gesellschafterin der tatsächlichen berechtigten Ober-GbR. Ein enges Verständnis des § 899 a BGB entspräche auch in diesem Fall der Intention des Gesetzgebers, das Grundbuch nicht zu einem Ersatz-Register für GbR werden zu lassen[399]. Allerdings hätte diese Sichtweise zur Folge, dass sämtliche Fälle mit Beteiligung einer Unter-GbR als wahre oder nur vermeintliche Gesellschafterin einer Ober-GbR dem Anwendungsbereich des § 899 a BGB entzogen wären, da dann die Ober-GbR selbst nicht mehr als ordnungsgemäß vertreten anzusehen wäre[400]. Die Ober-GbR wäre damit grundbuchverfahrensrechtlich wieder als handlungsunfähig anzusehen[401]. Dies würde jedoch dem ausdrücklichen gesetzgeberischen Ziel, die GbR grundbuchverfahrensmäßig wieder so zu behandeln wie vor

395 Meikel/*Böhringer*, GBO, § 47, Rn. 240; *Heinze*, RNotZ 2010, 289, 294; *Lautner*, DNotZ 2009, 650, 655; *Steffek*, ZIP 2009, 1445, 1447; an dieser Stelle auch noch zustimmend *Bestelmeyer*, Rpfleger 2010, 169, 176; siehe dazu bereits oben B. II. 4. a) cc) § 15 Absatz 1 lit. c GBV, S. 17 f.

396 *Waldner*, Immobilienkaufverträge, Rn. 38.

397 NK-BGB/*Krause*, § 899 a, Rn. 16; BeckOK-GBO/*Reetz*, § 47, Rn. 88; *Bestelmeyer*, Rpfleger 2010, 169, 176.

398 OLG Hamm Rpfleger 2012, 19, 20. Siehe dazu schon oben unter C. II. 1. Reichweite des § 899 a BGB, S. 25.

399 OLG Hamm Rpfleger 2012, 19, 20.

400 *Bestelmeyer*, Rpfleger 2010, 169, 176.

401 OLG Hamm Rpfleger 2012, 19, 20.

Anerkennung ihrer Rechtsfähigkeit, widersprechen. Das OLG Hamm hat daher entschieden, dass sich die Vermutung des § 899 a S. 1 BGB über den Wortlaut hinaus auch auf die Unter-GbR erstreckt[402]. Es sei sonst ein unerträgliches, mit den Grundsätzen des Vertrauensschutzes unvereinbares Ergebnis, wenn der als Eigentümerin eingetragenen Gesellschaft die Verkehrsfähigkeit des Eigentums aufgrund der Neuregelung des § 899 a BGB entzogen würde[403]. Auch im Hinblick auf den verfassungsrechtlich gewährleisteten Schutz des Eigentums nach Art. 14 GG wäre dieses Ergebnis bedenklich[404].

Die Sichtweise des OLG Hamm ist meines Erachtens nachvollziehbar, aber in seiner Begründung leider nicht konsequent. Denn der Senat beruft sich in seiner Entscheidung vor allem auf die gesetzgeberische Zielsetzung des § 899 a BGB. Hierbei verkennt er jedoch, dass es eben auch ausdrückliches Ziel des Gesetzgebers war, dem Grundbuch keine allgemeine Registerfunktion zukommen zu lassen. Im Gesetzgebungsverfahren und auch in der Gesetzesbegründung wird immer wieder betont, dass die gesetzliche Vermutung auf den Gesellschafterbestand und das eingetragene Recht der verfügenden GbR beschränkt sein soll. Dies trifft auf die Unter-GbR schon deshalb nicht zu, da sie weder verfügt noch ihr ein eingetragenes Recht zusteht[405].

Selbst wenn man jedoch der Ansicht des OLG Hamm folgt und eine erweiterte Anwendung des § 899 a BGB auch auf die Unter-GbR bejaht, so ist zu beachten, dass für diese bezüglich des Gutglaubensschutzes die gleichen Einschränkungen wie für die Ober-GbR gelten und dass folglich sämtliche Mängel, die bei der Unter-GbR bestehen, vollständig auf die Ober-GbR durchschlagen. Der Gutglaubensschutz wäre demnach ausgeschlossen für Verfügungen der Ober-GbR bei Nichtexistenz der Unter-GbR, ebenso wenig gäbe es keinen gutgläubigen Erwerb von Forderungen oder Vormerkungen und ein bereits erfolgter gutgläubiger Erwerb von der Ober-GbR wäre bei mangelhafter Vertretung der Unter-GbR kondizierbar[406].

---

402 OLG Hamm, Beschluss vom 15.07.2011, I-15 W 97/11, Rpfleger 2012, 19; siehe auch BeckOK-GBO/*Reetz*, § 47, Rn. 88; *Krauß*, Immobilienkaufverträge, Rn. 387.

403 OLG Hamm Rpfleger 2012, 19, 20.

404 OLG Hamm Rpfleger 2012, 19, 20; NK-BGB/*Krause*, § 899 a, Rn. 15.

405 *Bestelmeyer*, Rpfleger 2010, 169, 176 f.

406 *Bestelmeyer*, Rpfleger 2010, 169, 177; siehe zu alledem bereits oben C. II. 3. Praktische und rechtliche Konsequenzen, S. 45.

6. Die nachträgliche Eintragung der Gesellschafter bei Namens-GbR

a) Ausgangslage

Unter den sogenannten Namens-GbR oder Namensgesellschaften versteht man solche Gesellschaften, welche nicht gemäß § 47 Abs. 2 GBO unter zusätzlicher Eintragung ihrer Gesellschafter, sondern nur analog § 15 Abs. 1 lit. b GBV unter ihrem Gesellschaftsnamen im Grundbuch eingetragen sind. Seit Inkrafttreten des ERVGBG setzt § 47 Abs. 2 GBO zwingend voraus, dass neben der Gesellschaft selbst auch ihre Gesellschafter ins Grundbuch eingetragen werden. Die Eintragung einer Gesellschaft allein unter ihrem Namen ist seitdem verfahrensrechtlich unzulässig geworden[407]. Dass dies nicht bei allen Gesellschaften der Fall ist, liegt vor allem daran, dass auch bereits vor der Grundsatzentscheidung des BGH aus dem Jahr 2008 einige Instanzgerichte die Eintragungsfähigkeit von GbR ausschließlich unter ihrem Namen und ohne Nennung ihrer Gesellschafter bejaht hatten[408]. Spätestens aber seit dem Grundbuchfähigkeitsurteil des BGH vom 4. Dezember 2008[409] wurden vermehrt GbR nur unter ihrem Namen eingetragen[410].

Wann von einer Eintragung nach § 47 Abs. 2 S. 1 GBO ausgegangen werden kann, wird nach sehr großzügigen Maßstäben beurteilt. Auch die früher klassische Buchungsform nach dem alten § 47 GBO (jetzt: § 47 Abs. 1 GBO) wird als Eintragung gemäß § 47 Abs. 2 S. 1 GBO angesehen[411]. Es wird sogar dann von einer Eintragung nach § 47 Abs. 2 S. 1 GBO ausgegangen, wenn die Eintragung in der vom BGH in seinem Urteil vom 4. Dezember 2008 als subsidiär zulässig angesehenen Buchungsform als „Gesellschaft bürgerlichen Rechts bestehend aus ..." erfolgte[412]. Wichtig ist dies vor allem im Hinblick auf die Anwendbarkeit des § 899 a BGB. Denn nur, wenn eine Eintragung im Sinne von § 47 Abs. 2 S. 1 GBO vorliegt, kommt der GbR die Vermutungswirkung des § 899 a BGB zu.

Durch Art. 229 § 21 EGBGB ordnete der Gesetzgeber die zumindest „partielle Rückwirkung" auf derartige Alteintragungen an[413]. Danach soll also auch

---

407 BT-Drucks. 16/13437, S. 24; BeckOK-GBO/*Reetz*, § 47, Rn. 89.

408 Siehe u.a. OLG Stuttgart DNotZ 2007, 383; OLG Dresden ZIP 2008, 2361.

409 BGHZ 179, 102.

410 Lemke/*Böttcher*, § 47 GBO, Rn. 64; *Böttcher*, notar 2012, 111, 120.

411 OLG München NZM 2010, 334; *Prütting*, FS Zimmermann, 2010, S. 239, 245.

412 *Heinze*, Die GbR im Grundbuch nach dem ERVGBG, S. 81; *Böttcher*, ZfIR 2009, 613, 625; *Lautner*, DNotZ 2009, 650, 653; a.A. wohl MüKoBGB/*Kohler*, Art. 229 § 21 EGBGB, Rn. 11; jurisPK-BGB/*Touissant*, § 899 a, Rn. 16.

413 BT-Drucks. 16/13437, S. 26.

solchen GbR die Vermutungswirkung des § 899 a BGB zugute kommen, deren Eintragung bereits vor dem 18. August 2009 ins Grundbuch erfolgte[414]. Andererseits hat der Gesetzgeber darauf verzichtet, die nachträgliche Eintragung zwangsweise herbeizuführen. Rückwirkende Geltung hat insofern nur § 47 Abs. 2 S. 2 GBO, nicht jedoch § 47 Abs. 2 S. 1 GBO, wonach bei der Eintragung einer GbR auch deren Gesellschafter im Grundbuch einzutragen sind[415]. In der Gesetzesbegründung heißt es dazu lediglich: *„Auf GbR, die im Zeitpunkt des Inkrafttretens der Neuregelungen gemäß der Rechtsprechung des Bundesgerichtshofs allein unter Angabe ihres Namens und ohne Angabe ihrer Gesellschafter im Grundbuch eingetragen sind, ist § 47 Absatz 2 Satz 1 GBO also nicht anwendbar. In solchen Fällen besteht kein Zwang zur nachträglichen Eintragung der Gesellschafter.“*[416] Weiter wird die Praxis zu pragmatischen Lösungen aufgefordert: *„Insoweit ist es also Sache von Grundbuchpraxis und Rechtsprechung, im Einzelfall billige Lösungen zu entwickeln. Denkbar wäre etwa, unter dem Gesichtspunkt der Beweisnot (siehe dazu etwa Meikel/Hertel, Grundbuchordnung, 10. Aufl. 2008, § 29 Rn. 438 ff.) das Nachweisniveau des § 29 GBO im Hinblick auf einzelne Tatsachen und im Ausnahmefall graduell zu lockern, um so zu verhindern, dass es zu einer endgültigen faktischen Grundbuchblockade kommt.“*[417] Dass es einer Namens-GbR grundsätzlich jedoch möglich sein muss, ihre Gesellschafter nachträglich in das Grundbuch eintragen zu lassen, zeigt verfahrensrechtlich auch der Voreintragungsgrundsatz des § 39 GBO. Danach kann eine gesellschafterlos eingetragene GbR erst nach erfolgter grundbuchmäßiger Verlautbarung ihres Gesellschafterbestandes über ihre dinglichen Rechte verfügen[418].

b) Nachträgliche Eintragung der Gesellschafter in Rechtsprechung und Literatur

Die Behandlung solcher Namens-GbR wird von den bisher damit beschäftigten Gerichten nicht einheitlich beurteilt. Das OLG München wendet auf sie die Grundsätze der Richtigstellung an[419]. Es geht hierbei davon aus, dass jedenfalls dann, wenn die GbR in der Erwerbsurkunde „ad hoc“ gegründet wurde, die

414 *Schöner/Stöber*, Grundbuchrecht, Rn. 4256.
415 *Schöner/Stöber*, Grundbuchrecht, Rn. 4256.
416 BT-Drucks. 16/13437, S. 26.
417 BT-Drucks. 16/13437, S. 26.
418 Lemke/*Böttcher*, § 47 GBO, Rn. 64 f.; BeckOK-GBO/*Reetz*, § 47, Rn. 108; *Bestelmeyer*, Rpfleger 2012, 63, 64; *ders.*, Rpfleger 2010, 169, 187.
419 OLG München DNotZ 2010, 691.

ursprünglichen Gesellschafter identifizierbar seien und daher nachträglich eingetragen werden könnten[420]. Aufgrund der BGH-Rechtsprechung sei die Eintragung der Gesellschafter zwar zunächst unterblieben. Durch die Einführung des § 47 Abs. 2 GBO sei diese Eintragung allerdings nicht unzulässig, sondern vielmehr unvollständig geworden und bezeichne den Berechtigten nicht mehr richtig. Der ursprüngliche Antrag ließe sich aber ergänzen, ohne dass es einer Berichtigung nach § 22 GBO bedürfe[421]. Dieser Auffassung hat sich das OLG Zweibrücken weitestgehend angeschlossen[422].

Das OLG Köln geht davon aus, dass das Grundbuch falsch im Sinne von §§ 894 BGB, 22 GBO ist und die unterbliebene Eintragung der Gesellschafter daher im Wege des Unrichtigkeitsnachweises gemäß § 22 Abs. 1 S. 1 GBO zu beseitigen ist[423]. Dafür müsse jedoch nicht nur die Unrichtigkeit des Grundbuches, sondern auch die tatsächliche Rechtslage in der Form des § 29 GBO nachgewiesen werden. Allerdings – so das OLG Köln – sei dieser Nachweis nicht möglich und seien Nachweiserleichterungen nicht zu gewähren. Es ist der Ansicht – unter Bezugnahme auf die Gesetzesbegründung –, dass auch die Rechtsprechung keine nicht existierenden Nachweismittel schaffen könne[424].

Auch das OLG Schleswig hält grundsätzlich § 29 GBO für anwendbar, will hierbei aber – ähnlich dem Vorschlag in der Gesetzesbegründung – das Nachweisniveau nach den Umständen des jeweiligen Einzelfalls lockern[425]. Da bei einer nach dem 4. Dezember 2008 eingetragenen GbR die Vermutung des § 899 a BGB nicht greift, ist es für diese schwierig, die erforderlichen Nachweise über den aktuellen Gesellschafterbestand in der Form des § 29 GBO beizubringen. Der Gesetzgeber habe dieses Problem zwar gesehen, es aber ausdrücklich Praxis und Rechtsprechung überlassen, Lösungen zu finden. Das OLG Schleswig ging daher im Grundsatz davon aus, dass kein lückenloser Nachweis nach § 29 GBO darüber verlangt werden könne, dass die handelnden Personen aktuell die vertretungsberechtigten Personen der GbR seien[426]. Für verschiedene Fallgruppen sei jedoch anerkannt, dass das Grundbuchamt auch nichturkundliche Beweise oder Erfahrungssätze heranziehen könne und in freier Würdigung aller ihm bekannten Tatsachen das Vorliegen der Eintragungsvoraussetzungen prüfe und

420 OLG München DNotZ 2010, 691, 693.
421 OLG München DNotZ 2010, 691, 694.
422 OLG Zweibrücken RNotZ 2011, 421.
423 OLG Köln RNotZ 2011, 166.
424 OLG Köln RNotZ 2011, 166, 171.
425 OLG Schleswig FGPrax 2011, 114.
426 OLG Schleswig FGPrax 2011, 114, 115 f.

feststelle[427]. Das OLG Schleswig hielt die Möglichkeit der nachträglichen Eintragung der Gesellschafter bei Namens-GbR für eine weitere Fallgruppe, bei der Nachweiserleichterungen zu gewähren seien[428].

In der Literatur neigt die Mehrzahl der Stimmen dazu, in der nachträglichen Eintragung keine Grundbuchberichtigung zu sehen, sondern vielmehr – ähnlich dem OLG München und dem OLG Zweibrücken – die Grundsätze des Richtigstellungsverfahrens anzuwenden[429]. Danach genüge zum Nachweis des Gesellschafterbestandes im Rahmen des Freibeweisverfahrens die Vorlage der notariellen Erwerbsurkunde, wenn die GbR in der Erwerbsurkunde zugleich gegründet wurde und sich der Gesellschafterbestand aus dieser eindeutig ergibt[430]. Dabei sei allerding zu beachten, dass das Grundbuchamt das Grundbuch nicht „sehenden Auges" unrichtig machen darf. Es dürften insofern keine Anhaltspunkte für eine zwischenzeitliche Änderung des Gesellschafterbestandes bestehen[431]. Nur sehr vereinzelte Stimmen sprechen sich – wohl in Anlehnung an die strenge Linie des OLG Köln – für die Anwendung von §§ 22, 29 GBO aus, wonach die nachträgliche Eintragung der Gesellschafter nicht möglich ist, da es an geeigneten und grundbuchrechtlich zulässigen Nachweismitteln fehle[432].

c) Eigene Stellungnahme

Entscheidend an dieser Stelle ist, wie man das nachträgliche Eintragen der Gesellschafter grundbuchrechtlich qualifiziert, als Grundbuchberichtigung nach § 22 GBO oder als bloße Richtigstellung. Die Unterscheidung zwischen den beiden Verfahrensarten setzt voraus, dass nicht jede unzutreffende Angabe im Grundbuch auch gemäß § 22 GBO zu berichtigen ist[433]. Die Grundbuchberichtigung nach § 22 GBO setzt eine Unrichtigkeit im Sinne des § 894 BGB voraus. Dies liegt vor allem dann vor, wenn der Inhalt des Grundbuches in Ansehung eines Rechts an einem Grundstück mit der wirklichen Rechtslage nicht im Einklang steht[434]. Nicht unter § 22 GBO fallen dementsprechend Eintragungen,

---

427 OLG Schleswig FG Prax 2011, 114, 116.

428 OLG Schleswig FGPrax 2011, 114, 116.

429 Vgl. *Demharter*, GBO, § 47, Rn. 38, § 22, Rn. 22; *Böttcher*, notar 2012, 111, 120; *Heinze*, DNotZ 2010, 695.

430 Hügel/*Reetz*, GBO, § 47, Rn. 109; *Hertel*, FS Brambring, 2011, S. 171, 199.

431 Hügel/*Reetz*, GBO, § 47, Rn. 110; *Böttcher*, notar 2012, 111, 120.

432 *Bestelmeyer*, ZfIR 2011, 395, 403.

433 *Heinze*, Die GbR im Grundbuch nach dem ERVGBG, S. 85.

434 *Demharter*, GBO, § 22, Rn. 4; Bauer/von Oefele/*Kohler*, GBO, § 22, Rn. 37; *Schöner/Stöber*, Grundbuchrecht, Rn. 356; BeckOK-GBO/*Holzer*, § 22, Rn. 25.

die sich nicht auf die dingliche Rechtslage beziehen, bei falschen rein tatsächlichen Angaben (wie beispielsweise Wirtschaftsart und Lage des Grundstücks)[435], bei inhaltlich unzulässigen Eintragungen, bei Schreib- oder anderen offensichtlichen Versehen oder bei bloßer Berichtigung der Bezeichnung des Berechtigten[436]. Diese können durch bloße Richtig- oder Klarstellung behoben werden[437]. Unstreitig ist insoweit, dass eine unzutreffende oder unvollständige Bezeichnung des Berechtigten, die dessen Identität unberührt lässt (beispielsweise durch ehebedingte Namensänderung), keine Unrichtigkeit im Sinne von § 22 GBO darstellt[438].

Geht man konsequent von der Rechtsfähigkeit der GbR aus und sieht somit nur diese selbst und nicht ihre Gesellschafter als Inhaberin des Grundstücksrechts an, kann dies nur bedeuten, dass bei Eintragung der GbR unter ihrem Namen ohne zusätzliche Eintragung der Gesellschafter die Bezeichnung des Berechtigten unvollständig ist. Andererseits geht die Gesetzesbegründung zu § 47 Abs. 2 GBO davon aus, dass die Eintragung der Gesellschafter eine „doppelte Funktion" erfülle[439]. Zum einen soll sie die Identifizierung der berechtigten GbR gewährleisten, zum anderen ist sie Grundbuchinhalt mit materiell- und verfahrensrechtlichen Konsequenzen[440]. Legt man diese Prämisse zugrunde, könnte man davon ausgehen, dass die Eintragung nur der GbR ohne ihre Gesellschafter nicht einfach nur unvollständig ist, sondern dass eben die Gesellschafter die GbR erst identifizierbar machen und eine fehlende Eintragung der Gesellschafter auch zu einem fehlerhaften Grundbuchinhalt führt.

Auch ein Vergleich zu § 47 Abs. 1 GBO spricht eher für die Anwendung des Grundbuchberichtigungsverfahrens nach § 22 GBO. Sind beispielsweise Mitglieder einer Erbengemeinschaft ohne Nennung dieses Berechtigungsverhältnisses nach § 47 Abs. 1 GBO eingetragen, so ist das Grundbuch unrichtig und wäre im Wege des § 22 Abs. 1 GBO zu berichtigen[441]. Nach h.M. findet § 22

---

435 Vgl. *Demharter*, GBO, § 22, Rn. 23; BeckOK-GBO/*Holzer*, § 22, Rn. 93.

436 Meikel/*Böttcher*, GBO, § 22, Rn. 2; Palandt/*Bassenge*, § 894, Rn. 3.

437 *Demharter*, GBO, § 22, Rn. 22; BeckOK-GBO/*Holzer*, § 22, Rn. 28.

438 *Demharter*, GBO, § 22, Rn. 23; Bauer/von Oefele/*Kohler*, GBO, § 22, Rn. 39; Meikel/*Böttcher*, GBO, § 22, Rn. 88.

439 BT-Drucks. 16/13437, S. 24.

440 BT-Drucks. 16/13437, S. 24.

441 OLG Hamm DNotZ 1965, 408; *Demharter*, GBO, § 47, Rn. 35; Meikel/*Böhringer*, § 47, Rn. 1, 75 ff.

Abs. 1 GBO sogar dann Anwendung, wenn das Berechtigungsverhältnis nicht fehlt, aber unzutreffend oder unvollständig angegeben ist[442].

Die fehlende Gesellschaftereintragung bei Namens-GbR kommt dem Fall der fehlenden oder unvollständigen Bezeichnung des Berechtigungsverhältnisses sehr nahe. Anders jedoch als bei einer fehlerhaften Eintragung nach § 47 Abs. 1 GBO, stellt die fehlende Gesellschaftereintragung keinen rechtlich missbilligten Zustand dar[443]. Da das Grundbuch vor Inkrafttreten des ERVGBG richtig war, auch wenn es nur die GbR unter ihrem Namen und ohne zusätzliche Eintragung der Gesellschafter auswies, wäre es verfehlt, es aufgrund der Änderungen durch das ERVGBG nunmehr als „unrichtig" anzusehen. Das Gesetz fordert gemäß Art. 229 § 21 EG BGBG die zusätzliche Eintragung der Gesellschafter nur für zukünftige Eintragungen, für bereits eingetragene Namens-GbR wird dies wegen der fehlenden Rückwirkung des § 47 Abs. 2 S. 1 GBO gerade nicht verlangt[444]. Am nächsten liegt es daher, die bestehende Eintragung als „unvollständige Bezeichnung des tatsächlich Berechtigten"[445] bzw. als „nachträgliche Falschbezeichnung"[446] einzustufen. Das Grundbuch ist nicht unrichtig im Sinne von § 894 BGB, da mit der GbR der richtige Grundstückseigentümer bzw. Berechtige eingetragen ist[447]. Die Identität des Rechtssubjekts bleibt unverändert[448]. Daher sind an dieser Stelle die Grundsätze über das Richtigstellungsverfahren anzuwenden. Die Richtigstellung von Falschbezeichnungen erfolgt im Rahmen des Freibeweisverfahrens. Dieses wird von Amts wegen eingeleitet. Ein etwaig gestellter Antrag eines Beteiligten hätte somit nur die Bedeutung einer Anregung eines Amtsverfahrens zur Vervollständigung des Grundbuches[449].

d) *Voraussetzungen für eine nachträgliche Eintragung*

Fraglich ist, ob auch bei der Anwendung des Richtigstellungsverfahrens formgerechte Nachweise seitens der GbR und ihrer Gesellschafter vorzulegen sind, auch wenn § 29 Abs. 1 GBO grundsätzlich nicht gilt. Die Anforderungen an

---

442 Vgl. MüKoBGB/*Kohler*, § 894, Rn. 14 (Eintragung von Gesamthändern als Bruchteilsgemeinschafter).

443 *Heinze*, Die GbR im Grundbuch nach dem ERVGBG, S. 86.

444 Siehe auch *Hartmann*, RNotZ 2011, 401, 406.

445 OLG München DNotZ 2010, 691; Hügel/*Reetz*, GBO, § 47, Rn. 108.

446 *Heinze*, DNotZ 2010, 695, 696.

447 Meikel/*Böttcher*, GBO, § 22, Rn. 88.

448 *Böhringer*, Rpfleger 2009, 537, 543.

449 *Demharter*, GBO, § 22, Rn. 22; Meikel/*Böttcher*, GBO, § 22, Rn. 88; Bauer/von Oefele/*Kohler*, § 22, Rn. 39; *Hartmann*, RNotZ 2011, 401, 406.

die Nachweise im Richtigstellungsverfahren sollten hierbei von der ursprünglichen Eintragungsgrundlage abhängen. Zu unterscheiden ist, ob die Eintragung auf § 20 GBO oder § 19 GBO beruhte. Wurde die GbR als Eigentümerin oder Erbbauberechtigte eines Grundstückes im Rahmen des § 20 GBO eingetragen, so sind die damaligen Gesellschafter aus der Erwerbsurkunde ersichtlich und können daher im Grundbuch nachträglich eingetragen werden. Denn das Grundbuchamt hat mit der Eintragung der GbR seinerzeit zum Ausdruck gebracht, dass es die bei den Eintragungsunterlagen befindlichen Dokumente für den Nachweis der Existenz und des Vertretungsverhältnisses für ausreichend hielt[450]. Es hing damit letztendlich vom Zufall ab, ob die Eintragung der Gesellschaft unter Nennung ihrer Gesellschafter erfolgte oder nicht. Die Begünstigung durch das ERVGBG davon abhängig zu machen, erscheint insofern nicht sachgerecht, denn die Prüfung durch das Grundbuchamt ist im Rahmen des § 20 GBO in beiden Buchungsformen identisch[451]. Dies muss sowohl gelten, wenn die Gesellschaft erst beim Erwerb des Grundstückrechtes ad hoc gegründet wurde[452], als auch wenn sie bereits vor Abschluss der Erwerbsurkunde bestanden hat[453]. Daher genügt es im Rahmen des § 20 GBO, wenn die Gesellschafter einen Gesellschaftsvertrag vorlegen beziehungsweise ein solcher unter Umständen bereits bei den Eintragungsunterlagen befindlich ist und sie darüber hinaus erklären, dass der Gesellschafterbestand beim Erwerbsgeschäft unverändert war und bis jetzt ist[454]. Die zum Grundstückserwerb einer bestehenden GbR ergangene Rechtsprechung des BGH im Jahr 2011[455] spricht meines Erachtens für diese Betrachtungsweise. Hier hatte der BGH entschieden, dass es beim Erwerb durch eine GbR für die Eintragung des Eigentumswechsels im Grundbuch ausreicht, wenn die GbR und ihre Gesellschafter in der notariellen Auflassung benannt sind und die Handelnden erklären, dass sie die alleinigen Gesellschafter sind. Weitere Nachweise verlangte das Gericht darüber hinaus nicht. Aus der Vorschrift des § 47 Abs. 2 S. 1 GBO leitet der BGH folglich ab, dass für die Eintragung der GbR und ihrer Gesellschafter keine spezifischen Prüfungspflichten bestehen und die Anforderungen des § 29 GBO nicht gelten. Dies sollte – trotz

---

450 *Heinze*, Die GbR im Grundbuch nach dem ERVGBG, S. 89.

451 *Heinze*, DNotZ 2010, 695, 697; a.A. jurisPK-BGB/*Touissant*, § 899 a, Rn. 16.

452 OLG München DNotZ 2011, 691.

453 OLG Schleswig FGPrax 2011, 114; siehe auch *Böttcher*, notar 2012, 111, 120; *Heinze*, DNotZ 2010, 695, 697.

454 *Hartmann*, RNotZ 2011, 401, 406.

455 BGHZ 189, 274, ausführlich dazu unten C. IV. 3. Der BGH-Beschluss vom 28. April 2011, S. 102 ff.

der fehlenden Rückwirkung des § 47 Abs. 2 S. 1 GBO – auch dann gelten, wenn nur die Gesellschafter ins Grundbuch (nachträglich) eingetragen werden sollen[456].

Schwieriger sind die Fälle, in denen die ursprüngliche Eintragung auf § 19 GBO beruhte, wenn also zum Beispiel ein Grundpfandrecht für eine GbR bestellt worden ist. Die Eintragungsgrundlage besteht dann lediglich in einer Eintragungsbewilligung des Grundstückseigentümers, ohne dass die GbR selbst beteiligt war[457]. In der Regel fehlt es hierbei an der Nennung der Gesellschafter und damit an einer tauglichen Grundlage, welche im Nachhinein zur Ermittlung des damaligen Gesellschafterbestandes herangezogen werden könnte. Insofern ist besonders problematisch, dass jeder behaupten kann, er sei Gesellschafter der GbR, und sich ins Grundbuch eintragen lassen. Nach der Eintragung könnten dann die nichtberechtigten Gesellschafter das Grundstücksrecht abtreten und ein Dritter dieses gutgläubig erwerben. In derartigen Fällen wird vorgeschlagen, dass der seinerzeit Bewilligungsberechtigte und/oder der derzeitige Eigentümer angehört werden sollten[458]. Denn der vormals bewilligungsberechtigte Eigentümer wird gegebenenfalls zu dem damaligen Gesellschafterbestand Stellung nehmen können beziehungsweise der gegenwärtige Eigentümer ein entsprechendes Recht zugunsten einer GbR in der Regel nur dann bewilligen, wenn er deren sämtliche Gesellschafter kennt. Zudem sollte von denjenigen, die sich als Gesellschafter der eingetragenen Namens-GbR ausgeben, die Vorlage eines schriftlichen Gesellschaftsvertrages gefordert werden.

Sollte sich der Gesellschafterbestand seit dem Erwerb des Grundstücksrechts verändert haben, so ist es erforderlich, dass die Gesellschafter die Erwerbsurkunde, um den ursprünglichen Gesellschafterbestand nachweisen zu können, und darüber hinaus alle Erklärungen, die eine Veränderung im Gesellschafterbestand zur Folge haben (Abtretungsurkunden, Kündigungs- und Ausschlusserklärungen, Ein- und Austritt von Gesellschaftern), in der Form des § 29 GBO vorlegen[459]. Daneben könnte verlangt werden, dass eine Bewilligungserklärung des Alt-Gesellschafters nebst Zustimmungserklärung des Neu-Gesellschafters beigebracht werden[460].

---

456 *Hartmann*, RNotZ 2011, 401, 406.

457 *Böttcher*, notar 2012, 111, 121); *ders.*, AnwBl 2011, 1, 12.

458 *Heinze*, DNotZ 2010, 695, 698.

459 *Hertel*, FS Brambring, 2011, S. 171, 199; *Böttcher*, AnwBl 2011, 1, 11; *Hartmann*, RNotZ 2011, 401, 406.

460 *Hartmann*, RNotZ 2011, 401, 406.

7. Ergebnisse zur GbR auf Veräußererseite

Die durch das ERVGBG eingeführten Neuregelungen sollten die Probleme, welche der BGH 2008 mit seiner Entscheidung aufgeworfen hat, beseitigen. Dies ist leider nur unvollständig gelungen. Nach wie vor müssen GbR, wollen sie ein Grundstück, dessen Eigentümerin sie sind, veräußern, auf Hilfskonstruktionen wie Doppelverpflichtung und/oder Abwicklung über Notaranderkonto zurückgreifen. Zwar helfen diese Konstruktionen weiter und sind auch in der Praxis gut und ohne größeren Aufwand durchführbar, allerdings sind sie meist mit zusätzlichen Kosten verbunden. Dies ist vielen Rechtslaien oft nur schwer vermittelbar.

Die Anerkennung der Rechtsfähigkeit der GbR und die damit einhergehenden Änderungen im Rechtsverständnis der GbR bis hin zur Einführung der Neuerungen im Grundbuchverfahrensrecht (GBO und GBV) sowie im BGB sollten eigentlich dazu führen, dass gerade solche Konstrukte und Kunstgriffe nicht mehr nötig sind, um rechtssicher ein Grundstück von einer GbR zu erwerben. Es bleibt abzuwarten, ob sich der Gesetzgeber des Themas der Grundbuchfähigkeit nochmals annimmt um die – zum Teil von ihm selbst – aufgeworfenen Ungereimtheiten aus dem Weg zu räumen.

III. Exkurs: Familiengerichtliche Genehmigung für Grundstücksveräußerungen durch eine GbR mit minderjährigem Gesellschafter

1. Ausgangslage

a) Problemstellung

Gemäß § 1643 Abs. 1 i.V.m. § 1821 Abs. 1 Nr. 1 BGB bedarf die Verfügung eines Minderjährigen über ein Grundstück oder ein Recht an einem Grundstück der Genehmigung des Familiengerichts. Nach § 1643 Abs. 1 i.V.m. § 1821, Abs. 1 Nr. 4 BGB ist dies auch für die Eingehung einer entsprechenden Verpflichtung erforderlich.

Dies gelte auch dann, wenn Minderjährige nur Miteigentümer zur gesamten Hand seien[461], so dass vor der Änderung der Rechtsprechung des BGH zur Rechtsfähigkeit der GbR im Jahr 2001 ganz selbstverständlich angenommen werden konnte, dass Verfügungen über Immobilien einer GbR, an welcher Minderjährige beteiligt sind, der Genehmigung des Familiengerichts bedurften.

---

461 So bereits OLG Koblenz FamRZ 2003, 249.

Fraglich ist jedoch, ob diese nach wie vor bestehende Praxis aufgrund der weithin anerkannten Rechts- und Parteifähigkeit der GbR als überholt anzusehen ist. Ist nämlich die GbR als solche rechtsfähig und somit als Eigentümerin des Grundstücks anzusehen, so stellt sich die Frage, ob dem einzelnen Gesellschafter in diesem Fall überhaupt ein Recht an einem Grundstück i.S.v. § 1821 Abs. 1 Nr. 1 BGB zustehen kann[462].

b) Vertretung des Minderjährigen und familiengerichtliche Genehmigung

Nach § 106 BGB ist ein Minderjähriger, der das siebte Lebensjahr vollendet hat, nach Maßgabe der §§ 107 bis 113 BGB in der Geschäftsfähigkeit beschränkt. Dabei differenziert das Gesetz vor allem danach, ob das vorzunehmende Rechtsgeschäft für den Minderjährigen lediglich rechtlich vorteilhaft ist und, sollte dies nicht der Fall sein, ob das Rechtsgeschäft mit oder ohne Zustimmung des gesetzlichen Vertreters abgeschlossen wurde. Soll nun der Minderjährige an einem Rechtsgeschäft mitwirken, welches er selbst nicht wirksam vornehmen kann, so muss er vertreten werden. Grundsätzlich steht das minderjährige Kind nach § 1626 BGB unter elterlicher Sorge. Diese umfasst nach § 1629 Abs. 1 S. 1 BGB auch die Vertretung des Kindes.

Die elterliche Vertretungsmacht ist grundsätzlich unbeschränkt und nur insoweit ausgeschlossen oder beschränkt, als dies im Gesetz besonders bestimmt ist. So umfasst die Vertretungsmacht der Eltern grundsätzlich auch den Abschluss riskanter Geschäfte[463]. Allerdings sind die Eltern in bestimmten Zusammenhängen nicht gänzlich frei in der gesetzlichen Vertretung des Kindes[464]. Im Gesetz verstreut finden sich verschiedene Genehmigungsvorbehalte für Rechtsgeschäfte, für dessen Vornahme die Eltern die Genehmigung des Familiengerichts benötigen. Ohne die Genehmigung des Familiengerichts kann das entsprechende Rechtsgeschäft nicht wirksam vorgenommen werden[465]. Dies betrifft nach § 1643 Abs. 1 BGB insbesondere solche Rechtsgeschäfte, für welche nach §§ 1821, 1822 BGB auch ein Vormund der Genehmigung bedarf. Die Vorschrift

---

462 *Wertenbruch*, NJW 2015, 2150; An dieser Stelle soll lediglich die Problematik der Genehmigungsbedürftigkeit von Rechtsgeschäften, welche die gesetzlichen Vertreter für den Minderjährigen vornehmen, erläutert werden. Eine umfassende Darstellung der Verhältnisse von Minderjährigen in einer GbR würde den Rahmen sprengen. Siehe dazu aber ausführlich *Weh*, Der Minderjährige in der Gesellschaft bürgerlichen Rechts, 2011.

463 Staudinger/*Peschel-Gutzeit* (2015), § 1629, Rn. 133.

464 Staudinger/*Peschel-Gutzeit* (2015), § 1629, Rn. 140.

465 *Kölmel*, RNotZ 2010, 1, 25.

schränkt die Vertretungsmacht der Eltern erheblich ein. Grund hierfür ist, dass der Gesetzgeber das Kindesvermögen in bestimmten Fällen als besonders schützenswert ansieht[466]. Die Eltern sind allerdings noch wesentlich freier als ein Vormund oder Pfleger, da sich das Genehmigungserfordernis nicht auf alle in §§ 1821, 1822 BGB genannten Rechtsgeschäfte erstreckt[467].

c) Die vermögensrechtliche Stellung eines GbR-Gesellschafters

In seiner Grundsatzentscheidung aus dem Jahr 2001 hat der BGH klargestellt, dass jede (Außen-)GbR als rechts- und parteifähig einzuordnen ist. Die Vermögenszuordnung hängt bei einer GbR mit Gesamthandsvermögen nicht davon ab, ob die GbR einen unternehmerischen Zweck verfolgt[468]. Der Gesellschafter einer solchen rechts- und parteifähigen GbR hat grundsätzlich keine dingliche Berechtigung an Grundstücken oder sonstigen Vermögensgegenständen der GbR. Auch dies gilt ganz unabhängig von einem etwaigen konkreten Gesellschaftszweck der Gesellschaft[469]. Daher bedarf auch die Veräußerung eines Gesellschaftsanteils an einer grundbesitzenden GbR nicht der notariellen Beurkundung gemäß § 311 b Abs. 1 S. 1 BGB, da dem einzelnen Gesellschafter gerade kein Miteigentum (mehr) zusteht. Vielmehr ist der einem Gesellschafter zustehende „Anteil am Gesellschaftsvermögen" i.S.v. §§ 718, 719 BGB als rein wertmäßige Beteiligung anzusehen, welcher nicht von der Mitgliedschaft in der GbR abtrennbar ist. Eine dingliche Mitberechtigung am Gesellschaftsvermögen ist damit nicht verbunden, so dass dieser dem Gesellschafter zustehende Beteiligungswert kein tauglicher Verfügungsgegenstand ist[470]. Will ein Gesellschafter daher den Wert seiner Vermögensbeteiligung realisieren, hat er nur die Möglichkeit, die Gesellschaft zu kündigen und dadurch eine Auseinandersetzung herbeizuführen, oder, sofern sein Gesellschaftsanteil im Gesellschaftsvertrag als veräußerlich dargestellt ist, diesen an einen entsprechenden Käufer zu veräußern[471].

Es stellt sich daher die Frage, ob dann die Anwendbarkeit des Genehmigungstatbestandes des § 1821 Abs. 1 Nr. 1 BGB vom Zweck der Gesellschaft abhängig gemacht werden kann. Im Ergebnis drängt sich nämlich die Schlussfolgerung

---

466 Staudinger/*Heilmann* (2016), § 1643, Rn. 2; *Kölmel*, RNotZ 2010, 1, 16.

467 Staudinger/*Heilmann* (2016), § 1643, Rn. 2; MüKoBGB/*Huber*, § 1643, Rn. 1.

468 *Wertenbruch*, FamRZ 2003, 1714.

469 *Wertenbruch*, NJW 2015, 2150, 2151.

470 BeckOK-BGB/*Schöne*, § 719, Rn. 2 f.

471 *Wertenbruch*, Die Haftung von Gesellschaften und Gesellschaftsanteilen in der Zwangsvollstreckung, 2000, S. 484 f.; *ders.*, FamRZ 2003, 1714.

auf, dass dem Gesellschafter gerade kein „Recht an einem Grundstück“ i.S.v. § 1821 Abs. 1 Nr. 1 BGB zusteht, der Tatbestand dieser Norm also überhaupt nicht erfüllt ist und es somit einer Genehmigung des Familiengerichts ganz unabhängig vom konkreten Gesellschaftszweck in diesen Fällen nicht bedarf.

2. Der Beschluss des OLG Nürnberg vom 4.10.2013

Das OLG Nürnberg entschied am 4. Oktober 2013, dass Eltern bei der Veräußerung eines Grundstücks, welches im Eigentum einer GbR steht, der auch ihre minderjährigen Kinder angehören, der familiengerichtlichen Genehmigung bedürfen[472]. Im vorliegenden Fall waren zwei minderjährige Kinder an einer vermögensverwaltenden GbR beteiligt. Nach dem Gesellschaftsvertrag war Gegenstand der Gesellschaft die „gewinnbringende Verwaltung eigenen Vermögens; die Gesellschaft kann alle Geschäfte betreiben, die geeignet sind, den Gesellschaftszweck zu fördern“. Das Grundbuchamt wies den Eintragungsantrag mit der Begründung zurück, dass die familiengerichtliche Genehmigung nicht schon deshalb entbehrlich sei, da das Grundeigentum nicht in unmittelbarer Form vorliege, sondern nur mittelbar als Anteil an einer GbR. Schutzzweck der §§ 1643 Abs. 1, 1821 Abs. 1 Nr. 1 BGB sei es, den Minderjährigen vor dem Verlust von grundsätzlich langlebigem Grundbesitz zu bewahren. Auch die gewandelte Rechtsprechung des BGH zur Rechtsstellung der GbR ändere daran nichts. Diese sollte nicht etwa eine Einschränkung des Minderjährigenschutzes bezwecken, sondern vielmehr eine Anpassung der Behandlung der GbR an geänderte Rechtsverhältnisse[473]. Dieser Ansicht sei, so das OLG Nürnberg, zuzustimmen. Allerdings sei zu beachten, dass bei einer oHG oder einer KG ein Genehmigungserfordernis gemäß § 1821 BGB allgemein verneint wird. Hierfür sprechen insbesondere die Genehmigungspflicht beim Beitritt eines Minderjährigen zu einer Erwerbsgesellschaft nach § 1822 Nr. 3 BGB und die Erwägung, dass ansonsten dem Familiengericht weitgehende Befugnisse bei der Führung eines Gesellschaftsunternehmens auferlegt würden. Dieses Ergebnis sei in der Praxis untragbar. Die Beteiligung eines Minderjährigen an einer Personengesellschaft solle nicht bewirken, dass die Gesellschaft als solche Rechtsgeschäfte, welche der Minderjährige nicht ohne die familiengerichtliche Genehmigung abschließen könnte, nunmehr ebenfalls nicht ohne Genehmigung abschließen kann und somit faktisch unter der Kontrolle des Familiengerichts steht. Derlei Überlegungen müssten grundsätzlich auch für die GbR gelten, jedoch bedürfe es

472 OLG Nürnberg NJW 2013, 82.
473 OLG Nürnberg NJW 2013, 82.

hierbei einer Einschränkung: das Genehmigungserfordernis nach § 1822 Nr. 3 BGB beziehe sich seinem Zweck nach auf solche künftigen, ebenfalls genehmigungsbedürftigen Geschäfte, die zum Zeitpunkt des Beitritts bereits absehbar seien. Bei Grundstücksverfügungen einer gewerblich tätigen GbR sei daher ein darüber hinausgehendes Genehmigungserfordernis zu verneinen, da bereits die Genehmigung zum Beitritt zur Gesellschaft derartige Geschäfte durch den Gesellschaftszweck mit abdecke. Anders sei dies bei Gesellschaften verwaltenden Charakters, denn hier umfasse die Prüfung zum Beitritt zu einer solchen Gesellschaft nicht die Veräußerung von Grundbesitz, solange sich dies nicht aus dem Gesellschaftsvertrag ergebe. Auch die geänderte BGH-Rechtsprechung zur GbR ändere hieran nichts. Der bereits erwähnte Schutzzweck des Genehmigungserfordernisses liefe weitestgehend leer, wenn Grundstücksgeschäfte einer GbR, an welcher Minderjährige beteiligt sind, nur deshalb keiner Genehmigung mehr bedürften, weil Zuordnungssubjekt nunmehr nicht die Gesellschafter zur gesamten Hand sind, sondern die Gesellschaft selbst. Daher, so das OLG Nürnberg, sei auch im vorliegenden Fall die familiengerichtliche Genehmigung nicht entbehrlich gewesen[474].

3. Analoge Anwendung des § 1821 Abs. 1 Nr. 1 BGB?

Folgt man nunmehr allerdings der Theorie, dass dem einzelnen Gesellschafter einer GbR kein Recht an einem Grundstück im Sinne von § 1821 Abs. 1 Nr. 1 BGB zusteht, der minderjährige Gesellschafter also nicht gegen Beeinträchtigungen seines Grundvermögens geschützt werden muss, könnte man über eine analoge Anwendung der Norm nachdenken.

Allerdings ist zu beachten, dass der Gesetzgeber sich bei §§ 1821, 1822 BGB bewusst für eine enumerative Aufzählung und keine Generalklausel entschieden hat[475]. Im Interesse der Rechtssicherheit ist eine eindeutige Abgrenzung der genehmigungspflichtigen von den genehmigungsfreien Geschäften notwendig[476]. Deshalb ist bei der Auslegung der Norm formal auf die tatbestandsmäßige Wortbedeutung abzustellen, gegebenenfalls ist der Schutzzweck der Norm zu berücksichtigen[477]. Dies bedeutet jedoch gleichzeitig, dass eine Erweiterung

474 OLG Nürnberg NJW 2013, 82; insgesamt zustimmend *Armbrüster*, ZGR 2013, 366, 371 ff.

475 Palandt/*Götz*, § 1821, Rn. 1; *Kölmel*, RNotZ 2010, 1, 16; *Wertenbruch*, NJW 2015, 2150, 2151.

476 Staudinger/*Veit* (2013), Vorbem zu §§ 1821, 1822, Rn. 9.

477 Palandt/*Götz*, § 1821, Rn. 1; *Kölmel*, RNotZ 2010, 1, 16.

des Kreises der genehmigungsbedürftigen Geschäfte im Wege der Analogie über den Wortlaut hinaus ausgeschlossen ist[478].

4. Notwendigkeit einer familiengerichtlichen Genehmigung

Fraglich ist allerdings, ob eine familiengerichtliche Genehmigung bei Grundstücksveräußerungen auch bei fehlender analoger Anwendung von § 1821 Abs. 1 Nr. 1 BGB überhaupt notwendig ist oder ob nicht der Schutz des Minderjährigen bereits durch § 1822 Nr. 3 bzw. Nr. 10 BGB hinreichend gewährleistet ist.

a) Betrieb eines Erwerbsgeschäfts nach § 1822 Nr. 3 BGB

Nach § 1822 Nr. 3 Alt. 2 BGB ist die Eingehung eines Gesellschaftsvertrages zum Betrieb eines Erwerbsgeschäfts genehmigungsbedürftig, unabhängig davon, ob die Gründung entgeltlich oder unentgeltlich ausgestaltet ist[479]. Genehmigungspflichtig ist hierbei sowohl die Gründung einer neuen als auch der Beitritt zu einer bereits bestehenden Gesellschaft[480]. Grund für die Genehmigungsbedürftigkeit ist hierbei vor allem, dass die Führung eines Erwerbsgeschäfts häufig mit fortlaufenden wirtschaftlichen Risiken behaftet ist, welche unter Umständen weitreichende Konsequenzen für das Vermögen des Minderjährigen haben können[481].

Unter einem Erwerbsgeschäft ist grundsätzlich jede auf Dauer ausgelegte, berufsmäßige mit Gewinnerzielungsabsicht ausgeübte, auf selbstständigen Erwerb gerichtete Tätigkeit zu verstehen[482]. Für das Vorliegen eines Erwerbsgeschäfts spricht eine geschäftsmäßige Organisation der Gesellschaft und der geplante Erwerb weiteren Vermögens, insbesondere von Immobilien zum Zwecke ihrer Verwaltung, Vermietung und Verwertung[483]. Ebenso kann von einer erwerbsgeschäftlichen Tätigkeit ausgegangen werden, wenn die Gesellschaft Grundvermögen von erheblichem Wert und Umfang verwaltet und die Gesellschafter ein unternehmerisches Risiko tragen[484].

---

478 Staudinger/*Veit* (2013), Vorbem zu §§ 1821, 1822, Rn. 9; Palandt/*Götz*, § 1821, Rn. 1; *Kölmel*, RNotZ 2010, 1, 16.

479 JurisPK-BGB/*Lafontaine*, § 1822, Rn. 68.

480 Palandt/*Götz*, §1822, Rn. 9.

481 JurisPK-BGB/*Lafontaine*, § 1822, Rn. 38.

482 BayObLG FamRZ 1996, 119, 121; vgl. auch schon RGZ 144, 1, 2; Palandt/*Götz*, § 1822, Rn. 5.

483 MüKoBGB/*Kroll-Ludwigs*, § 1822, Rn. 21; *Dümig*, Fam RZ 2003, 1, 3; *Czeguhn/Dickmann*, FamRZ 2004, 1534, 1535.

484 JurisPK-BGB/*Lafontaine*, § 1822, Rn. 46.

Bei der Gesellschaft bürgerlichen Rechts kann zumindest dann von einer Erwerbstätigkeit ausgegangen werden, wenn die GbR ein Kleingewerbe betreibt. Dies gilt grundsätzlich auch für Familiengesellschaften, an welchen ein Minderjähriger beteiligt ist. Umstritten ist jedoch die Frage, ob auch der Abschluss eines Gesellschaftsvertrages einer Genehmigung bedarf, wenn der Gesellschaftszweck rein auf die private Verwaltung und Erhaltung des Vermögens beschränkt ist, wie dies vor allem bei grundstücksverwaltenden Familiengesellschaften oftmals der Fall ist. Teilweise wird hier eine Genehmigungspflicht mit der Begründung bejaht, dass zumindest die Möglichkeit besteht, die Gesellschaft könnte in Zukunft erwerbsgeschäftlich tätig werden[485]. Andere Stimmen wiederum wollen darauf abstellen, ob die Gesellschaft Gesamthandsvermögen gebildet hat und als Außengesellschaft darauf ausgerichtet ist, Verträge mit Dritten abzuschließen[486]. Ist dies der Fall, tritt die Gesellschaft mithin nach außen in Erscheinung und verpflichtet sich durch den Abschluss von Rechtsgeschäften, so soll die Genehmigungspflicht auch rein vermögensverwaltende Gesellschaften betreffen. Zwar ist beiden Ansichten zuzugeben, dass sie im Kern berechtigte Überlegungen zum Schutz des Minderjährigen vor unvorhersehbaren Haftungsrisiken, welche mit dem Abschluss von Gesellschaftsverträgen einhergehen, anstellen. Beide Lesarten des § 1822 Nr. 3 BGB dürften jedoch mit dem Wortlaut der Norm nicht mehr vereinbar sein bzw. diese über ihren Wortlaut hinaus zu weit ausdehnen.

Eine Genehmigungsbedürftigkeit kommt daher auch beim Abschluss eines GbR-Vertrages nur dann in Betracht, wenn der Gesellschaftszweck tatsächlich auf den Betrieb eines Erwerbsgeschäfts gerichtet ist und nicht rein vermögensverwaltender Natur ist.

b) Übernahme einer fremden Verbindlichkeit nach § 1822 Nr. 10 BGB

Gemäß § 1822 Nr. 10 BGB bedarf auch die Übernahme einer fremden Verbindlichkeit, insbesondere die Übernahme eine Bürgschaft der Genehmigung durch das Familiengericht. Sinn und Zweck der Regelung ist es, den Minderjährigen vor solchen Verpflichtungen zu bewahren, welche er leichtfertig in der Erwartung eingeht, wegen der vorrangigen Haftung eines Dritten nicht selbst leisten zu müssen oder wenigstens Regress nehmen zu können[487].

Die h.M. reduziert den § 1822 Nr. 10 BGB im Hinblick auf seinen Gesetzeszweck dahingehend, dass nur solche Verbindlichkeiten erfasst werden, für die

485 In diese Richtung u.a. BayObLG, FGPrax 1997, 105.

486 *Wertenbruch*, FamRZ 2003, 1714, 1715.

487 MüKoBGB/*Kroll-Ludwigs*, § 1822, Rn. 61; jurisPK-BGB/*Lafontaine*, § 1822, Rn. 123.

eine Rückgriffsmöglichkeit beim Primärschuldner besteht. Nicht erfasst werden daher solche Verbindlichkeiten, für welche das Mündel (bzw. der Minderjährige) im Ergebnis ohnehin selbst aufzukommen hätte, es sich folglich nicht um eine wirtschaftlich fremde, sondern um eine eigene Verbindlichkeit handelt[488]. Genehmigungsbedürftig sind daher insbesondere die Übernahme einer Bürgschaft, die Schuldübernahme und der Schuldbeitritt, sofern dem Minderjährigen die Möglichkeit des Regresses offen stehen soll, oder auch die Übernahme der gesamtschuldnerischen Haftung für eine fremde Schuld, sowie die Sicherungsübereignung bzw. Verpfändung eigener Sachen zur Sicherung fremder Verbindlichkeiten[489].

Fraglich ist, ob auch die Gründung einer GbR bzw. der Beitritt zu einer bereits bestehenden GbR ebenfalls dem Genehmigungserfordernis des § 1822 Nr. 10 BGB unterfällt. Die wohl h.M. in der Literatur geht von einer generellen Genehmigungsbedürftigkeit in diesen Fällen aus[490]. Dies wird vor allem mit der entsprechenden Anwendung von §§ 128, 130 HGB auf die Gesellschafter einer (Außen-)GbR begründet. Bereits vor seiner Entscheidung aus dem Jahr 2001[491] hat der BGH anerkannt, dass die Gesellschafter für die im Namen einer GbR begründeten Verpflichtungen auch persönlich haften[492]. Seit die GbR als rechtlich eigenständiges Rechtssubjekt anzusehen ist, sind Verbindlichkeiten der GbR gemäß § 128 HGB analog primär als Gesellschaftsschulden anzusehen, damit also für den (minderjährigen) Gesellschafter fremde Schulden i.S.v. § 1822 Nr. 10 BGB[493]. Mit Urteil vom 7. April 2003 bestätigte der BGH seine Auffassung und stellte fest, dass § 130 HBG auch auf Gesellschafter einer GbR analog Anwendung findet, diese mithin bei Eintritt in eine Gesellschaft auch für bereits zu diesem Zeitpunkt bestehende Gesellschaftsverbindlichkeiten haften[494].

Folglich sind sowohl die Gründung einer GbR unter Beteiligung eines Minderjährigen wegen § 128 HGB analog als auch der Beitritt eines Minderjährigen zu einer bereits bestehenden GbR wegen § 130 HGB analog genehmigungspflichtig

---

488 Palandt/*Götz*, § 1822, Rn. 19; MüKoBGB/*Kroll-Ludwigs*, § 1822, Rn. 62; Schulz/Hauß/*Kemper*, § 1822, Rn. 20.

489 Palandt/*Götz*, § 1822, Rn. 21; MüKoBGB/*Kroll-Ludwigs*, § 1822, Rn. 64; jurisPK-BGB/*Lafontaine*, § 1822, Rn. 125.

490 U.a. *Wertenbruch*, NJW 2015, 2150, 2152; *Czeguhn/Dickmann*, FamRZ 2004, 1534, 1535; *Dümig*, FamRZ 2003, 1, 4.

491 BGHZ 146, 341.

492 BGHZ 142, 315.

493 *Czeguhn/Dickmann*, FamRZ 2004, 1534, 1535.

494 BGH NJW 2003, 1803, 1805.

nach § 1822 Nr. 10 BGB. Für die Anwendung des § 1822 Nr. 10 BGB kommt es nicht darauf an, ob sich die Haftung für die fremde Verbindlichkeit aus einer rechtsgeschäftlichen Handlung ergibt oder sich als Folge aufgrund Gesetz – in diesem Fall gemäß §§ 128, 130 HGB analog – darstellt[495]. Ebenso wenig ist es für § 1822 Nr. 10 BGB entscheidend, ob es sich bei der GbR um eine Erwerbsgesellschaft handelt oder sie einen rein vermögensverwaltenden Gesellschaftszweck verfolgt.

c) *Zwischenergebnis*

Ist der Zweck einer GbR auf den Betrieb eines Erwerbsgeschäfts gerichtet, so ergibt sich eine Genehmigungspflicht bei Beteiligung eines Minderjährigen bereits aus § 1643 Abs. 1 i.V.m. § 1822 Nr. 3 BGB. Doch auch wenn es sich um eine GbR rein vermögensverwaltender Natur handeln sollte, ist aufgrund der persönlichen Haftung für Gesellschaftsverbindlichkeiten analog §§ 128, 130 HGB nach § 1643 Abs. 1 i.V.m. § 1822 Nr. 10 BGB ebenfalls eine Genehmigung des Familiengerichts einzuholen. Dass für den minderjährigen Gesellschafter durch Grundstücksveräußerungen (oder andere Rechtsgeschäfte) Risiken entstehen können, hat das Familiengericht bereits bei seiner Entscheidung über die Frage der Genehmigung der Gründung bzw. des Eintritts ausreichend zu berücksichtigen.

5. Hinweispflicht des Notars

Kommt eine Genehmigungsbedürftigkeit in Betracht, so soll der Notar gemäß § 18 BeurkG die Beteiligten auf dessen Erforderlichkeit oder über etwa bestehende Zweifel hinweisen und dies in der Niederschrift vermerken. Dies betrifft nicht nur die für die Wirksamkeit des Vertrages, sondern auch für dessen Vollzug erforderlichen Genehmigungen[496]. Der Notar soll hierbei nicht nur auf die bloße Tatsache der Genehmigungsbedürftigkeit hinweisen, sondern auch darauf, welche Folgen eine Genehmigungsversagung nach sich ziehen könnte, insbesondere dann, wenn die Wirksamkeit des Vertrages von der Genehmigung abhängig ist. Zur Hinweispflicht des Notars zählt auch, dass dieser die Beteiligten über den Gang und die mögliche Dauer des Verfahrens aufklärt. Des Weiteren hat der Notar den Beteiligten zu erläutern, dass der Vertrag zunächst schwebend unwirksam ist und erst dann wirksam wird, wenn die familiengerichtliche

---

495 *Wertenbruch*, NJW 2015, 2150, 2152.
496 Staudinger/*Hertel* (2012), Vorbem zu §§ 127a, 128 (BeurkG), Rn. 502.

Genehmigung erteilt wurde und die Eltern dem anderen Vertragsteil davon in Kenntnis gesetzt haben, da diese auch nach erteilter Genehmigung noch vom Vertrag Abstand nehmen können[497].

Sollte der Notar bereits im Verfahren der GbR-Gründung beteiligt sein, so sollte er ebenfalls darauf hinweisen, dass im Rahmen des Gesellschaftsvertrages Grundstücksverfügungen, insbesondere Erwerb und Veräußerung von Grundstücken, ausdrücklich genannt werden. Damit würde die Genehmigung des Familiengerichts zum Beitritt des Minderjährigen zu einer solchen GbR auch spätere Grundstücksverfügungen abdecken[498].

6. Ergebnis

Seit seinem Grundsatzurteil aus dem Jahr 2001 zur Rechtspersönlichkeit der Außen-GbR hat der BGH diese faktisch auf eine Stufe mit der oHG und der KG gestellt. Damit einher geht jedoch auch die Tatsache, dass einem GbR-Gesellschafter eben kein Recht mehr an einem Gesellschaftsgrundstück zusteht, eine Grundstücksveräußerung mithin nicht der familiengerichtlichen Genehmigung nach § 1643 Abs. 1 i.V.m. § 1821 Abs. 1 Nr. 1 bzw. Nr. 4 BGB bedarf. Auch eine analoge Anwendung der Norm kommt aus den bereits dargelegten Gründen nicht in Betracht. Allerdings hat dieses Ergebnis keinesfalls eine Einbuße des Minderjährigenschutzes zur Folge. Sowohl der Vertrag über die Gründung einer GbR als auch der Beitritt zu einer bereits bestehenden GbR unterliegen zumindest dem Genehmigungserfordernis des § 1822 Nr. 10 BGB. Bei der Frage, ob eine Genehmigung zu einem solchen Gesellschaftsvertrag zu erteilen ist, hat das Familiengericht eine umfassende Gesamtbetrachtung vorzunehmen und alle im Gesellschaftsvertrag angelegten Vor- und Nachteile und die damit verbundenen Risiken für die Rechtsgüter des Minderjährigen zu berücksichtigen. Für eine Überwachung des organschaftlichen Handelns der Gesellschafter für die GbR durch das Familiengericht besteht dann kein Bedürfnis mehr und es sollte auch ohne gerichtlichen Vorbehalt bleiben[499]. Denn der Zuwachs an rechtlicher Selbstständigkeit und die Erweiterung der Gesellschafterhaftung durch die Rechtsprechung des BGH verlangen im Gegenzug auch eine größere Freiheit der Gesellschafterentscheidungen[500].

497 *Schöner/Stöber*, Grundbuchrecht, Rn. 3738 f.

498 *Michael*, notar 2013, 367, 369 f.

499 *Wertenbruch*, NJW 2015, 2150, 2152.

500 *Czeguhn/Dickmann*, FamRZ 2004, 1534, 1537.

Gesteht man mithin der GbR Rechtsfähigkeit zu und nimmt man mit der Akzessorietätstheorie an, dass allein die Gesellschaft und nicht mehr die Gesellschafter unmittelbar verpflichtet werden, so spricht dies für eine Gleichstellung mit oHG und KG und damit einhergehend für eine Genehmigungsfreiheit von Grundstückgeschäften einer GbR, unabhängig von ihrem Gesellschaftszweck. Dennoch zeigt das jüngst ergangene Urteil des OLG Nürnberg, dass es sich für die Praxis empfiehlt, als sichersten Weg vorsorglich eine familiengerichtliche Genehmigung einzuholen.

IV. Die GbR auf Erwerberseite - Grundstückserwerb durch eine GbR

Die Änderungen durch das ERVGBG im BGB und der GBO sollten vor allem zu einer Verbesserung des Grundbuchverkehrs mit Gesellschaften bürgerlichen Rechts führen und den Verkehrsschutz erhöhen[501]. Gänzlich unbehandelt blieb - zumindest auf den ersten Blick - hierbei das Problem, welches durch die Anerkennung der Rechtsfähigkeit der GbR beim Grundstückserwerb einer GbR verursacht wurde[502]. Eine Erschwerung der Eintragung einer GbR ins Grundbuch und damit eine Erschwerung des Grundstückserwerbs durch eine GbR beabsichtigte der Gesetzgeber sicherlich nicht[503]. Dennoch wurde nach Inkrafttreten des ERVGBG besonders kontrovers diskutiert, ob eine bereits existente GbR Grundbesitz erwerben kann oder ob dies möglicherweise daran scheitert, dass eine GbR weder ihren aktuellen Gesellschafterbestand noch die daraus resultierenden Vertretungsverhältnisse in der wegen der im Grundbuchverfahren geltenden Beweismittelbeschränkungen grundbuchrechtlich erforderlichen Form nach § 29 GBO nachweisen kann[504]. Die Vermutung des neu eingeführten § 899 a BGB gilt zwar - wie zuvor aufgezeigt - auch und gerade gegenüber dem Grundbuchamt. Dies aber nur „in Ansehung des Rechts", welches folglich bereits für die GbR im Grundbuch eingetragen sein muss, und nicht im Hinblick auf einen geplanten Neuerwerb[505].

---

501 Siehe oben B. II. 4. a) Die Neuregelungen im Einzelnen, S. 13 ff.

502 So auch *Häublein*, FS Roth, 2011, S. 221, 227; *Schöner/Stöber*, Grundbuchrecht, Rn. 4257.

503 BGHZ 187, 344, 349.

504 *Bestelmeyer*, ZIP 2011, 1389.

505 *Heinze*, RNotZ 2010, 289, 300; *Westermann*, FS Säcker, 2011, S. 543, 553.

1. Notarielle Praxis – Nachweise gegenüber dem Notar

Zunächst stellt sich in diesem Zusammenhang die Frage nach den Nachweiserfordernissen gegenüber dem beurkundenden Notar. Dieser hat gemäß § 12 BeurkG die Vertretungsberechtigung von Vertretern zu prüfen. Die Amtspflicht des Notars ist hierbei nicht mehr explizit in § 12 BeurkG geregelt, vielmehr knüpft dieser an die aus § 17 BeurkG fließende Prüfungs- und Belehrungspflicht des Notars an[506]. Der tatsächliche Umfang der notariellen Prüfungspflicht ist ungeklärt. § 29 BNotO a.F., dessen Absatz 3 wortgleich zu § 12 BeurkG war, enthielt in seinen Absätzen 1 und 2 noch ausführlichere Regelungen der Prüfungspflichten des Notars[507]. In der Literatur wird weitestgehend angenommen, dass der Notar im Rahmen von § 12 BeurkG zu prüfen habe, ob eine Vertretung im konkreten Fall überhaupt zulässig ist, ob eine nach dem Gesetz eventuell vorgeschriebene Form der Vollmacht eingehalten wurde, ob sonstige Bedenken gegen die Wirksamkeit der Vollmacht bestehen, ob die Vollmacht den Umfang des zu beurkundenden Geschäfts abdeckt und ob ein Insichgeschäft nach § 181 BGB bzw. eine Befreiung davon vorliegt[508].

Im Bezug auf die Nachweiserfordernisse bei der Beurkundung von Grundstücksgeschäften mit einer GbR ist man sich insoweit einig, dass die Nachprüfungspflichten des Notars nicht überspannt werden dürfen. Der Notar wird sich daher auf die Angabe der Beteiligten hinsichtlich Existenz, Identität und in Bezug auf die vertretungsberechtigten Gesellschafter[509] und/oder die Vorlage des schriftlichen Gesellschaftsvertrages – sofern ein solcher existiert – beschränken dürfen; eine darüber hinausgehende Prüfungs- oder Nachforschungspflicht besteht hingegen nicht[510]. Dennoch sollte der Notar die Beteiligten darauf hinweisen, dass er mangels GbR-Registers weder Bestand noch die Vertretungsverhältnisse der GbR sicher zu überprüfen vermag[511].

---

506 Eylmann/Vaasen/*Limmer*, § 12 BeurkG, Rn. 1; BeckOGK/*Bord*, § 12 BeurkG, Rn. 7.

507 Vgl. § 29 BNotO a.F., abgedruckt bei Armbrüster/Preuß/Renner/*Piegsa*, § 12 BeurkG, Rn. 2; Eylmann/Vaasen/*Limmer*, § 12 BeurkG, Rn. 1.

508 Eylmann/Vaasen/*Limmer*, § 12 BeurkG, Rn. 4; *Lerch*, BeurkG, § 12, Rn. 9.

509 BeckOGK/*Bord*, § 12 BeurkG, Rn. 24.

510 *Hartmann*, RNotZ 2011, 401; *Suttmann*, NJW 2013, 423, 425.

511 Armbrüster/Preuß/Renner/*Piegsa*, § 12 BeurkG, Rn. 33.

2. Das Problem des Nachweises der Vertretungsberechtigung

a) *Ausgangslage*

aa) *Die Aufgabe des Grundbuchs*

Der Rechtsverkehr bedarf sicherer Grundlagen. Eine Hauptaufgabe der Rechtsordnung ist es, Vorkehrungen dafür zu treffen, dass Übertragungen von Eigentum durch „Nicht-Eigentümer" möglichst verhindert werden. Daher müssen Möglichkeiten für den Rechtsverkehr geschaffen werden, sich vergewissern zu können, wer Eigentümer einer Sache ist. Dies gilt umso mehr, je wertvoller die zu erwerbende Sache ist, insbesondere mithin für den Grundstücksverkehr[512]. Das beste Mittel zur Wahrung der Sicherheit des Rechtsverkehrs bildet in diesem Fall ein staatliches, öffentliches Register. Denn anders als im Mobiliarsachenrecht kann der Besitz bei Grundstücken nicht als Legitimation für den Veräußerer herangezogen werden, da zu viele Grundstücke und Häuser im Besitz gerade von Nicht-Eigentümern aufgrund von Miete oder Pacht sind[513]. So wie der Besitz im Mobiliarsachenrecht soll im Immobiliarsachenrecht das Grundbuch Träger des Rechtsscheins sein. Das Grundbuch hat als ein solches öffentliches Register folglich die Aufgabe, die dinglichen Rechtsverhältnisse an Immobilien in einer die Rechtssicherheit gewährleistenden Weise bestimmt und eindeutig darzustellen[514]. Daneben weist das Grundbuch sämtliche an dem Grundstück bestehenden Rechte dinglicher Natur aus, heutzutage vor allem Grundschulden und Dienstbarkeiten oder Reallasten. Die Notwendigkeit zur Führung des Grundbuchs ergibt sich somit aus dem materiellen Grundstücksrecht. Derjenige, der am Grundstücksverkehr teilnehmen will, ist daher angehalten, sich durch Einsicht in das Grundbuch ein zuverlässiges Bild des dinglichen Rechtszustandes zu verschaffen[515].

Das Grundbuch sorgt somit – um es mit den Worten von *Karsten Schmidt* auszudrücken – für die Publizität des Objekts (Grundstück), indem es die an ihm bestehenden Rechte richtig und vollständig nachweist[516].

---

512 *Prütting*, Sachenrecht, Rn. 131.

513 *Prütting*, Sachenrecht, Rn. 132.

514 RGZ 61, 374, 377; 143, 159, 165; *Schöner/Stöber*, Grundbuchrecht, Rn. 2; *Tolani*, JZ 2013, 224, 225.

515 *Schöner/Stöber*, Grundbuchrecht, Rn. 1.

516 *Tolani*, JZ 2013, 224, 225.

bb) Publizität im Gesellschaftsrecht

Eine der wesentlichen Entstehungsvoraussetzungen einer juristischen Person bürgerlichen Rechts ist ihre Eintragung in ein staatliches Register (Handels-, Vereins- oder Genossenschaftsregister). Erst durch diese ist die juristische Person rechtsfähig und mit Rechtspersönlichkeit ausgestattet. Aber auch die Personenhandelsgesellschaften wie oHG und KG müssen sich ins Handelsregister eintragen lassen und (u.a.) ihre Vertretungsverhältnisse offenlegen, vgl. § 106 HGB (ggf. i.V.m. § 161 Abs. 2 HGB). Vor allem im Interesse der Sicherheit und des Schutzes des Rechtsverkehrs ist Publizität daher eine wesentliche Voraussetzung[517].

Auch das Handelsregister genießt öffentlichen Glauben ähnlich dem des Grundbuches[518]. Es soll im Rechtsverkehr mit Gesellschaften, juristischen Personen oder Kaufleuten ermöglichen, sich schnell und zuverlässig Kenntnis über die wesentlichen rechtlichen Verhältnisse zu verschaffen. Gleichzeitig eröffnet es umgekehrt eben diesen die Möglichkeit, ihre Rechtsverhältnisse für Dritte nach außen verbindlich kundzutun[519]. Die Informationen des Handelsregisters sind jedermann frei zugänglich, d.h. jeder kann auch ohne den Nachweis eines berechtigten Interesses Einsicht in das Handelsregister nehmen[520]. Diese Publizitäts- und Informationsfunktion ist elementare Aufgabe des Handelsregisters. In § 15 HGB wird der Umfang der Publizitätswirkung des Handelsregisters festgelegt (negative und positive Publizität).

cc) Grundbuch und Handelsregister

Das Handelsregister wird bei den Amtsgerichten geführt, § 8 Abs. 1 HGB. Dies erlaubt eine staatliche Kontrolle der zur Eintragung angemeldeten Tatsachen und gewährleistet deren Verlässlichkeit[521]. Neben die bereits oben geschilderte Publizitätsfunktion des Handelsregisters tritt somit auch eine Kontrollfunktion des Handelsregisters, besser gesagt: des Registergerichts. Unrichtige Eintragungen sind daher gerade im Hinblick auf die Publizitätsfunktion durch Kontrollmaßnahmen des Registergerichts zu verhindern. Dem Registergericht kommt insofern sowohl in materieller als auch in formeller Hinsicht ein Prüfungsrecht zu[522].

---

517 Vgl. Schwerdtfeger/*Lehleiter*, § 106 HGB, Rn. 1; Baumbach/Hopt/*Hopt*, HGB, § 8, Rn. 1; MüKoHGB/*Krafka*, § 8, Rn. 5.

518 Baumbach/Hopt/*Hopt*, HGB, § 15, Rn. 1.

519 Henssler/Strohn/*Wamser*, HGB, § 8, Rn. 1.

520 MüKoHGB/*Krafka*, § 8, Rn. 4.

521 Henssler/Strohn/*Wamser*, HGB, § 8, Rn. 1.

522 MüKoHGB/*Krafka*, § 8, Rn. 8 ff.

Anderes gilt jedoch im Grundbuchrecht. Eines der grundlegenden Prinzipien des Grundbuchrechts ist, dass das Grundbuchamt (anders als das Registergericht) von sich aus keine Möglichkeiten hat, Beweise zu erheben oder Ermittlungen anzustellen[523]. Der Antragsteller ist daher angehalten, alle erforderlichen Unterlagen beizubringen. Eine Nachweiserleichterung schafft hierbei § 32 GBO für den Nachweis der Vertretungsberechtigung bei Handelsgesellschaften. Abweichend von § 29 GBO genügt an dieser Stelle ein gerichtliches Zeugnis über die Eintragung im Handelsregister[524]. Es wird jedoch bereits im Ansatz deutlich, welche Bedeutung Handelsregister und Publizität auch für das Grundbuchrecht haben. Denn das Registergericht kann dem Grundbuchamt den entsprechenden Nachweis bezüglich des Rechtssubjekts, welches eine Eintragung ins Grundbuch anstrebt – einschließlich seiner Existenz und seiner Vertretungsverhältnisse – erbringen. Die GbR verfügt jedoch nicht über eine derartige Registerpublizität. Es stellt sich daher die Frage, wie die GbR dem Grundbuchamt gegenüber den Nachweis ihrer Existenz, Identität und Vertretungsberechtigung erbringen kann.

b) Das formelle und das materielle Konsensprinzip

Das (materielle) Grundstücksrecht und das (formelle) Grundbuchrecht sind eng miteinander verbunden und beruhen im Wesentlichen auf denselben Grundsätzen[525]. Einer der wohl wichtigsten ist das sogenannte Konsensprinzip. § 19 GBO normiert hierbei das formelle Konsensprinzip[526]. Danach genügt für die Eintragung ins Grundbuch die Bewilligung desjenigen, dessen Recht von ihr betroffen ist. Die Regelung der lediglich einseitigen Bewilligung soll die Erleichterung des Grundbuchverkehrs bezwecken, indem es auf die Prüfung des der Eintragung zugrundeliegenden dinglichen Rechtsgeschäfts verzichtet[527]. Die Erklärung des verlierenden Teils ist somit lediglich auf die Eintragung im Grundbuch gerichtet und nicht auf den materiellrechtlichen Eintritt der Rechtsänderung. Das Grundbuchrecht nimmt es in diesem Fall in Kauf, dass die durch die Bewilligung geschaffene formelle Rechtslage von der materiellen abweicht[528]. Allerdings gilt im gesamten Grundbuchrecht, d.h. auch im Antragsverfahren nach den §§ 13 ff.

---

523 Hügel/*Otto*, GBO, § 29, Rn. 1; *Tolani*, JZ 2013, 224, 225.

524 Ausführlich dazu im Folgenden.

525 *Schöner/Stöber*, Grundbuchrecht, Rn. 13.

526 Zur missverständlichen Wortwahl an dieser Stelle *Wolfsteiner*, DNotZ 1987, 67, der betont, dass ein Konsens bei § 19 GBO gerade nicht verlangt wird.

527 *Demharter*, GBO, § 19, Rn. 1; Hügel/*Holzer*, GBO, § 19, Rn. 2.

528 BeckOK-GBO/*Holzer*, § 19, Rn. 4.

GBO, der Legalitätsgrundsatz. Danach hat das Grundbuchamt die Pflicht, über die Richtigkeit des Grundbuches zu wachen und dieses im Einklang mit der materiellen Rechtslage zu halten. Es darf vor allem nicht dazu beitragen, dass das Grundbuch durch eine Eintragung unrichtig wird[529]. Bemerkenswert ist jedoch, dass diese Pflicht des Grundbuchamtes, das Grundbuch richtig zu halten, die Ausnahme zum Grundsatz des formellen Konsensprinzips nach § 19 GBO darstellt. Der Gesetzgeber bewertet das Interesse an einer möglichst raschen Eintragung höher als das Interesse an der vollständigen Richtigkeit des Grundbuchs[530]. So wie jedes andere öffentliche Register auch dient das Grundbuch in erster Linie der Verlautbarung von Rechten und nicht der materiellen Rechtsverwirklichung[531]. § 19 GBO wird daher auch oftmals als die bedeutsamste und zentrale Bestimmung des Grundbuchrechts bezeichnet[532].

§ 20 GBO wiederum enthält eine Durchbrechung zu dem in § 19 GBO normierten einseitigen Bewilligungsgrundsatz. Danach ist in bestimmten Fällen die Eintragung vom Nachweis der nach dem Sachenrecht notwendigen Einigung beider Teile abhängig (materielles Konsensprinzip)[533]. Grund dafür ist, dass mit dem Grundstückseigentum und dem Erbbaurecht auch öffentlich-rechtliche Verpflichtungen verbunden sind und daher ein besonderes Interesse an der Übereinstimmung von Grundbuch und wahrer Rechtslage besteht[534]. Das materielle Konsensprinzip ist zusätzlich zu dem formellen Konsensprinzip des § 19 GBO einzuhalten, das heißt, dass neben dem Nachweis der materiellrechtlichen Einigung auch immer noch die Eintragungsbewilligung vorliegen muss. Unter Umständen kann sich durch Auslegung ergeben, dass die sachenrechtliche Einigung auch die verfahrensrechtliche Bewilligung enthält[535]. Dies muss sich dann allerdings mit verfahrensrechtlichen Mitteln zweifellos feststellen lassen[536].

---

529 BeckOK-GBO/*Holzer*, § 19, Rn. 13; Kuntze/Ertl/Hermann/Eickmann/*Dümig*, Grundbuchrecht, Einl, Rn. C10; *Schöner/Stöber*, Grundbuchrecht, Rn. 209.

530 Kuntze/Ertl/Hermann/Eickmann/*Dümig*, Grundbuchrecht, Einl, Rn. C71; *Schöner/Stöber*, Grundbuchrecht, Rn. 209.

531 *Schöner/Stöber*, Grundbuchrecht, Rn. 209.

532 *Demharter*, GBO; § 19, Rn. 1; Hügel/*Hügel*, GBO, § 20, Rn. 1.

533 *Demharter*, GBO, § 20, Rn. 1; Hügel/*Hügel*, GBO, § 20, Rn. 1.

534 *Demharter*, GBO, § 20, Rn. 2; Hügel/*Hügel*, GBO, § 20, Rn. 1; *Schöner/Stöber*, Grundbuchrecht, Rn. 108.

535 OLG Köln RNotZ 2009, 249.

536 OLG Düsseldorf RNotZ 2010, 201; *Demharter*, GBO, § 20, Rn. 2; Hügel/*Hügel*, GBO, § 20, Rn. 3.

c) Nachweis der Eintragungsunterlagen

aa) Grundsatz: § 29 GBO

Was sowohl formellem als auch materiellem Konsensprinzip gemein ist, ist die Tatsache, dass die zur Eintragung erforderlichen Erklärungen durch öffentliche oder öffentlich beglaubigte Urkunde nachzuweisen sind, vgl. § 29 Abs. 1 GBO. Die Vorschrift bestimmt demnach die Form, in welcher dem Grundbuchamt sämtliche Eintragungsvoraussetzungen vorzulegen sind[537]. Dies liegt vor allem in der infolge des öffentlichen Glaubens des Grundbuches verankerten Gefahr, dass es bei materiell falscher Eintragung zu einem Rechtsverlust kommen kann. Wie bereits oben erwähnt, ist das Grundbuchamt selbst weder berechtigt noch verpflichtet, eigene Ermittlungen anzustellen oder Beweise zu erheben[538]. Der Antragsteller hat die zur Eintragung erforderlichen Unterlagen selbst beizubringen. Dies korrespondiert mit dem im Grundbuchverfahren geltenden Antragsgrundsatz gemäß § 13 Abs. 1 S. 1 GBO[539]. Auch wird durch § 29 GBO das grundbuchverfahrensrechtliche Legalitätsprinzip konkretisiert. Es gilt der Grundsatz der Erforschung der materiellen Wahrheit. Das Grundbuchamt hat von Amts wegen das Vorhandensein der Eintragungsvoraussetzungen zu prüfen. Die an die Eintragungsunterlagen gestellten Anforderungen sollen dem Grundbuchamt zur Erfüllung seiner Prüfungspflicht eine zuverlässige Grundlage schaffen[540].

Den Kreis der zur Eintragung erforderlichen Erklärungen bestimmt allein das Grundbuchverfahrensrecht. Unerheblich ist daher, ob die Erklärung auch nach materiellem Recht für die Rechtsänderung erforderlich ist[541].

bb) Nachweiserleichterung durch § 32 GBO

Modifiziert wird § 29 GBO unter anderem durch die §§ 29 a bis 38 GBO. Von besonderer praktischer Relevanz ist hierbei § 32 GBO. Dieser normiert eine Verkehrserleichterung für den Nachweis der Vertretungsbefugnis für die im Handels-, Genossenschafts-, Partnerschafts- oder Vereinsregister eingetragenen juristischen Personen und Gesellschaften, indem sie eine Notarbescheinigung

---

537 Hügel/*Otto*, GBO, § 29, Überblick.

538 BGHZ 30, 255, 258; 35, 135, 139; Hügel/*Otto*, GBO, § 29, Rn. 1; Kuntze/Ertl/Herrmann/Eickmann/*Herrmann*, Grundbuchrecht, § 29, Rn. 2; *Schöner/Stöber*, Grundbuchrecht, Rn. 152.

539 *Schöner/Stöber*, Grundbuchrecht, Rn. 16, 85.

540 Bauer/von Oefele/*Knothe*, GBO, § 29, Rn. 1.

541 Bauer/von Oefele/*Knothe*, GBO, § 29, Rn. 12.

nach § 21 der Bundesnotarordnung (BNotO) über die Eintragung in dem jeweiligen Register, einen amtlichen Registerausdruck oder eine Bezugnahme auf das elektronisch geführte Register genügen lässt. Für sich genommen genügt die Beweiskraft des Registers im Grundbuchverfahren nicht. Da die Eintragungen im Handelsregister[542] zumeist nur deklaratorischer Natur sind, d.h. unabhängig von ihrer Eintragung wirksam sein können, bietet das Handelsregister grundsätzlich keine Gewähr für die Richtigkeit und Vollständigkeit seines Inhalts[543]. Durch § 32 GBO wird das Handelsregister für den Grundbuchverkehr verwertbar gemacht. Verfahrensrechtlich bewirkt die Vorschrift eine Verkürzung der materiellrechtlichen Prüfung durch das Grundbuchamt, da dem Handelsregister in ihrem Anwendungsbereich volle Beweiskraft beigemessen wird[544].

cc) Das Problem der fehlenden Publizität der GbR und die daraus resultierende Nachweisproblematik

Die Nachweiserleichterung im Rahmen des § 29 GBO durch § 32 GBO helfen jedoch bei der GbR nicht weiter. Denn diese ist gerade nicht in einem dem Handelsregister entsprechenden GbR-Register erfasst[545].

(1) Frühere Rechtslage

Vor Anerkennung der Rechtsfähigkeit der GbR machte es keinen Unterschied, ob die Gesellschafter für eine bereits bestehende oder für eine neu gegründete Gesellschaft auftreten wollten. Denn Parteien der Einigung nach § 20 GBO waren ausschließlich die Gesellschafter, denen ebenso ausschließlich das Eigentum zustand, so dass es auch nur auf deren Identität ankam[546]. Die zwischen ihnen bestehende Gesamthand war lediglich eine besondere Form des Gemeinschaftsverhältnisses, das nach § 47 GBO a.F. zwar anzugeben, aber nicht nachzuweisen war[547].

---

542 Gleiches gilt für das Genossenschafts-, Partnerschafts- und Vereinsregister.

543 Bauer/von Oefele/*Schaub*, GBO, § 32, Rn. 1 f.; *Demharter*, GBO, § 32, Rn. 1; Hügel/*Otto*, GBO, § 32, Rn. 7.

544 Bauer/von Oefele/*Schaub*, GBO, § 32, Rn. 3; *Demharter*, GBO, § 32, Rn. 1; Hügel/*Otto*, GBO, § 32, Rn. 8.

545 So auch *Häublein*, FS Roth, 2011, S. 221, 223.

546 *Heinze*, RNotZ 2010, 289, 299.

547 *Hertel*, FS Brambring, 2011, S. 171, 189.

(2) Neue Rechtslage nach Inkrafttreten des ERVGBG

Hinsichtlich der Frage nach der Möglichkeit des Nachweises der Existenz und der Vertretung einer bestehenden GbR gegenüber dem Grundbuchamt gab es verschiedenste Auffassungen mit unterschiedlichen Lösungsansätzen. Problematisch war und blieb auch nach Einführung des ERVGBG die Nachweisführung im Rahmen des § 20 GBO, wenn die Beteiligten erklärten, für eine bereits zwischen ihnen bestehende GbR erwerben zu wollen. Weitestgehend einig war man sich nur darin, dass der Nachweis grundsätzlich nach § 29 Abs. 1 S. 1 GBO zu erfolgen hatte.

i. Erste Ansicht: Strenge Linie

Nach einer sehr strengen Ansicht[548] war es der GbR schlichtweg nicht möglich, den Nachweis der Existenz, Identität und Vertretungsregelung in der Form des § 29 GBO zu erbringen. Entsprechende Anträge der GbR waren demnach vom Grundbuchamt zurückzuweisen. Trotz der Erkenntnis, dass auch eine bereits bestehende GbR unbestritten materiell Grundstückseigentümerin sein konnte, wurde ihr aus formellen Gründen - zwar dogmatisch stringent, aber absurderweise - der Immobilienerwerb verweigert[549]. Eine GbR konnte mithin nur noch dann Grundbesitz erwerben, wenn sie in der Erwerbsurkunde neu gegründet wurde oder wenn der (notarielle) Gesellschaftsvertrag zumindest „in unmittelbaren Zusammenhang mit dem Grundstücksgeschäft“ abgeschlossen wurde[550].

ii. Zweite Ansicht: Geringe Anforderungen

Die entgegenstehende Ansicht[551] ging zwar ebenfalls davon aus, dass Existenz und Vertretungsberechtigung in der Form des § 29 GBO nachzuweisen seien. Allerdings sollte hierfür bereits die Bezeichnung der GbR im notariellen Erwerbsvertrag ausreichen, um auf die Existenz und den gegenwärtigen Bestand ihrer namentlich genannten Gesellschafter schließen zu können. Sowohl Notar als auch Grundbuchamt sollten sich danach auf die Erklärungen der Gesellschafter

---

548 U.a. OLG München, Beschluss vom 17.8.2010 - 34 Wx 98/10, NZG 2010, 1263; OLG Nürnberg, Beschluss vom 8.4.2010 - 10 W 277/10, Rpfleger 2010, 576; OLG Köln, Beschluss vom 29.11.2010 - I-2 Wx 26/10, NZG 2011, 297; OLG Hamm, Beschluss vom 2.11.2010 - I-15 W 440/10, ZIP 2010, 2245;

549 So auch *Hertel*, FS Brambring, 2011, S. 171, 192.

550 OLG München, Beschluss vom 20.7.2010 - 34 Wx 63/10, ZIP 2010, 1496; *Bestelmeyer*, Rpfleger 2010, 164 (183).

551 OLG Saarbrücken, Beschluss vom 26.2.2010 - 5 W 371/09-134, ZfIR 2010, 229; OLG Oldenburg, Beschluss vom 19.7.2010 - 12 W 133/10, ZfIR 2010,726; OLG Brandenburg, Beschluss vom 7.10.2010 - 5 Wx 77/10, NotBZ 2010, 459.

verlassen können. Die Richtigkeit einer solchen Erklärung dürfe nur dann in Zweifel gezogen werden, wenn auf konkreten Tatsachen beruhende Umstände erkennbar seien, welche ihrerseits geeignet seien, die inhaltliche Richtigkeit der abgegebenen Erklärung in Frage zu stellen[552].

iii. Vermittelnde Ansichten, insbesondere Anwendung von § 172 BGB auf den Gesellschaftsvertrag

Zwischen der sehr strengen Linie (erste Ansicht) und den sehr geringen Anforderungen der zweitgenannten Ansicht wurden weitere Lösungsvorschläge mit unterschiedlichen Abstufungen hinsichtlich der Nachweisanforderungen an die GbR entwickelt. So wurde es zum Teil als ausreichend erachtet, wenn die Gesellschafter einen Gesellschaftsvertrag in der Form des § 29 Abs. 1 S. 1 GBO vorlegten[553]. Dabei wird angeregt, auf den Gesellschaftsvertrag § 172 BGB analog anzuwenden.

Andere verlangten zusätzlich zum Gesellschaftsvertrag in öffentlich beglaubigter Form eine eidesstattliche Versicherung der Gesellschafter, in welcher diese den Gesellschafterbestand und die aktuellen Vertretungsverhältnisse darlegen. Dies sei zumindest dann erforderlich, wenn zwischen Abschluss des Gesellschaftsvertrages und Antrag auf Eigentumsumschreibung bereits eine längere Zeit verstrichen sei[554]. Ob derartige Unterlagen allerdings geeignet waren, einen zweifelsfreien Nachweis des Bestehens und der Vertretungsregelungen der Gesellschaft zu liefern, blieb umstritten. Denn der Gesellschaftsvertrag einer GbR – sollte er einmal in der Form des § 29 GBO geschlossen worden sein – kann jederzeit auch mündlich oder konkludent geändert werden. Sicherheit, dass der Gesellschaftsvertrag zum Zeitpunkt der Eintragung unverändert besteht, kann es daher in der Form des § 29 GBO nicht geben[555]. Zudem hat der Gesellschaftsvertrag – wie bereits zuvor aufgezeigt – nicht dieselbe Funktion und nicht dieselbe Wirkungsweise wie eine Vollmachtsurkunde[556]. Und auch die Vorlage einer zusätzlichen eidesstattlichen Versicherung hilft an dieser Stelle nicht weiter, da diese mit Ausnahme von § 35 Abs. 3 GBO dem Grundbuchverfahren

---

552 *Lehmann*, DStR 2011, 1036, 1039; *Werner*, MDR 2010, 721, 723 f.

553 So bspw. OLG Rostock vom 14.9.2010 – 3 W 100/10, ZIP 2011, 473; Lautner, DNotZ 2009, 650, 658.

554 OLG Nürnberg vom 8.4.2010 – 10 W 277/10, ZIP 2011, 1344; Krauß, notar 2010, 360, 363.

555 *Reymann* in Bayer/Koch, Die BGB-Gesellschaft im Grundbuch, S. 61; *Lehmann*, DStR 2011, 1036, 1039.

556 Siehe dazu bereits ausführlich C. II. 4. a) Analoge Anwendung von § 172 BGB auf den Gesellschaftsvertrag, S. 55.

fremd ist[557]. Insbesondere geht es bei der GbR um den Nachweis positiver Tatsachen (Existenz, Identität und Vertretung) und nicht um das Ausräumen von Zweifeln oder das Versichern negativer Umstände. Würde man beim Grundstückserwerb von GbR dennoch eidesstattliche Versicherungen zulassen, würde man den Grundsatz der Beweismittelbeschränkungen durch Freibeweiselemente aushöhlen[558]. Daher können auch eidesstattliche Versicherungen an dieser Stelle nicht weiterhelfen.

iv. Ausstellen von Geburtsvollmachten
Auch in diesem Zusammenhang ist an das Ausstellen von sogenannten Geburtsvollmachten durch die GbR an ihre Gesellschafter zu denken[559]. Allerdings sind diese, wie zuvor aufgezeigt, zwar gemäß §172 BGB dazu geeignet, das Fortbestehen der Vertretungsmacht der handelnden Gesellschafter durch Vorlage der Vollmachtsurkunde nachzuweisen. Der Fortbestand der ausstellenden GbR kann hingegen nicht an das bloße Vorhandensein der Vollmachtsurkunde geknüpft werden[560]. Ausgehend von § 172 BGB kann daher über eine vorgelegte Geburtsurkunde nur nachgewiesen werden, dass der bevollmächtigte Gesellschafter von der Gesellschaft unmittelbar nach der Gründung wirksam bevollmächtigt wurde[561].

3. Der BGH-Beschluss vom 28. April 2011

a) *Der Beschluss und der zugrundeliegende Lösungsansatz von* Reymann

In seinem Beschluss vom 28. April 2011[562] hat sich der BGH im Ergebnis weitestgehend der Ansicht angeschlossen, welche die bloße Erklärung der Gesellschafter im notariellen Erwerbsvertrag genügen lässt. Anders als sämtliche vorangegangene Lösungsvorschläge und Meinungen geht der BGH davon aus, dass ein Nachweis im Sinne von § 29 GBO gänzlich entbehrlich ist. Der BGH stellte zunächst fest, dass ein Rechtsgeschäft, bei welchem eine GbR Grund- oder Wohneigentum erwirbt, im Grundbuch nur dann vollzogen werden dürfe, wenn

557 *Demharter*, GBO, § 29, Rn. 23; *Böttcher*, ZfIR 2011, 461, 464; *Werner*, MDR 2010, 721, 723.

558 *Reymann* in Bayer/Koch, Die BGB-Gesellschaft im Grundbuch, S. 74.

559 Siehe dazu bereits oben C. II. 4. b). Ausstellen von sogenannten Geburtsvollmachten, S. 56.

560 *Britz*, FS Rüßmann, 2013, S. 251, 255.

561 *Reymann* in Bayer/Koch, Die BGB-Gesellschaft im Grundbuch, S. 66.

562 BGHZ 189, 274 = BGH, NJW 2011, 1958.

die Identität der Gesellschaft feststehe und diese somit von anderen Gesellschaften unterschieden werden könne. Dies sei Folge des das gesamte Grundbuchrecht beherrschenden Bestimmtheitsgrundsatzes[563]. Der Senat sieht es aber grundsätzlich als ausreichend an, *„wenn die GbR und ihre Gesellschafter in der notariellen Auflassungsverhandlung benannt sind und die für die GbR Handelnden erklären, dass sie deren alleinige Gesellschafter sind"*[564]. Weiterer Nachweise bedürfe es insoweit gegenüber dem Grundbuchamt nicht. Seine Begründung stützt der BGH insbesondere auf einen von *Reymann*[565] entwickelten Lösungsansatz. Danach können sich Nachweiserleichterungen beim Grundstückserwerb durch eine GbR aus § 47 Abs. 2 GBO ergeben. *Reymann* zieht hier aus dem engen systematischen Zusammenhang zwischen Absatz 1 und Absatz 2 des § 47 GBO den Schluss, dass auch bei § 47 Abs. 2 GBO kein Richtigkeitsnachweis erbracht werden müsse[566]. Denn § 29 GBO finde im Rahmen des § 47 Abs. 1 GBO keine Anwendung. Dies ergebe sich aus der besonderen Stellung des § 47 Abs. 1 GBO im Normzusammenhang der Grundbuchordnung. Als Eintragungsvorschrift wirke sich § 47 Abs. 1 GBO nur reflexmäßig auf die Auflassung aus. Eine gesonderte Erklärung, die in den §§ 19 – 27 GBO geregelt sein müsste, kenne die Grundbuchordnung nicht. Dementsprechend sei der Nachweis des Gemeinschaftsverhältnisses nicht in der Form des § 29 GBO zu erbringen. Da die Angabe des Gemeinschaftsverhältnisses aber Bestandteil der nachzuweisenden Auflassung sei, müsse es in diesem Zusammenhang miterklärt werden. Daher seien diese Angaben gemeinsam mit der Auflassung notariell zu beurkunden. Das Grundbuchamt überprüfe allerdings beim Erwerb durch mehrere Berechtigte nicht die materielle Richtigkeit der über das Gemeinschaftsverhältnis gemachten Angaben[567]. Ein Richtigkeitsnachweis könne nur in den Grenzen des Legalitätsprinzips verlangt werden[568].

Hätte der Gesetzgeber im Hinblick auf den neu eingeführten § 47 Abs. 2 GBO nunmehr das Erfordernis eines Richtigkeitsnachweises aufstellen wollen, hätte er die Neuregelung nicht in die §§ 44 ff. GBO, sondern vermutlich in die §§ 19 – 27 GBO eingegliedert[569]. Nach Reymann könne die Grundbuchordnung in drei verschiedene Regelungsgruppen unterteilt werden: erstens

563 BGHZ 189, 274.
564 BGHZ 189, 274.
565 ZNotP 2011, 84.
566 *Reymann*, ZNotP 2011, 84, 103.
567 *Reymann*, ZNotP 2011, 84, 102 f.
568 *Reymann*, ZNotP 2011, 84, 103; vgl. auch BeckOK-GBO/*Reetz*, § 47, Rn. 66.
569 *Reymann*, ZNotP 2011, 84, 103.

die „erwerbsbegründenden“ Normen (§§ 19 – 27 GBO), über deren Inhalt ein positiver Nachweis zu führen ist, zweitens die „nachweisbezogenen“ Normen (§§ 30 – 37 GBO) und drittens die „eintragungsbezogenen“ Normen (§§ 44 ff.), welche in erster Linie Regelungen darüber enthalten, welche Eintragungen mit welchem Inhalt im Grundbuch vorzunehmen sind[570]. Der Gesetzgeber habe die Neuregelung des § 47 Abs. 2 GBO bewusst der dritten Regelungsgruppe der eintragungsbezogenen Normen zugeordnet[571]. Diese betreffe als Sonderfall des § 47 Abs. 1 GBO ebenfalls nur den Inhalt der Grundbucheintragung, nicht ihre Voraussetzungen. Anders als bei den eintragungsbegründenden Normen enthält sie keine Regelung, welche Nachweise erbracht werden müssen, damit das Recht der GbR eingetragen werden kann[572]. Zudem spreche auch die gesetzgeberische Zielsetzung dafür, die Nachweisanforderungen des § 47 Abs. 2 GBO eng an die des § 47 Abs. 1 GBO anzulehnen[573]. Denn ausweislich der Gesetzesmaterialien zum ERVGBG sollte durch die Einführung des § 47 Abs. 2 GBO an die Eintragung der Gesellschafter im Grundbuch wieder eine materiellrechtliche Vermutung bezogen auf ihre Gesellschafterstellung geknüpft werden können. Vorrangiges Ziel sollte es sein, die GbR grundbuchverfahrensrechtlich wieder so behandeln zu können wie vor der Anerkennung ihrer Rechtsfähigkeit, als noch ausschließlich die Gesellschafter in ihrer gesamthänderischen Verbundenheit als Berechtige einzutragen waren[574]. Der Gesetzgeber betont in diesem Zusammenhang, dass die Eintragung aller Gesellschafter zur bestimmten Bezeichnung des Berechtigten grundbuchverfahrensrechtlich erforderlich, aber auch ausreichend ist[575]. Dies würde dann bedeuten, die GbR als solche bei der Eintragung auszublenden und die erforderliche Nachweisführung über die Gesellschafter zu „überbrücken“[576]. Der Gesellschaft soll grundbuchrechtlich das dingliche Recht am Grundstück durch die Gesellschafter vermittelt („mediatisiert“) werden[577]. Ein Richtigkeitsnachweis, welcher auf die rechtlichen Verhältnisse der GbR bezogen ist, sei damit allerdings unvereinbar. Vielmehr bestehe nur dann Grund zur Veranlassung eines solchen Nachweises in der Form des § 29 GBO, wenn dem Grundbuchamt konkrete Anhaltspunkte vorlägen, dass das Grundbuch durch

570 *Reymann*, ZNotP 2011, 84, 103.
571 *Reymann*, ZNotP 2011, 84, 103.
572 BGHZ 189, 274, 281; *Reymann*, ZNotP 2011, 84, 103.
573 *Reymann*, ZNotP 2011, 84, 104.
574 BT-Drucks. 16/13437, S. 24; *Reymann*, ZNotP 2011, 84, 104.
575 BT-Drucks. 16/13437, S. 24.
576 *Reymann*, ZNotP 2011, 84, 104.
577 BGHZ 189, 274, 280; *Reymann*, ZNotP 2011, 84, 103 ff.

die Eintragung unrichtig würde (Legalitätsprinzip). Nur die theoretische Möglichkeit, dass der Gesellschaftsvertrag auch mündlich jederzeit geändert werden könnte, reiche hierfür jedoch nicht aus[578]. Etwas anderes würde sich auch nicht daraus ergeben, dass materiellrechtlich die GbR selbst und nicht die Gesellschafter das Eigentum an dem Grundstück erwerben würden. Materielles Recht und Verfahrensrecht seien zwei selbständige Rechtsgebiete, welche in ihren Voraussetzungen und Rechtswirkungen unterschiedlich ausgestaltet sein könnten. Der Gesetzgeber konnte daher die zum Rechtserwerb erforderliche Eintragung ins Grundbuch verfahrensrechtlich an die Benennung der Gesellschafter und nicht an die Gesellschaft knüpfen[579]. Nach Ansicht des BGH ist es folglich ausreichend, wenn eine GbR eine Grundbucherklärung abgibt und dabei in Übereinstimmung der Regelung des § 47 Abs. 2 S. 1 GBO bezeichnet ist. Das Grundbuchamt habe einen derart gestellten Antrag grundsätzlich zu vollziehen ohne weitere Identitätsnachweise verlangen zu können[580]. Auch die in § 15 Abs. 1 Lit. c GBV vorgesehene Möglichkeit, neben den Gesellschaftern auch den Namen und den Sitz der Gesellschaft einzutragen, könne nicht zu einem anderen Ergebnis führen. Von dieser Möglichkeit könne das Grundbuchamt grundsätzlich Gebrauch machen, wenn dies geboten sei, die GbR von einer anderen GbR mit identischem Gesellschafterbestand zu unterscheiden[581]. Der Gesetzgeber habe dieses Problem möglicher Identitätszweifel bei der Eintragung einer GbR gesehen, es aber für nicht durchgreifend erachtet, da sich insoweit kein wesentlicher Unterschied zu anderen Rechtsträgern ergeben würde[582]. Bestünden keine konkreten Anhaltspunkte für das Bestehen einer gesellschafteridentischen GbR, so habe das Grundbuchamt auch keinen Anlass, zusätzliche Angaben wie Name und Sitz einzutragen und deren Nachweis zu verlangen[583].

b) Reaktionen und Kritik

aa) Zustimmung in der Literatur

Die Entscheidung des BGH wurde mit großer Spannung sowohl von Literatur als auch Rechtsprechung erwartet. Überwiegend stieß sie vor allem in der Literatur

578 BGHZ 189, 274, 283; *Reymann*, ZNotP 2011, 84, 103.
579 BGHZ 189, 274, 283.
580 BGHZ 189, 274, 279.
581 BGHZ 189, 274, 278; vgl. auch *Heinz/Jaeger*, NZM 2012, 100, 102.
582 BGHZ 189, 274, 278; BT-Drucks. 16/13437, S. 24.
583 BGHZ 189, 274, 279.

und in der Praxis der Notare und Grundbuchämter auf Zustimmung[584]. Insbesondere begrüßt wurde an der Entscheidung, dass die von einigen Grundbuchämtern und Oberlandesgerichten geschaffene Blockade im Grundstücksverkehr mit GbR-Beteiligung beseitigt wurde und materielles und Verfahrensrecht wieder in Einklang gebracht wurden[585]. Der Zustand, welcher vor dem Beschluss des BGH herrschte, wurde von vielen als unbefriedigend und zum Teil sogar verfassungsrechtlich problematisch empfunden[586]. Denn nach den materiellrechtlichen Vorschriften kann eine GbR unzweifelhaft Grundeigentum erwerben. Würde die Verfahrensvorschrift des § 29 Abs. 1 GBO so ausgelegt, dass sie tatsächlich den Rechtserwerb verhindert, könnte dies eine Verletzung der Eigentumsfreiheit des Art. 14 Abs. 1 GG darstellen. Diese schütze auch die Möglichkeit, Eigentum zu erwerben und den erworbenen schuldrechtlichen Anspruch auf Eigentumsverschaffung durchzusetzen. Würde man nunmehr der GbR die Möglichkeit des Grundstückserwerbs aus verfahrensrechtlichen Gründen versagen, so liefe dieses garantierte Recht leer.[587] Des Weiteren habe der BGH den Willen des Gesetzgebers mehr in den Vordergrund gestellt. Dieser wollte mit dem ERVGBG den Grundstücksverkehr mit GbR wieder auf eine sichere Grundlage stellen und die GbR grundbuchverfahrensrechtlich wieder so behandeln wie vor Anerkennung ihrer Rechtsfähigkeit. Da unter Geltung des § 47 GBO a.F. (jetzt: § 47 Abs. 1 GBO) ebenfalls die bloße Angabe über das Bestehen des Gemeinschaftsverhältnisses genügte, sei die Entscheidung des BGH insofern konsequent und schlüssig[588]. Man möge dem Gesetzgeber eine gewisse dogmatische Inkonsequenz hinsichtlich der Anerkennung der Rechtsfähigkeit der GbR unterstellen und auch zu dem Ergebnis kommen, dass die Einführung des § 47 Abs. 2 GBO eine verfahrensrechtliche Durchbrechung der allgemeinen Pflicht zum Nachweis der Existenz eines erwerbenden Rechtsträger darstellt. Dies sei aber das ausdrückliche Privileg des Gesetzgebers[589].

---

584 U.a. *Armbrüster*, ZGR 2013, 366, 378; *Böttcher*, notar 2012, 111; *ders.*, ZfIR 2011, 461; *Jeep*, notar 2011, 200; *Kesseler*, NJW 2011, 1909; zumindest im Ergebnis zustimmend *Lautner*, DNotZ 2011, 643.

585 *Heinz/Jaeger*, NZM 2012, 100, 103; *Lehmann*, DStR 2011, 1036, 1040.

586 So u.a. Hügel/*Kral*, GBO, GesR, Rn. 9.1; *Heinz/Jaeger*, NZM 2012, 100, 103.

587 *Heinz/Jaeger*, NZM 2012, 100, 103; *Lehmann*, DStR 2011, 1036, 1040.

588 *Lautner*, DNotZ 2011, 643, 644 f.; *Kesseler*, NJW 2011, 1909, 1911; *Reiff*, LMK 2011, 318834.

589 *Kesseler*, NJW 2011, 1909, 1912; siehe auch BGHZ 189, 274, 282.

bb) Kritik am Beschluss

Aber es gab auch ein paar kritische Stimmen, allen voran *Bestelmeyer*[590]. Bedenklich an der Ansicht des BGH sei vor allem, dass seit Anerkennung der Rechtsfähigkeit der GbR eben nicht mehr die Gesellschafter, sondern die GbR das Eigentum an dem Grundstück erwerbe. Die GbR selbst sei somit als Rechtssubjekt anzusehen. Hierin liege der entscheidende Unterschied zur Rechtslage, welche zuvor § 47 GBO a.F. zugrunde lag. Im Sinne des sachenrechtlichen Bestimmtheitsgebotes müsse nach neuer materieller Rechtslage nunmehr die Identität der GbR (als Rechtssubjekt) hinreichend bestimmt sein und unverwechselbar feststehen[591]. Mit seiner Entscheidung stelle der BGH diesen sachenrechtlichen Bestimmtheitsgrundsatz in Frage[592]. Vielmehr noch vermenge er bei seiner Argumentation jenes Bestimmtheitsgebot mit dem Inhalt der Grundbucheintragung, zwei Dinge, die nichts miteinander zu tun haben. Denn aus dem Umstand, dass einzelne individualisierende Angaben nicht im Grundbuch eingetragen werden müssen, sondern nur eingetragen werden können, könne nicht gefolgert werden, dass diese Angaben von den Beteiligten von vornherein überhaupt nicht angegeben zu werden brauchen, um den Berechtigten in der Auflassungs- oder Bewilligungsurkunde zu bezeichnen[593]. Der BGH, so der Kritiker weiter, unterliege hierbei einem grundbuchrechtlichen Trugschluss, der dazu führe, dass er (der BGH) auf den zwingenden materiellrechtlichen Bestimmtheitsgrundsatz verzichte, da sich die Identität der GbR als unverwechselbares Rechtssubjekt – so der BGH – weder aus dem unmittelbaren Grundbuchinhalt noch aus den der Eintragung zugrundeliegenden Bewilligungserklärungen ergebe[594].

Des Weiteren wird an dem Beschluss des BGH kritisiert, dass er sich unzutreffend auf die Gesetzesmaterialien berufe. Denn die betreffenden Ausführungen bezögen sich ausschließlich und lediglich auf den Inhalt der Grundbucheintragung und die Identifizierung einer bereits im Grundbuch eingetragenen GbR. Sie erstreckten sich demnach nicht auf die Frage, welche Voraussetzungen

---

590 ZIP 2011, 1389; ihm folgend *Tolani*, JZ 2013, 224; *Lehmann*, DStR 2011, 1036 erkennt zwar an, dass die Lösung des BGH die meisten praktischen Probleme beim Grundstückserwerb einer GbR löst, hält sie aber für dogmatisch nicht überzeugend; *Demharter*, FGPrax 2011, 167 sieht vor allem die OLG durch den Beschluss des BGH in eine missliche Lage versetzt.

591 *Tolani*, JZ 2013, 224, 233.

592 *Bestelmeyer*, ZIP 2011, 1389, 1390.

593 *Bestelmeyer*, ZIP 2011, 1389, 1390.

594 *Bestelmeyer*, ZIP 2011, 1389, 1390 f.

überhaupt erfüllt sein müssten, damit die GbR im Grundbuch eingetragen werden könnte[595].

cc) Kritik an Reymann

Auch mit dem von *Reymann* entwickelten Lösungsansatz, welcher der Entscheidung des BGH maßgeblich zugrunde lag, setzt sich *Bestelmeyer* eingehend auseinander. Dabei geht er vor allem auf den von *Reymann* hergestellten „engen systematischen Zusammenhang" zwischen § 47 Abs. 2 S. 1 GBO und Abs. 1 der Norm ein und damit zusammenhängend auf die Tatsache, dass der Gesetzgeber die gesetzliche Neuregelung nicht den Vorschriften über die Eintragungsvoraussetzungen (§§ 13 – 27 GBO) oder über die Nachweisführung (§§ 29 ff. GBO) zugeordnet, sondern sie bewusst bei den Regeln über den Inhalt der Grundbucheintragung (§§ 44 ff. GBO) eingefügt habe, um damit zum Ausdruck zu bringen, dass im Hinblick auf Identität und Vertretung der erwerbenden GbR kein positiver Nachweis zu erbringen sei[596]. *Bestelmeyer* stellt an dieser Stelle fest, dass es sich bei § 47 GBO um die einzige Vorschrift der Grundbuchordnung handele, die sich überhaupt mit der Eintragung des Berechtigten beschäftige. Daher habe es für den Gesetzgeber auch keine Alternative gegeben, als die Neuregelung über die Eintragung der berechtigten GbR an dieser Stelle unterzubringen. *Reymann*, so *Bestelmeyer* weiter, schlage sich bei seiner Argumentation mit der Systematik des Gesetzes mit seinen eigenen Waffen. Denn hätte der Gesetzgeber einen Verzicht auf den Nachweis von Identität und Vertretungsverhältnisse der erwerbenden GbR statuieren wollen, so hätte er dies auch gerade bei den Vorschriften tun müssen, nach welchen diese Nachweise erforderlich sind[597]. Aus dem Umstand, dass der Gesetzgeber dort nicht geregelt habe, wo Nachweise für entbehrlich hätten erklärt werden müssen, den Schluss zu ziehen, dass sie deshalb überhaupt nicht erforderlich seien, stelle die rechtlichen Dinge auf den Kopf[598].

Zudem kritisiert *Bestelemeyer* den von *Reymann* entwickelten Lösungsansatz der Nachweismediatisierung durch die Gesellschafter. *Reymann* gehe hierbei davon aus, dass die Eintragung der Gesellschafter im Vordergrund stehe und damit für die Beantwortung der Nachweisfrage maßgeblich sei. Diese Argumentation würde allerdings verkennen, dass es aufgrund des eindeutigen Wortlautes

595 *Bestelmeyer*, ZIP 2011, 1389, 1391.

596 *Bestelmeyer*, ZIP 2011, 1389, 1394.

597 So etwa in einem neuen § 20 Abs. 2 oder § 29 Abs. 4 GBO; vgl. *Bestelmeyer*, ZIP 2011, 1389, 1394.

598 *Bestelmeyer*, ZIP 2011, 1389, 1394.

der gesetzlichen Neureglung des § 47 Abs. 2 GBO nicht zweifelhaft sein könne, dass als Eigentümerin im Grundbuch die GbR einzutragen ist und die Gesellschafter lediglich zum Zwecke der näheren Bezeichnung der GbR miteinzutragen sind. Diese Miteintragung der Gesellschafter führe jedoch nicht dazu, dass sich die Nachweisfrage nunmehr von der Gesellschafts- auf die Gesellschafterebene verschiebe, sondern diene in erster Linie der in § 899 a S. 1 BGB normierten und an den Gesellschafterbestand anknüpfenden materiellrechtlichen Vermutung, welche ohne einen entsprechenden Grundbuchinhalt überhaupt nicht denkbar wäre[599]. Zwischen den Gesellschaftern bestehe insofern auch kein Berechtigungsverhältnis, das im Grundbuch zu verlautbaren wäre. Zudem sei auch der Verweis auf das Legalitätsprinzip unzutreffend, da dieses erst dann zum Zuge komme, wenn alle Verfahrensvoraussetzungen vorliegen und die Eintragung allein deshalb verweigert wird, weil das Grundbuch durch diese Eintragung unrichtig würde[600].

c) *Eigene Stellungnahme*

Zugegeben – der Lösungsansatz vom *Reymann* und ihm folgend des BGH zur Nachweisfrage beim Erwerb durch eine (bereits bestehende) GbR hat einiges für sich, erleichtert er doch den Grundstücksverkehr mit GbR sowohl für Notare als auch für die Grundbuchämter immens. Gerade deswegen scheint die Entscheidung des BGH auch auf so große Zustimmung in der Literatur gestoßen zu sein und gerade deswegen scheinen sich auch bereits einige OLG – in Abkehr zu ihrer vorherigen Rechtsprechung – ihr angeschlossen zu haben[601]. Als Praktiker kommt man kaum umhin, die Entscheidung des BGH zu begrüßen[602].

Dennoch kann ihr meines Erachtens nicht gänzlich gefolgt werden. Denn sie verkennt, dass durch den kompletten Verzicht auf den Nachweis von Existenz, Identität und Vertretungsverhältnisse der GbR der Gefahr der fehlerhaften Eintragung Tür und Tor geöffnet wird. Dass es bei GbR aufgrund ihrer spezifischen und rechtlichen Natur schnell zu Änderungen des Gesellschafterbestandes – sei es durch Anteilsübertragung von Gesellschaftern auf Dritte, den Ein- oder Austritt eines Gesellschafters oder durch Übertragung aller Gesellschaftsanteile auf denselben Erwerber – außerhalb des Grundbuches kommen kann und dieses

---

599 *Bestelmeyer*, ZIP 2011, 1389, 1395 f.

600 *Bestelmeyer*, ZIP 2011, 1389, 1396.

601 So u.a. OLG München ZIP 2011, 1256; OLG Nürnberg, Beschluss vom 13.9.2011 – 10 W 874/11.

602 Vgl. *Lautner*, DNotZ 2011, 643.

dadurch unrichtig wird, kann und darf nicht als Argument genutzt werden, dass ein Nachweis des Gesellschafterbestandes überhaupt nicht mehr benötigt wird[603].

Auch darf trotz der Neuregelungen des ERVGBG, welche den Fokus wieder weg von der GbR selbst hin zu den Gesellschaftern lenkt, nicht in Vergessenheit geraten, dass nichtsdestotrotz materiellrechtlich die GbR – und eben nicht die Gesellschafter – das dingliche Grundstücksrecht erwirbt. Zwar muss man *Reymann* und dem BGH zugestehen, dass dies nicht zwingend in Frage gestellt wird. Allerdings würde die Mediatisierung über die Gesellschafter dazu führen, dass es bei der Frage nach den Anforderungen an das sachenrechtlich gebotene Bestimmtheitsgebot nicht mehr um die Identität eben dieser GbR als Rechtssubjekt geht. Dies ist mit Blick auf die grundbuchrechtlichen Prinzipien zumindest bedenklich. Wie bereits erwähnt, wird durch eine derartige Handhabe zwar der Grundstücksverkehr mit GbR erheblich erleichtert. Anknüpfungspunkt der Nachweiserfordernisse ist eben nicht mehr das Individuum des Gesellschafters, sondern die Gesellschaft als solche. Diese trifft folglich dieselben Nachweispflichten wie jedes andere Rechtssubjekt auch. Nimmt man die Rechtsfähigkeit der GbR ernst, so kann ihr im Grundbuchverfahrensrecht keine Sonderrolle gegenüber anderen juristischen Personen und rechtsfähigen Personengesellschaften zugesprochen werden[604].

Zudem muss mit Blick auf § 899 a BGB beachtet werden, dass beim Erwerb durch eine GbR die Eintragung der Gesellschaft und ihrer Gesellschafter nunmehr eine andere Bedeutung beizumessen ist. Ein Erwerber darf auf die Vertretungsmacht der im Grundbuch eingetragenen Gesellschafter vertrauen. Die besondere Qualität der Eintragung der Gesellschafter im Grundbuch ist Zeichen dafür, dass das Grundbuchamt beim Erwerb durch eine GbR die Eintragungsunterlagen besonders prüfen muss. Im Grundsatz müssen daher auch für die GbR die §§ 20, 29 GBO gelten, sprich der Erwerber – hier also die GbR – muss förmlich nachweisen, dass diejenigen, die ihn bei der Auflassungserklärung vertreten, auch die entsprechende Vertretungsmacht besitzen[605].

Einer bestehenden GbR deswegen jedoch den Erwerb von Grundeigentum gänzlich zu versagen, kann ebenfalls nicht hingenommen werden. Daher müssen Überlegungen angestellt werden, wie die GbR trotz ihrer

---

603 So aber scheinbar *Reymann*, ZNotP 2011, 84, 106 f.

604 Vgl. *Lautner*, DNotZ 2011, 643, 645.

605 So auch *Tolani*, JZ 2013, 224, 234.

Schwierigkeiten – mangels GbR-Registers – ihre Existenz, Identität und Vertretungsverhältnisse in der Form der §§ 20, 29 GBO nachweisen kann.

4. Nachweiserleichterungen – Ausnahmen von § 29 GBO

In diesem Zusammenhang stellt sich die Frage, ob nicht zugunsten einer GbR Nachweiserleichterungen eingeräumt werden müssen. Diese werden an manchen Stellen in der GBO oder in Spezialgesetzen ausdrücklich normiert. So bestimmt beispielsweise § 35 Abs. 3 S. 1 GBO ausdrücklich, dass bei Grundstücken mit einem Wert unter 3000 Euro von den in den Absätzen 1 und 2 genannten Beweismitteln abgesehen werden kann, wenn die Beschaffung des benötigten Erbscheins nur mit unverhältnismäßigen Kosten oder Aufwand möglich ist. Stattdessen kann der Antragsteller eine eidesstattliche Versicherung abgeben. Auch § 29 a GBO enthält eine ausdrückliche Ausnahmeregelung von § 29 GBO, wonach die Voraussetzungen des § 1179 Nr. 2 BGB glaubhaft zu machen sind. Dafür genügt grundsätzlich jedes Beweismittel.

Diskutiert wird in diesem Zusammenhang, ob nicht aus dem neu eingeführten § 899 a BGB eine Nachweiserleichterung gefolgert werden kann, wenn die erwerbende GbR bereits Grundstückseigentümerin ist und als solche bereits im Grundbuch (an anderer Stelle) verlautbart wird. Allerdings hilft § 899 a BGB hier nicht weiter. Denn beim Neu- bzw. Hinzuerwerb liegt kein Vorgang „in Ansehung des eingetragenen Rechts“ vor[606]. Der Gesetzgeber wollte durch § 899 a BGB gerade kein Register für Immobilien-GbR schaffen[607]. Daher kann aus der Eintragung einer GbR als Inhaberin eines anderen Grundstückes selbst dann keine Vermutung im Rahmen des § 20 GBO abgeleitet werden, wenn die Übereinstimmung zwischen der neu erwerbenden GbR und der bereits eingetragenen GbR augenscheinlich sind[608].

a) *ungeschriebene Nachweiserleichterungen*

Ob neben den normierten Nachweiserleichterungen auch ungeschriebene Erleichterungen in Betracht kommen, ist umstritten. Ein zusammenhängendes System von Tatbestandsvoraussetzungen und Rechtsfolgen für ungeschriebene

606 *Reymann* in Bayer/Koch, Die BGB-Gesellschaft im Grundbuch, S. 80; *Krauß*, notar 2009, 429, 436.

607 Siehe BT-Drucks. 16/13437, S. 26.

608 OLG Schleswig, DNotZ 2010, 296, 298; *Reymann* in Bayer/Koch, Die BGB-Gesellschaft im Grundbuch, S. 80.

Nachweiserleichterungen existiert noch nicht[609]. Da es nur sehr wenig gesetzliche Nachweiserleichterungen gibt, scheinen manche Stimmen in der Literatur dazu zu neigen, daneben keine weiteren (ungeschriebenen) Nachweiserleichterungen anzuerkennen[610].

aa) Vergleich zu Stiftungen bürgerlichen Rechts

Dass es derartige ungeschriebene Nachweiserleichterungen allerdings geben muss, zeigt bereits das Beispiel der nicht registrierten juristischen Personen, namentlich der Stiftungen. Nach § 80 Abs. 1 BGB ist für die Entstehung einer Stiftung bürgerlichen Rechts zum einen das Stiftungsgeschäft erforderlich, zum anderen muss die Stiftung durch die zuständige Behörde des Landes, in welchem die Stiftung ihren Sitz haben soll, anerkannt werden. Gemäß § 86 S. 1 i.V.m. §§ 26, 30 BGB werden Stiftungen von ihrem Vorstand oder von besonderen Vertretern vertreten[611]. Für den Nachweis der Vertretungsmacht der Vorstandsmitglieder sind die landesrechtlichen Stiftungsverzeichnisse jedoch nicht ausreichend. Anders als bei den eingetragenen Vereinen fehlt den Stiftungen ein staatliches Register mit Publizitätswirkung[612]. Vielmehr wird der Nachweis der Vertretungsverhältnisse im Grundbuchverfahren über eine Bescheinigung der zuständigen Stiftungsbehörde geführt, in welcher die Behörde bestätigt, dass die darin bezeichneten Personen zur Vertretung der Stiftung befugt sind[613]. Ob eine derartige Bescheinigung entsprechend einer Vollmachtsurkunde i.S.v. § 172 BGB behandelt werden kann, ist umstritten[614]. Würde man eine entsprechende Anwendung von § 172 BGB verneinen, so stellte sich die Frage, welcher Zeitraum zwischen Ausstellung der Vertreterbescheinigung und Abgabe der Grundbucherklärung verstrichen sein darf, ohne dass ein erneutes Einholen einer Bescheinigung nötig wird. Jedoch geben auch die ablehnenden Stimmen in der Literatur zu, dass solche Vertretungsbescheinigungen im Grundbuchverfahrensrecht formal als Urkunden i.S.v. §§ 29, 30 GBO akzeptiert werden müssen[615]. Einen

---

609 *Heinze*, ZNotP 2010, 409, 414.

610 Siehe dazu *Bestelmeyer*, ZfIR 2011, 395, 400.

611 *Werner*, MDR 2011, 639.

612 Staudinger/*Hüttemann/Rawert* (2011), Vorbem zu §§ 80 ff., Rn. 108; Münch. Hdb. GesR Bd. V/*Mecking*, § 90, Rn. 7; MüKoBGB/*Weitemeyer*, § 80, Rn. 59; *Werner*, MDR 2011, 639, 641.

613 Münch. Hdb. GesR Bd. V/*Mecking*, § 90, Rn. 15; *Werner*, MDR 2011, 639, 641.

614 Befürwortend Staudinger/*Hüttemann/Rawert* (2011), Vorbem zu §§ 80 ff., Rn. 114; MüKoBGB/*Weitemeyer*, § 80, Rn. 62; ablehnend *Werner*, MDR 2011, 639, 642.

615 Staudinger/*Hüttemann/Rawert* (2011), Vorbem zu §§ 80 ff., Rn. 115.

taggenauen Nachweis der Vertretungsverhältnisse zu verlangen, erscheint insoweit weder angemessen noch erforderlich zu sein[616]. Ist die Vertretungsbescheinigung mithin schon älteren Datums, muss es unter Würdigung aller Umstände des Einzelfalles entschieden werden, ob der Nachweis noch als geführt angesehen werden kann oder nicht.

Das Beispiel der Stiftungen bürgerlichen Rechts zeigt, dass es zumindest in bestimmten Fällen möglich ist, auch ältere Vertretungsnachweise im Rahmen des Eintragungsverfahrens gelten zu lassen.

bb) Unmöglichkeit der formgerechten Nachweisführung

Eine weitere anerkannte Fallgruppe der ungeschriebenen Nachweiserleichterung liegt dann vor, wenn die Nachweisführung gar nicht oder nur mit unverhältnismäßigen Schwierigkeiten möglich ist[617]. Was genau darunter zu verstehen ist bzw. ab wann von einer unmöglichen oder erheblich erschwerten Nachweisführung gesprochen werden kann, ist unklar. Häufig wird hierbei auf solche Tatsachen hingewiesen, bei denen ein Nachweis in der Form des § 29 Abs. 1 S. 2 GBO nicht möglich ist, wie beispielsweise die Geschäftsfähigkeit, die Verfügungsbefugnis oder der Fortbestand einer Vollmacht, also verallgemeinernd solche Fälle, bei denen der formgerechte Nachweis durch Urkunde unmöglich ist, obwohl das materielle Recht eine Eintragung vorsieht[618].

Auch die Nachweisführung zur Berichtigung des Grundbuches bei Tod eines Gesellschafters unterliegt nach h.M. einer solchen Nachweiserleichterung. Grundsätzlich würde der Tod eines Gesellschafters nach § 727 Abs. 1 BGB zur Auflösung der Gesellschaft führen. Den Gesellschaftern ist es jedoch vorbehalten, im Gesellschaftsvertrag etwas Abweichendes – insbesondere durch die Aufnahme von Fortsetzungs-, einfachen oder qualifizierten Nachfolgeklauseln – zu regeln. Daher reicht in diesem Fall der Nachweis des Todes und der Erbfolge in der Regel nicht aus, um das Grundbuch berichtigen zu lassen. Vielmehr müsste die GbR dem Grundbuchamt den Gesellschaftsvertrag in der Form des § 29 GBO vorlegen. Häufig existiert dieser jedoch – wenn überhaupt – nur in Schriftform. Würde nun das Grundbuchamt an dem Formerfordernis festhalten, führte dies dazu, dass die Grundbuchberichtigung nicht herbeigeführt werden könnte. Vor allem in der Rechtsprechung ist anerkannt,

---

616 Vgl. auch *Heinze*, Die GbR im Grundbuch nach dem ERVGBG, 2015, S. 108.

617 Bauer/von Oefele/*Knothe*, GBO, § 29, Rn. 163 f.; *Heinze*, ZNotP 2010, 409, 414.

618 Bauer/von Oefele/*Knothe*, GBO, §29, Rn. 164; Meikel/*Hertel*, GBO, § 29, Rn. 631, v.a. zum Fortbestand einer Vollmacht ausführlich Rn. 54 ff.; *Heinze*, ZNotP 2010, 409, 414.

dass in Ausnahmefällen auf einen formgerechten Nachweis verzichtet werden kann[619]. Insofern seien bei der Prüfung der Eintragungsunterlagen sogenannte Erfahrungssätze zu verwerten und die nicht in der Form des § 29 GBO nachgewiesenen Tatsachen durch das Grundbuchamt frei zu würdigen[620]. Daher genügt es, wenn die Gesellschafter den Gesellschaftsvertrag in Schriftform vorlegen, oder – sollte ein solcher auch in Schriftform nicht existieren – wenn die verbleibenden Gesellschafter und die Erben des Verstorbenen übereinstimmende Erklärungen über den Inhalt des Gesellschaftsvertrages abgeben[621]. Hierbei kann das Grundbuchamt ausnahmsweise im Einzelfall Versicherungen an Eides statt zulassen und auch verlangen[622].

b) *Anwendung auf die GbR*

Die Beispielsfälle der Grundbuchberichtigung bei Tod eines Gesellschafters oder der Vergleich zu den Stiftungen des bürgerlichen Rechts zeigen, dass es beim Nachweis der Existenz und der Vertretungsverhältnisse möglich ist, Nachweiserleichterungen zuzulassen. Fraglich ist daher, ob diese Überlegungen auch auf die Nachweisführung einer GbR im Grundbuchverfahren angewendet werden können.

Nach zuvor Gesagtem sind Nachweiserleichterungen vor allem in den Fällen denkbar, in welchen die Nachweisführung unmöglich oder zumindest wesentlich erschwert ist. Beruht eine GbR auf einem bereits längere Zeit zurückliegendem Gründungsakt und existiert darüber hinaus auch kein in notarieller Form geschlossener Gesellschaftsvertrag, greifen keine Erfahrungssätze zugunsten der GbR ein, welche das unveränderte Fortbestehen der Gesellschaft und ihres Gesellschafterbestandes bestätigen würden. Die Grunderwerbsfähigkeit einer GbR besteht aber unabhängig davon, zu welchem Zeitpunkt die GbR gegründet wurde.

Zwar ist es der GbR nicht gänzlich unmöglich, die erforderlichen Nachweise in der Form des § 29 GBO zu erbringen. So könnte sie sich gemäß § 105 Abs. 2 S. 1 HGB ins Handelsregister eintragen lassen und als oHG das Grundeigentum erwerben. Oder die Gesellschafter gründen im Erwerbsvorgang

---

619 Meikel/*Hertel*, GBO, § 29, Rn. 648.

620 *Demharter*, GBO, § 29, Rn. 63; Meikel/*Hertel*, GBO, § 29, Rn. 648.

621 *Heinze*, Die GbR im Grundbuch nach dem ERVGBG, 2015, S. 111.

622 OLG Schleswig FGPrax 2012, 62; *Demharter*, GBO, § 29, Rn. 63; *Heinze*, Die GbR im Grundbuch nach dem ERVGBG, 2015, S. 111; siehe zu alledem ausführlich unten D. II. 4. Tod eines Gesellschafters, S. 124 ff.

selbst eine neue GbR mit dem gleichen Gesellschafterbestand. Allerdings sind diese Alternativen für die Gesellschafter nur als Notlösungen anzusehen, zumeist auch nicht gewünscht und zudem mit zusätzlichen Kosten belastet[623]. Die Grenze der „wesentlichen Erschwerung" dürfte an diesem Punkt jedenfalls erreicht sein. Daher ist es bei Anwendung der zuvor dargestellten Überlegungen angebracht, auch einer bereits existierenden GbR im Rahmen des § 20 GBO Nachweiserleichterungen einzuräumen. Diese müssen sich an der Formvorschrift des § 29 GBO orientieren. Sowohl neu zu gründende als auch bereits bestehende GbR können in diesem Fall das Erfordernis einer öffentlichen Urkunde durch (originäre oder nachträgliche) Beurkundung des Gesellschaftsvertrages herbeiführen. Dies stellt nicht das vordergründige Problem dar. Vielmehr muss über Nachweiserleichterungen über das Problem des Zeitablaufes hinweggeholfen werden. Denn der Gesellschafterbestand kann sich jederzeit – formlos – verändern. Wie jedoch die bereits ausgeführten Beispiele zeigen, ist es gerade in diesen Fällen angebracht, auf Nachweiserleichterungen zurückzugreifen. Die Gesellschafter können daher auch bei bereits zurückliegendem Vertragsschluss auf ihren damals gefassten Gesellschaftervertrag zurückgreifen. Lässt die Rechtsprechung bei der Stiftung bürgerlichen Rechts ältere Vertretungsbescheinigungen zu und erlaubt es den Gesellschaftern und Erben, sich beim Tod eines Gesellschafters mit übereinstimmenden Erklärungen zu behelfen, so muss dies auch grundsätzlich für die Nachweise im Rahmen des Grundbuchverfahrens für GbR gelten.

5. Zusammenfassung

Der Erwerb durch eine bereits bestehende GbR stellt sich nach wie vor als problembehaftet dar. Auch wenn zu dieser Thematik bereits zahlreiche obergerichtliche Entscheidungen ergangen sind und sich auch der BGH im Jahr 2011 zu der Problematik geäußert hat, ist sie meines Erachtens noch nicht gänzlich aus der Welt geräumt. Zwar wurde der weit verbreiteten Praxis von Grundbuchämtern und Oberlandesgerichten entgegengewirkt, welche einen Grunderwerb von bestehenden GbR quasi unmöglich machten. Der BGH setze in seinem Beschluss die Anforderungen für den Nachweis von Existenz, Identität und Vertretungsberechtigung der GbR jedoch so weit herab, dass von einer Richtigkeitsgewähr des Grundbuches nicht mehr ausgegangen werden konnte. Nach der hier vertretenen Ansicht muss es auch bereits bestehenden GbR möglich sein, Grundeigentum zu erwerben, dies jedoch, ohne dass die

---

623 *Heinze*, ZNotP 2010, 409, 415.

Verkehrsfähigkeit des Grundbuches und sein Anspruch auf Vollständigkeit und Richtigkeit in Frage gestellt wird. Dies ist nur dann gewährleistet, wenn man weiterhin einen Nachweis über Existenz, Identität und Vertretungsverhältnisse in der Form des § 29 GBO verlangt, gleichzeitig aber der GbR Nachweiserleichterungen einräumt.

D. Der Wechsel im Gesellschafterbestand

I. Veränderungen außerhalb des Grundbuches

Der Gesellschafterbestand einer GbR kann sich aus unterschiedlichen Gründen verändern. Neue Gesellschafter können in die Gesellschaft eintreten, ebenso wie alte Gesellschafter aus der GbR ausscheiden. Zudem kann ein Gesellschafter seinen Anteil an einen Dritten übertragen. Grundsätzlich bedürfen solche Veränderungen im Gesellschafterbestand keiner Form. Dies gilt auch dann, wenn die GbR Eigentümerin eines Grundstückes oder Berechtigte eines Grundstücksrechts ist und als solche im Grundbuch eingetragen ist und die Verwaltung des Grundbesitzes der einzige Gesellschaftszweck ist[624]. Nach h.M. findet § 311 b BGB hierbei keine Anwendung, da bei der Anteilsübertragung Gegenstand der Pflicht zur Veräußerung der Gesellschaftsanteil ist und sich der Erwerb der gesamthänderischen Berechtigung am Grundstück lediglich als deren Folge gemäß §§ 718, 738 BGB darstellt[625]. Mündliche Vereinbarungen sind somit grundsätzlich ausreichend, dies sowohl im Bezug auf das Verpflichtungsgeschäft, als auch das Erfüllungsgeschäft[626]. An der rechtsfähigen GbR und ihrer Stellung als Berechtigte ändern Veränderungen im Gesellschafterbestand nichts, nur ihre Zusammensetzung verändert sich[627].

II. Die grundbuch- bzw. verfahrensrechtliche Behandlung des Gesellschafterwechsels

Da sich der Gesellschafterwechsel außerhalb des Grundbuches vollzieht, wird dieses im Bezug auf den eigentlichen Rechtsträger nicht unrichtig im Sinne von § 894 BGB[628]. Eine Auflassung nach §§ 873, 925 BGB ist daher nicht notwendig[629]. Dennoch zeigen die Verweisungen von § 899 a BGB auf § 894 BGB und

---

624 *Suttmann*, NJW 2013, 423; *Böttcher*, ZfIR 2011, 719.

625 BGH NJW 1983, 1110, 1111; Münch. Hdb. GesR Bd. I/*Piehler/Schulte*, § 10, Rn. 9; a.A. *Heinze*, Die GbR im Grundbuch nach dem ERVGBG, S. 139 f.; *Böttcher*, ZfIR 2011, 719.

626 *Böttcher*, ZNotP 2009, 42, 43.

627 *Demharter*, GBO, § 47, Rn. 31; *Böttcher*, notar 2012, 111, 116.

628 OLG Zweibrücken NJW 2010, 384; Bauer/von Oefele/*Wegmann*, GBO, § 47, Rn. 193.

629 *Britz*, FS Rüßmann, 2013, S. 251, 255; *Böttcher*, AnwBl 2011, 1, 7.

des § 47 Abs. 2 S. 2 GBO auf § 22 GBO, dass Änderungen im Gesellschafterbestand zu einer echten Grundbuchunrichtigkeit führen[630].

Verfahrensrechtlich ist es nunmehr daher erforderlich, dass das Grundbuch durch Grundbuchberichtigung im Wege des Unrichtigkeitsnachweises nach § 22 Abs. 1 GBO oder der Berichtigungsbewilligung nach §§ 19, 22 GBO korrigiert wird[631]. Da sich der Gutglaubensschutz des § 899 a BGB auch auf die eingetragenen Gesellschafter erstreckt, reicht bei einer Veränderung im Gesellschafterbestand eine einfache Richtigstellung nicht mehr aus, wie es noch vor Inkrafttreten des ERVGBG der Fall war[632]. Auch die Verweisung von § 47 Abs. 2 S. 2 GBO auf die „für den Berechtigten geltenden Vorschriften", hierbei insbesondere § 39 GBO, zeigen, dass eine Grundbuchberichtigung notwendig ist.

Zum Teil ist in der Literatur die Meinung vertreten worden, dass ein Grundbuchberichtigungsantrag, welcher auf den Vollzug eines Gesellschafterwechsels abzielte, nicht durchführbar sei, da die Gesellschafter den Nachweis, das sie im Zeitpunkt der Anteilsübertragung noch Rechtsinhaber des besagten Anteils seien, nicht führen könnten[633]. Nach § 899 a BGB werde lediglich vermutet, dass die eingetragenen Gesellschafter auch die wahren und einzigen Gesellschafter, nicht jedoch dass sie auch Berechtigte in Bezug auf ihre Anteile seien[634]. Vor Anerkennung der Rechtsfähigkeit der GbR haben sich die Gesellschafter auf § 891 Abs. 1 BGB berufen können. Dies sei nun nicht mehr möglich[635].

Die bisher damit befassten Instanzgerichte haben sich einhellig gegen diesen Standpunkt gestellt[636]. Sie berufen sich hierbei vor allem auf den Gesetzeszweck der § 899 a BGB und § 47 Abs. 2 GBO, von welchen eine gesellschafterbezogene Richtigkeitsvermutung ausgehe und welche insbesondere wieder den verfahrensrechtlichen Rahmen herstellen wollten, welcher vor Anerkennung der Rechtsfähigkeit der GbR bestand[637]. Zwar habe der Gesetzgeber die Vermutungswirkung des § 899 a BGB auf im Grundbuch eingetragene Immobiliarrechte beschränkt

---

630 *Lautner*, MittBayNot 2011, 32, 36; Bauer/von Oefele/*Wegmann*, GBO, § 47, Rn. 193.

631 OLG München RNotZ 2011, 48, 49; BeckOK-GBO/*Reetz*, § 47, Rn. 97; *Lautner*, MittBayNot 2011, 32, 36 f.

632 BeckOK-GBO/*Reetz*, § 47, Rn. 97.

633 *Bestelmeyer*, Rpfleger 2010, 169, 186.

634 *Bestelmeyer*, Rpfleger 2010, 169, 186.

635 *Bestelmeyer*, Rpfleger 2010, 169, 186.

636 Siehe u.a. OLG Zweibrücken FGPrax 2010, 22; NJW 2010, 384; OLG München DNotZ 2011, 769; RNotZ 2011, 48; OLG Hamm Rpfleger 2011, 663; OLG Frankfurt NotBZ 2011, 402.

637 OLG Hamm Rpfleger 2011, 663; vgl. auch BT-Drucks. 16/13437, S. 24 f.

und zudem verdeutlicht, dass § 899 a BGB keinen gutgläubigen Erwerb eines GbR-Anteils von einem Buchgesellschafter ermöglichen solle[638]. Allerdings habe die materiellrechtliche Einschränkung der Vermutung des § 899 a BGB keine Bedeutung für das grundbuchrechtliche Eintragungsverfahren, soweit es um Rechtsgeschäfte mit unmittelbarem Bezug zum Eintragungsgegenstand gehe[639]. In diesem Rahmen begründen die § 899 a BGB, § 47 Abs. 2 GBO eine bindende, wenn auch widerlegbare Vermutung der Gesellschafterstellung und damit einhergehend der Bewilligungsberechtigung[640].

1. Eintritt eines Gesellschafters

Will ein Dritter in eine bestehende GbR eintreten, bedarf dies eines Aufnahmevertrages zwischen dem Eintretenden mit sämtlichen Gesellschaftern[641]. Der neu eintretende Gesellschafter erwirbt hierbei neben seiner Gesellschafterstellung zugleich eine Beteiligung am Gesellschaftsvermögen (§ 718 BGB). Dies führt zu einer „Abwachsung" bei den übrigen „Alt"-Gesellschaftern[642]. Grundbuchverfahrensrechtlich ist anerkannt, dass für die Änderung (das heißt Eintragung des neuen Gesellschafters) im Grundbuch mittels Bewilligung sowohl die Eintragungsbewilligungen der bisherigen Gesellschafter (§ 19 GBO) als auch die Zustimmung des neuen Gesellschafters (§ 22 Abs. 2 GBO) jeweils in der Form des § 29 GBO erforderlich sind[643]. Ersatzweise kann das Grundbuch auch durch Unrichtigkeitsnachweis ebenfalls in der Form des § 29 Abs. 1 GBO gemäß § 22 Abs. 1 GBO berichtigt werden[644]. Den Unrichtigkeitsnachweis kann die Gesellschaft in der Regel durch Vorlage des Vertrages zwischen dem Eintretenden und den übrigen Gesellschaftern erbringen[645].

---

638 BT-Drucks. 16/13437, S. 27.

639 OLG Frankfurt NotBZ 2011, 402, 403 f.

640 OLG Frankfurt NotBZ 2011, 402, 404.

641 Palandt/*Sprau*, § 736, Rn. 1, 5 a; *Böttcher*, AnwBl 2011, 1, 6.

642 BeckOK-GBO/*Kral*, GesR, Rn. 58; *Böttcher*, notar 2012, 111, 116.

643 Palandt/*Bassenge*, § 899 a, Rn. 3; *Schöner/Stöber*, Grundbuchrecht, Rn. 4271; *Böttcher*, AnwBl 2011, 1, 7.

644 Palandt/*Bassenge*, § 899 a, Rn. 3; *Schöner/Stöber*, Grundbuchrecht, Rn. 4271; BeckOK-GBO/*Kral*, GesR, Rn. 58; *Böttcher*, notar 2012, 111, 117.

645 *Böttcher*, notar 2012, 111, 117.

2. Ausscheiden eines Gesellschafters

Wegen der starken Prägung der GbR als Personengesellschaft führt der Wegfall eines Gesellschafters grundsätzlich nach der Vorstellung des Gesetzgebers zur Auflösung der Gesellschaft, vgl. § 736 Abs. 1 BGB[646]. Allerdings kann im Gesellschaftsvertrag eine sogenannte „Fortsetzungsklausel" vereinbart werden. Das „bloße" Ausscheiden eines Gesellschafters, ohne dass ein anderer Gesellschafter in seine Gesellschafterposition nachrückt, hat dann zur Folge, dass seine Gesellschafterstellung erlischt und sein Gesellschaftsvermögen den verbleibenden Gesellschaftern gemäß § 738 Abs. 1 S. 1 BGB anwächst[647]. Der ausscheidende Gesellschafter ist im Grundbuch durch Rötung zu löschen[648]. Gleiches gilt, wenn der ausscheidende Gesellschafter seinen Anteil einem oder mehreren Gesellschaftern überträgt.

Verfahrensrechtlich soll nach der Ansicht einiger Oberlandesgerichte allein die Bewilligungsberechtigung des ausscheidenden Gesellschafters genügen, da die anderen Gesellschafter nicht betroffen gemäß § 19 GBO seien[649]. Die Bewilligung hat grundsätzlich derjenige zu erteilen, dessen grundbuchmäßiges Recht durch die vorzunehmende Eintragung oder Löschung nicht nur wirtschaftlich, sondern rechtlich beeinträchtigt wird oder zumindest rechtlich nachteilig berührt werden kann[650]. Durch die Löschung des ausscheidenden Gesellschafters werde das grundbuchmäßige Recht der anderen nicht nachteilig verändert, vielmehr seien die verbleibenden Gesellschafter rechtlich nur begünstigt. Dies gelte auch dann, obwohl das Ausscheiden eines Beteiligten materiellrechtlich der Mitwirkung aller Gesellschafter nach § 736 Abs. 1 BGB bedarf[651]. Die Bewilligung der übrigen Gesellschafter sei insbesondere dann nicht erforderlich, wenn bereits im Gesellschaftsvertrag festgelegt sei, dass die Gesellschaft mit den verbleibenden Gesellschaftern fortgesetzt werde, dieser dem Gericht vorgelegt werde und die Grundbuchunrichtigkeit durch entsprechende Unterlagen schlüssig dargelegt werde.[652]

Andere Gerichte verlangen jedoch in diesem Fall die zusätzliche Berichtigungsbewilligung aller verbleibenden Gesellschafter[653]. Grundbuchverfahrensrechtlich

646 BeckOK-GBO/*Kral*, GesR, Rn. 53.
647 BeckOK-GBO/*Kral*, GesR, Rn. 55; *Böttcher*, ZNotP 2009, 42, 43.
648 Bauer/von Oefele/*Wegmann*, GBO, § 47, Rn. 194.
649 OLG Jena ZfIR 2011, 716; KG FGPrax 2011, 217.
650 OLG Jena ZfIR 2011, 716, 718.
651 KG FGPrax 2011, 217.
652 OLG München ZIP 2013, 64.
653 OLG München DNotZ 2011, 769; OLG Hamm RNotZ 2011, 564.

sollen die Gesellschafter wieder so behandelt werden wie vor Anerkennung der Rechtsfähigkeit der GbR, nämlich wie Berechtigte. Dies bedeute jedoch, dass es dann auch dabei bleiben müsse, dass für die Eintragung eines Gesellschafterwechsels bzw. auch beim lediglichen Austritt eines Gesellschafters, ohne dass ein neuer in seine Stellung nachrückt, die Berichtigungsbewilligung aller, deren Recht durch die Eintragung bzw. Löschung betroffen sein könnte, erforderlich ist[654].

In der Literatur gehen die Meinungen ebenfalls auseinander. Ein großer Teil der grundbuchrechtlichen Literatur verlangt ebenfalls neben der Berichtigungsbewilligung des ausscheidenden Gesellschafters auch die Bewilligungen aller übrigen Gesellschafter[655]. Begründet wird dies unter anderem mit dem Argument der Nachweismediatisierung des § 47 Abs. 2 GBO[656]. Da die im Grundbuch verlautbarten Gesellschafter nur alle gemeinschaftlich der GbR das dingliche Recht vermitteln können, seien sie auch im Rahmen des Identifizierungsverhältnisses im Sinne des § 47 Abs. 2 S. 1 GBO als Betroffene anzusehen. Falls einer der Gesellschafter aus der GbR ausscheide, ändere sich das Mediatisierungsverhältnis[657]. Allerdings gibt es auch einige Stimmen, welche die zusätzliche Bewilligung der verbleibenden Gesellschafter für überflüssig halten und es genügen lassen, wenn nur der ausscheidende Gesellschafter die Berichtigungsbewilligung erteilt, da nur sein Recht betroffen i.S.v. § 19 GBO ist[658].

Näher liegt es meines Erachtens, die Berichtigungsbewilligung aller Gesellschafter und nicht nur des ausscheidenden Gesellschafters zu verlangen. Die Einfügung des § 47 Abs. 2 GBO sollte zur Folge haben, dass die Gesellschafter im Wesentlichen wieder so zu behandeln sind wie vor Anerkennung der Rechtsfähigkeit der GbR, das heißt wie Berechtigte[659]. Dies muss dann auch für den Fall gelten, wenn Änderungen des Gesellschafterbestandes im Grundbuch einzutragen sind. Zudem gilt die Vermutung des § 899 a BGB zugunsten derjenigen, die im Grundbuch als Gesellschafter eingetragen sind. Die verbleibenden Gesellschafter haben folglich auch ein Interesse daran, dass der ausscheidende

---

654 OLG München DNotZ 2011, 769, 770.

655 *Demharter*, GBO, § 47, Rn. 31; *Schöner/Stöber*, Grundbuchrecht, Rn. 4270; BeckOK-GBO/*Kral*, GesR, Rn. 56.

656 Siehe dazu *Reymann*, ZNotP 2011, 84; ausführlich bereits oben unter C. IV. 3. a) Der Beschluss und der zugrundeliegende Lösungsansatz von Reymann, S. 102.

657 *Schöner/Stöber*, Grundbuchrecht, Rn. 4270.

658 Bauer/von Oefele/*Kohler*, GBO, § 22, Rn. 243; Palandt/*Bassenge*, § 899 a, Rn. 3; *Böttcher*, notar 2012, 111, 117.

659 Vgl. BT-Drucks. 16/13437, S.

Gesellschafter auch aus dem Grundbuch gelöscht wird. Da diese Frage noch nicht abschließend geklärt ist, empfiehlt es sich – zumindest vorsichtshalber – die Bewilligung sämtlicher Gesellschafter einzuholen[660].

3. Anteilsübertragung

Für rechtsgeschäftliche Übertragungen oder andere Verfügungen über einen Gesellschaftsanteil müssen die gesellschaftsrechtlichen Regelungen beachtet werden. In der Regel tritt der ausscheidende Gesellschafter seinen Anteil an den Erwerber ab. Dieser tritt dann unmittelbar in die Gesellschafterrechte des Veräußerers ein. In diesem Fall vollzieht sich der Gesellschafterwechsel in einem Rechtsakt[661]. Grundsätzlich ist eine Verfügung über den Gesellschaftsanteil möglich, wenn alle Mitgesellschafter zustimmen. Diese Zustimmung kann bereits in genereller Form im Gesellschaftsvertrag enthalten sein. Der Nachweis der Zustimmung, das heißt in der Regel der Gesellschaftsvertrag, ist im Grundbuchverfahren in der Form des § 29 GBO zu erbringen[662]. Daneben ist eine öffentlich beglaubigte Berichtigungsbewilligung des ausscheidenden Gesellschafters als unmittelbar Betroffenem („verlierender" Teil) nach §§ 19, 29 GBO erforderlich, der eintretende Gesellschafter als „gewinnender" Teil muss nach § 22 Abs. 2 GBO ebenfalls seine Zustimmung erteilen. Enthält der Gesellschaftsvertrag keine generelle Zustimmungserklärung der Gesellschafter, so muss dem Grundbuchamt ebenfalls die Bewilligung aller weiteren Gesellschafter in der Form des § 29 GBO vorgelegt werden[663].

Ist ein Gesellschaftsanteil bereits mehrfach übertragen worden (Abtretungskette), müssen die Zwischenberechtigten nicht erst eingetragen werden. Es genügt vielmehr die Eintragung des zuletzt Berechtigten[664].

4. Tod eines Gesellschafters

a) Grundsatz: Auflösung der Gesellschaft

Der Tod eines Gesellschafters führt grundsätzlich zu der Auflösung der GbR (§ 727 Abs. 1 Hs. 1 BGB) mit den entsprechenden Folgen. Dies bedeutet insbesondere, dass die GbR in der Regel nicht sofort beendigt wird, sondern zunächst

---

660 So auch *Suttmann*, NJW 2013, 423, 424.

661 Palandt/*Sprau*, § 736, Rn. 7.

662 BeckOK-GBO/*Reetz*, § 47, Rn. 98; *Heinze*, RNotZ 2010, 289, 305.

663 *Böttcher*, notar 2012, 111, 118.

664 *Rebhan*, NotBZ 2009, 445, 446; *Wicke*, GWR 2009, 336, 337.

als Liquidationsgesellschaft fortbesteht. Gesellschaftszweck ist dann die Auseinandersetzung[665]. Die Vererbung des Gesellschaftsanteils vollzieht sich nach rein erbrechtlichen Regeln. Der Anteil fällt entsprechend ungeteilt in den Nachlass des verstorbenen Gesellschafters[666]. Der Erbe oder die Erbengemeinschaft bei mehreren Erben tritt dann an Stelle des verstorbenen Gesellschafters in die Liquidationsgesellschaft ein[667]. Dies ist entsprechend im Grundbuch zu ändern. Aufgrund der anderen Strukturierung der Abwicklungsgesellschaft die Haftungsfolgen betreffend findet der Grundsatz, dass eine Erbengemeinschaft nicht Mitglied einer (werbenden) GbR sein kann, keine Anwendung[668].

b) Vertragliche Vereinbarung im Gesellschaftsvertrag

Allerdings können die Gesellschafter im Gesellschaftsvertrag auch etwas Abweichendes vereinbaren, § 727 Abs. 1 Hs. 2 BGB. Dann stellt sich die Frage, wie diese vertragliche Vereinbarung ausgestaltet ist, als Fortsetzungsklausel, einfache oder qualifizierte erbrechtliche Nachfolgeklausel oder Eintrittsklausel[669]. Bei Vorliegen einer Fortsetzungsklausel wird die Gesellschaft unter den verbleibenden (mindestens zwei) Gesellschaftern fortgesetzt, § 736 Abs. 1 BGB. Der Verstorbene scheidet aus der Gesellschaft aus, ohne dass diese aufgelöst wird. Sein Gesellschaftsanteil wächst gemäß § 738 Abs. 1 BGB den übrigen Gesellschaftern an[670]. Bei der einfachen erbrechtlichen Nachfolgeklausel geht der Gesellschaftsanteil des Verstorbenen auf seine Erben über, wohingegen die qualifizierte erbrechtliche Nachfolgeklausel einen Übergang des Gesellschaftsanteils auf nur einen bestimmten Erben oder Personenkreis (beispielsweise Ehegatte, Abkömmlinge) zulässt. In beiden Fällen wird die Gesellschaft mit den entsprechenden Erben fortgesetzt[671]. Die Eintrittsklausel begründet einen Vertrag zugunsten Dritter im Sinne von § 328 BGB. Den/dem Erben oder einem Dritten wird das Recht eingeräumt, beim Tod des Gesellschafters in die Gesellschaft einzutreten. Die Gesellschaft wird zunächst unter den verbleibenden Gesellschaftern fortgesetzt. Der Gesellschaftsanteil des Verstorbenen wird nicht vererbt. Vielmehr erhält der

---

665 Palandt/*Sprau*, Vor §§ 723–735, Rn. 2.
666 Meikel/*Böhringer*, GBO, § 47, Rn. 267; *Böhringer*, Rpfleger 2013, 433.
667 Palandt/*Sprau*, § 727, Rn. 1; BeckOK-GBO/*Kral*, GesR, Rn. 65; zur Erbengemeinschaft BGH NJW 1982, 170.
668 *Böhringer*, Rpfleger 2013, 433.
669 *Schöner/Stöber*, Grundbuchrecht, Rn. 4273.
670 BeckOK-GBO/*Kral*, GesR, Rn. 71; *Böttcher*, notar 2012, 111, 118.
671 *Schöner/Stöber*, Grundbuchrecht, Rn. 4273; BeckOK-GBO/*Kral*, GesR, Rn. 75.

Erbe oder Dritte einen schuldrechtlichen Anspruch in die Gesellschaft einzutreten, welcher durch Abschluss eines entsprechenden Vertrages zwischen dem Eintrittswilligen und den übrigen Gesellschaftern erfüllt wird[672].

c) *Grundbuchberichtigung*

In allen vorgenannten Fällen wird das Grundbuch durch die Veränderung im Bezug auf den Gesellschafterbestand „unrichtig". Lediglich zu unterscheiden ist, welche Änderung im Grundbuch zu vermerken ist und welche nicht. Besteht keine gesellschaftsvertragliche Regelung, treten folglich die Erben in die nunmehr entstandene Liquidationsgesellschaft ein, so sind diese an Stelle des verstorbenen Gesellschafters in das Grundbuch einzutragen. Bei Vorliegen einer Fortsetzungsklausel ist der verstorbene Gesellschafter durch Rötung im Grundbuch zu löschen. Enthält der Gesellschaftsvertrag eine (einfache oder qualifizierte) Nachfolgeklausel, ist der Erbe bzw. sind die Erben anstelle des Verstorbenen im Grundbuch einzutragen[673].

Soll das Grundbuch aufgrund Bewilligung berichtigt werden, so ist unstreitig die Bewilligung aller übrigen „Rest-„Gesellschafter notwendig. Die h.M. verlangt darüber hinaus, dass der Gesellschaftsvertrag vorgelegt wird, um die Bewilligungsberechtigung nachprüfen zu können[674]. Denn die Nachfolge in den Gesellschaftsanteil richtet sich nicht nach dem Erbrecht, sondern in erster Linie nach den Vorgaben des Gesellschaftsvertrages[675]. Probleme bereitet dies vor allem dann, wenn der Gesellschaftsvertrag nur privatschriftlich oder mündlich abgeschlossen wurde und daher nicht in der Form des § 29 GBO vorgelegt werden kann. Verschiedene Oberlandesgerichte haben sich dafür ausgesprochen, dass das Grundbuchamt ausnahmsweise auch einen formlosen Nachweis genügen lassen muss, wenn die Grundbuchberichtigung anders nicht möglich ist[676]. Unter Umständen genügt dann auch die Vorlage des Gesellschaftsvertrags in einfacher Schriftform oder die verbleibenden Gesellschafter und alle Erben

672 BeckOK-GBO/*Kral*, GesR, Rn. 78.

673 Bauer/von Oefele/*Knothe*, GBO, § 29, Rn. 59; siehe ausführlich *Böhringer*, Rpfleger 2013, 433 mit entsprechenden Formulierungsbeispielen.

674 OLG München FGPrax 2015, 57; OLG Dresden ZEV 2012, 339; OLG Schleswig FGPrax 2012, 62; *Demharter*, GBO, § 22, Rn. 41; Bauer/von Oefele/*Knothe*, GBO, § 29, Rn. 59 a; *Böttcher*, notar 2012, 111, 118; a.A. KG NZG 2016, 555; *Schöner/Stöber*, Grundbuchrecht, Rn. 4274.

675 OLG München FGPRax 2015, 57; OLG Dresden ZEV 2012, 339.

676 Siehe u.a. OLG München FGPrax 2015, 57; OLG Brandenburg ZEV 2012, 116; OLG Schleswig FGPrax 2012, 62; BayObLG Rpfleger 1992, 19.

können übereinstimmende Erklärungen über den Inhalt des mündlich abgeschlossenen Vertrages in grundbuchmäßiger Form abgeben[677]. Diese unterliegen dann der freien Beweiswürdigung des Grundbuchamtes[678]. Mit denselben Argumenten hat sich der Großteil der Literatur dieser Ansicht angeschlossen und bejaht aus Gründen der Beweisnot die Möglichkeit eines Verzichts auf die Form des § 29 GBO[679].

Bei Berichtigung durch Unrichtigkeitsnachweis ist in jedem Fall die Vorlage der Sterbeurkunde, eines Erbscheins oder eines notariellen Testaments bzw. Erbvertrages nebst Eröffnungsprotokoll (§ 35 GBO) erforderlich[680]. Damit wäre allerdings zunächst nur die Unrichtigkeit als solche nachgewiesen, jedoch nicht auch der neue veränderte Gesellschafterbestand. Daher ist auch an dieser Stelle die Vorlage des Gesellschaftsvertrages in der Form des § 29 GBO erforderlich[681].

III. Die Unbedenklichkeitsbescheinigung nach § 22 GrEStG

Gemäß § 22 GrEStG (Grunderwerbsteuergesetz) darf ein Erwerber eines Grundstückes erst dann ins Grundbuch eingetragen werden, wenn eine Bescheinigung des zuständigen Finanzamtes vorliegt, dass der Eintragung keine steuerlichen Bedenken entgegenstehen. Da die Norm ihrem Wortlaut und ihrem Sinn nach jede Art von Eintragung eines Eigentumswechsels im Grundbuch betrifft, ist sie auch anzuwenden, wenn es sich lediglich um eine berichtigende Eintragung handelt. Die nachträgliche Eintragung der richtigen Gesellschafter stellt bei der GbR eine Grundbuchunrichtigkeit dar, §§ 899 a, 894 BGB, § 47 Abs. 2 GBO. Das Grundbuchamt darf daher eine steuerliche Unbedenklichkeitsbescheinigung verlangen, hat hierbei aber nicht zu prüfen, ob ein Erwerbsvorgang tatsächlich steuerpflichtig ist und daher der Grunderwerbsteuer unterliegt[682]. Dies gilt auch dann, wenn der Wechsel im Gesellschafterbestand auf dem Tod eines Gesellschafters beruht, obwohl dann eigentlich ein Erwerb der Anteile von Todes

---

677 OLG München RNotZ 2015, 639; OLG Schleswig FGPrax 2012, 62; so auch *Böttcher*, notar 2012, 111, 118.

678 Zum Ganzen BeckOK-GBO/*Kral*, GesR, Rn. 68 m.w.N.

679 Siehe u.a. BeckOK-GBO/*Kral*, GesR, Rn. 68 ff.; *Böhringer*, Rpfleger 2013, 433, 434; *Böttcher*, notar 2012, 111, 118; dazu bereits oben C. IV. 4. a) bb) Unmöglichkeit der formgerechten Nachweisführung, S. 114.

680 Bauer/von Oefele/*Knothe*, GBO, § 29, Rn. 59 a; *Böttcher*, notar 2012, 111, 118.

681 Bauer/von Oefele/*Knothe*, GBO, § 29, Rn. 59 a; BeckOK-GBO/*Kral*, GesR, Rn. 65 ff.; *Böttcher*, notar 2012, 111, 118.

682 *Böhringer*, Rpfleger 2013, 433, 435; *Böttcher*, notar 2012, 111, 118.

wegen vorliegt, welcher nach §§ 1 Abs. 2 a S. 6 GrEStG bei der Ermittlung des Vomhundertsatzes außer Betracht bleibt[683].

Fraglich ist lediglich, ob auch dann eine Unbedenklichkeitsbescheinigung vorzulegen ist, wenn bei Ausscheiden eines Gesellschafters aus der GbR – sei es durch Austritt oder durch Tod des Gesellschafters – die GbR mit den verbleibenden Gesellschaftern fortgesetzt wird, ohne dass ein neuer Gesellschafter in die Gesellschaft eintritt, welcher nach § 47 Abs. 2 GBO im Grundbuch einzutragen wäre. Durch den Wechsel im Gesellschafterbestand der GbR kann es zu einer „wesentlichen Veränderung" im Sinne von § 1 Abs. 2 a, Abs. 3 GrEStG kommen[684]. Da das Grundbuchamt dies nicht mit Sicherheit prüfen und klären kann, erscheint es zumindest vertretbar, auch in diesem Fall die Vorlage einer Unbedenklichkeitsbescheinigung verlangen zu können[685].

Unstreitig ist eine Unbedenklichkeitsbescheinigung jedenfalls dann vorzulegen, wenn bei einer GbR, welche nur zwei Gesellschafter hatte, der letzte Gesellschafter Alleineigentümer des Gesellschaftsvermögens wird. Dessen Eintragung stellt dann nämlich einen Rechtsträgerwechsel dar[686].

IV. Ergebnis

Die einfache Übertragung von Anteilen macht die Gesellschaft bürgerlichen Rechts in der Praxis besonders attraktiv. Denn Gesellschaftsanteile einer GbR können grundsätzlich formfrei übertragen werden, solange die übrigen Gesellschafter dieser Übertragung zustimmen. Auch ein Ein- bzw. Austritt von Gesellschaftern ist prinzipiell schnell abgewickelt.

Schwierigkeiten können erst dann entstehen, wenn die an und für sich formfreie Übertragung außerhalb des Grundbuches bei einer grundbesitzenden GbR auch in diesem vollzogen werden soll. Da nach § 47 Abs. 2 GBO und § 82 S. 3 GBV nunmehr sämtliche Gesellschafter im Grundbuch einzutragen sind, sind dem Grundbuchamt jegliche Änderungen des Gesellschafterbestandes anzuzeigen und entsprechende Nachweise einzureichen.

---

683 *Böhringer*, Rpfleger 2013, 433, 435.

684 *Böhringer*, Rpfleger 2013, 433, 437; *Böttcher*, notar 2012, 111, 118.

685 *Böhringer*, Rpfleger 2013, 433, 437; stets für die Vorlage einer Unbedenklichkeitsbescheinigung *Böttcher*, notar 2012, 111, 118.

686 *Böhringer*, Rpfleger 2013, 433, 437.

E. Vergleich mit dem nicht rechtsfähigen Verein und der Wohnungseigentümergemeinschaft

Mit seiner „Weißes Ross"-Entscheidung aus dem Jahr 2001 hat der BGH nicht nur für einen Umschwung im Recht der GbR gesorgt, sondern auch den Anstoß für ein Umdenken und eine Umgestaltung in anderen zivilrechtlichen Bereichen gegeben. So wurde insbesondere auch das Recht des nicht rechtsfähigen Vereins von dieser Entscheidung stark beeinflusst. Im Folgenden sollen die Probleme und Gestaltungsmöglichkeiten bzw. Lösungsansätze von anderen nicht registerfähigen Vereinigungen beleuchtet werden.

I. Der nicht rechtsfähige Verein

1. Begriffsbestimmung

Per Definition ist ein Verein im Sinne des BGB ein „auf Dauer angelegter Zusammenschluss von Personen zur Verwirklichung eines gemeinsamen Zweckes mit körperschaftlicher Verfassung, wobei sich die körperschaftliche Organisation in einem Gesamtnamen, in der Vertretung durch einen Vorstand und in der Unabhängigkeit vom Wechsel der Mitglieder äußert"[687]. Die Rechtsfähigkeit ist kein konstitutives Begriffsmerkmal, so dass auch der nicht rechtsfähige Verein ein „Verein" im Sinne des BGB ist[688]. Es gibt verschiedene Möglichkeiten, den Verein in seine unterschiedlichen Erscheinungsformen zu unterteilen. Die traditionelle Unterscheidung nach dem Wortlaut des Gesetzes ist die in den rechtsfähigen (§§ 21, 22 BGB) und den nicht rechtsfähigen (§ 54 BGB) Verein, wobei die rechtsfähigen Vereine nochmals in nicht wirtschaftliche Vereine (sogenannte Idealvereine) i.S.v. § 21 BGB und wirtschaftliche Vereine gemäß § 22 BGB unterteilt werden können. Ihre Rechtsfähigkeit erlangen Vereine entweder durch ihre Eintragung ins Vereinsregister (§ 21 BGB) oder durch staatliche Verleihung (Konzession gemäß § 22 BGB).

Auch beim nicht rechtsfähigen Verein, wie ihn § 54 BGB vorsieht, kann das Begriffsmerkmal „Verein" wie bereits oben dargelegt definiert werden. „Nicht

---

687 Grundlegend RGZ 143, 212, 213; vgl. auch u.a. und anstelle vieler Palandt/*Ellenberger*, Einf v § 21, Rn. 14; MüKoBGB/*Reuter*, §§ 21, 22, Rn. 1; Stöber/Otto, Hdb. VereinsR, Rn. 7.

688 BeckOK-BGB/*Schöpflin*, § 21, Rn. 6.

rechtsfähig" bedeutet in diesem Fall lediglich, dass der Verein nicht durch Eintragung oder durch Konzessionierung seine Rechtsfähigkeit erlangt hat. Die gesetzliche Bezeichnung hindert allerdings nicht daran, dass auch dem nicht eingetragenen Verein auf eine andere Weise eigene Rechtsubjektivität zukommen kann[689]. Aus dem Wortlaut des § 54 BGB lässt sich nicht zwingend folgern, dass diesen Vereinen überhaupt jede Rechtsfähigkeit fehlt[690]. Denn auch der als nicht rechtsfähig bezeichnete Verein ist nach mittlerweile h.M.[691] in Literatur und Schrifttum als Folge der modernen Gesamthandslehre rechtsfähig, soweit er durch Teilnahme am Rechtsverkehr eigene Rechte und Pflichten begründet[692]. Vereine im Sinne von § 54 BGB sollten daher genauer als „nicht eingetragene" und „nicht konzessionierte" Vereine bezeichnet werden[693]. Aufgrund des Wortlauts des Gesetzes wird im Folgenden jedoch weiterhin der Terminus des nicht rechtsfähigen Vereins verwendet.

2. Abgrenzung von nicht rechtsfähigem Verein und Gesellschaft bürgerlichen Rechts

Die Organisationsstruktur des Vereins, vor allem die Unabhängigkeit von der Person der Mitglieder, macht den Verein zum Prototypen der Körperschaften. Ihm gegenüber steht als Prototyp der Personengesellschaft die Gesellschaft bürgerlichen Rechts nach §§ 705 ff. BGB. Grundsätzlich unterscheidet sich ein Verein von der Gesellschaft durch die Veränderlichkeit seines Personenbestandes. Die Gesellschaft ist als Vertragsverhältnis unter bestimmten (natürlichen und/oder juristischen) Personen anzusehen. Daher wird eine Gesellschaft auch grundsätzlich durch den Tod oder die Kündigung eines Gesellschafters aufgelöst, vgl. §§ 723 ff. BGB. Beim Verein kann zwar satzungsmäßig eine bestimmte Mindest- oder Höchstmitgliederzahl festgelegt werden, es muss aber zumindest

---

689 Soergel/*Hadding*, § 54, Rn. 16; *Terner*, ZNotP 2009, 132, 137.

690 *Hadding*, ZGR 2006, 137, 142.

691 Vgl. statt vieler MüKoBGB/*Arnold*, § 54, Rn. 18; Palandt/*Ellenberger*, § 54, Rn. 2, 7; a.A. *Schöpflin*, Der nichtrechtsfähige Verein, S. 83–116; BeckOK-BGB/*Schöpflin*, § 54, Rn. 5.

692 Palandt/*Ellenberger*, § 54, Rn. 2; siehe dazu ausführlich unten.

693 Vgl. MüKoBGB/*Arnold*, § 54, Rn. 4; *K. Schmidt*, GesR, § 25 II 1 a); Sauter/Schweyer/Waldner, Der eingetragene Verein, Rn. 619; *Hadding*, ZGR 2006, 137, 145; *Terner*, DNotZ 2010, 5, 16; a.A. BeckOK-BGB/*Schöpflin*, § 54, Rn. 4, zumindest im Hinblick auf den Vorschlag, den nicht rechtsfähigen Verein lediglich als „nicht eingetragen" zu bezeichnen.

der Wechsel der Individuen offen stehen[694]. Auch die Organisation von Verein und Gesellschaft ist grundsätzlich eine gegensätzliche. Die einzelnen Gesellschafter einer Gesellschaft sind als gleichberechtigt anzusehen und daher entweder alle gemeinsam oder jeder einzeln und allein geschäftsführungsbefugt und vertretungsberechtigt. Es gilt das sogenannte Einstimmigkeitsprinzip. Der Verein setzt abstrakt seine „Vereinsämter" (Organe) ein, wobei die Vereinsorganisation korporativ, d.h. auf Grundlage einer Mitgliederversammlung, welche nach Mehrheitsprinzip abstimmt, bestimmt wird[695].

Die nur für Vereine geltenden Sonderregelungen der §§ 54 BGB, 50 Abs. 2, 735 ZPO, 11 Abs. 1 S. 2 InsO scheinen eine Abgrenzung zur GbR notwendig zu machen[696]. Und obwohl die beiden Formen von Personenvereinigungen in ihrer grundsätzlichen Struktur unterschiedlicher kaum sein könnten, kann es zu Schwierigkeiten bei der Abgrenzung von Verein und Gesellschaft im Einzelfall kommen. In der Wirklichkeit des gesellschaftlichen Lebens treten immer wieder Übergangs- oder Mischformen der beiden Personenvereinigungen auf, die durch die dispositive Natur vieler Rechtssätze möglich werden und deren Einordnung daher schwierig sein kann[697]. Auch ein Verein ist eine Gesellschaft im weiteren Sinne, genauso kann eine Gesellschaft eine Personenvereinigung zu einem gemeinsamen Zweck und auf Dauer angelegt sein und einen Gesamtnamen führen[698]. Auch der BGH hat in seiner sogenannten „Forum-S"-Entscheidung vom 2. April 1979[699] festgestellt, dass *„im Bereich der bürgerlich-rechtlichen Gesellschaft und des nicht rechtsfähigen Vereins ein beträchtlicher Freiraum zur beliebigen Gestaltung der Rechtsverhältnisse offensteht […]. Es sind daher Vereinigungen mit sowohl körperschaftlichen als auch personalistischen Elementen und mit fließenden Übergängen von mehr vereinsmäßigen zu mehr gesellschaftsähnlichen Formen möglich."* Daher gibt es Stimmen in der Literatur, die eine Abgrenzung zwischen nicht rechtsfähigem Verein und Gesellschaft als „unmögliche Aufgabe"[700] bezeichnen[701].

---

694 Staudinger/*Weick* (2005), Vorbem zu §§ 21 ff., Rn. 45.

695 Staudinger/*Weick* (2005), Vorbem zu §§ 21 ff., Rn. 45.

696 *K. Schmidt*, GesR, § 25 I 2 a; jurisPK-BGB/*Bergmann*, § 54, Rn. 7; *Schöpflin*, Der nichtrechtsfähige Verein, S. 155.

697 Staudinger/*Weick* (2005), Vorbem zu §§ 21 ff., Rn. 46; *Reichert*, VereinsR, Rn. 5152.

698 BeckOK-BGB/*Schöpflin*, § 21 Rn. 28.

699 BGH NJW 1979, 2304.

700 JurisPK-BGB/*Bergmann*, § 54, Rn. 7.

701 *Nitschke*, Die körperschaftlich strukturierte Personengesellschaft, S. 142; vgl. auch MüKoBGB/*Arnold*, § 54, Rn. 4

3. Anzuwendendes Recht

Umso verwunderlicher ist es, dass § 54 S. 1 BGB anordnet, dass auf nicht rechtsfähige Vereine die Vorschriften über die Gesellschaft Anwendung finden. Diese Regelung des § 54 BGB ist viel gescholten worden[702] und gilt als rechtspolitisch und sachlich verfehlt[703]. Bereits die Verfasser des Gesetzestextes gingen davon aus, dass die Vorschriften über die Gesellschaft auf nicht rechtsfähige Vereine nicht passten[704]. Ihr Zweck sollte es vornehmlich sein, dass die Bildung von Korporationen mit politischer, sozialpolitischer oder religiöser Zwecksetzung erschwert oder zumindest unter staatliche Kontrolle gebracht wird (sogenanntes „verschleiertes Konzessionssystem" nach §§ 61 Abs. 1, 43 Abs. 3 BGB a.F.)[705]. Die Vereine, welche sich der staatlichen Kontrolle dadurch entzogen, dass sie sich nicht in das Vereinsregister eintragen ließen, sollten dem für sie unpassenden und ungünstigeren Gesellschaftsrecht unterstellt werden[706]. Durch die Verweigerung der Rechtsfähigkeit, insbesondere der Vermögens- und aktiven Parteifähigkeit, sollte dem nicht eingetragenen Verein das rechtliche Leben unmöglich gemacht werden.

Weitestgehend einig sind sich Stimmen in Literatur und Rechtsprechung mittlerweile jedoch, dass auf den nichtrechtsfähigen Verein – entsprechend seinem körperlichen Charakter und entgegen der Anordnung in § 54 BGB – das Vereinsrecht der §§ 21 ff. BGB Anwendung findet[707]. Dies wird vor allem damit begründet, dass die rechtspolitischen und politischen Erwägungen seit der Aufhebung der §§ 61 Abs. 2 und 42 Abs. 3 BGB durch Art. 124 Abs. 2 WVR überholt sind und die Regelung des § 54 S. 1 BGB daher mit geltendem Verfassungsrecht im Hinblick auf Art. 9 GG nicht mehr vereinbar ist[708]. Denn auch der nicht rechtsfähige Verein steht unter dem Schutz des Art. 9 GG und darf daher nicht zu Kontrollzwecken einem seiner Struktur nicht angemessenen Regelungssystem unterworfen werden[709].

---

702 Vgl. die Aufzählung bei *Flume*, ZHR 148 (1984), 503, 507; jurisPK-BGB/*Bergmann*, § 54, Rn. 13; Stöber/Otto, Hdb. VereinsR, Rn. 1500.

703 Münch. Hdb. GesR Bd. V/*Gummert*, § 10, Rn. 1; a.A. *Bergmann*, ZGR 2005, 654, 658.

704 *Mugdan* I, S. 640.

705 BGHZ 42, 210, 215 f.; Palandt/*Ellenberger*, § 54, Rn. 1; NK-BGB/*Eckardt*, § 54, Rn. 1.

706 *Mugdan* I, S. 640; BGHZ 42, 210, 215; Staudinger/*Weick* (2005), § 54, Rn. 2.

707 Palandt/*Ellenberger*, § 54, Rn. 1; NK-BGB/*Eckardt*, § 54, Rn. 2; BeckOK-BGB/*Schöpflin*, § 54, Rn. 15; jurisPK-BGB/*Bergmann*, § 54, Rn. 25; Stöber/Otto, Hdb. VereinsR, Rn. 1499.

708 Staudinger/*Weick* (2005), § 54, Rn. 2; Palandt/*Ellenberger*, § 54, Rn. 1; HK-BGB/*Dörner*, § 54, Rn. 3; vgl. auch Stöber/Otto, Hdb. VereinsR, Rn. 1501.

709 Vgl. Palandt/*Ellenberger*, § 54, Rn. 1; NK-BGB/*Eckardt*, § 54, Rn. 1.

Dennoch stellt sich die Frage, ob angesichts des Umstandes, dass die gesetzgeberische Zielsetzung mit den verfassungsrechtlichen Vorgaben nicht mehr vereinbar ist, § 54 S. 1 BGB keinerlei Bedeutung mehr zuzumessen ist und entgegen seiner Verweisung auf das Gesellschaftsrecht auf nicht rechtsfähige Vereine ausschließlich Vereinsrecht Anwendung findet[710]. Dies erscheint zumindest zweifelhaft. Denn in der bereits oben erwähnten „Forum-S"-Entscheidung hat der BGH weiterhin festgehalten, dass es *„wenig sachgerecht [wäre], aus dieser oder jener generellen Einordnung jeweils immer zugleich die alleinige Geltung nur des Vereinsrecht oder nur des Gesellschaftsrechts für die betreffende Vereinigung herzuleiten, ohne bei solchen Mischformen zu prüfen, ob eine unterschiedliche Rechtsanwendung bei ein und derselben Vereinigung geboten ist. Denn hierbei kann sich herausstellen, dass für die verschiedenen Regelungsbereiche der Vereinigung teils Normen des Vereinsrechts, teils solche des Gesellschaftsrechts besser passen und eine derartige Unterscheidung den Bedürfnissen der Organisation sowie den schützenswerten Interessen ihrer Mitglieder am besten gerecht wird."*[711]

Ein Außerkrafttreten des § 54 S. 1 BGB ist daher nicht anzunehmen. Es genügt, ihn berichtigend und teleologisch reduzierend auszulegen[712]. Diese Berichtigung kann in der Regel vor allem deshalb vorgenommen werden, weil die Vorschriften des Gesellschaftsrechts weitgehend dispositiver Natur sind und daher (stillschweigend) durch die Vereinssatzung ausgeschlossen werden können[713]. Die Verweisung des § 54 S. 1 BGB kann zumindest noch dann Geltung beanspruchen, wenn das Vereinsrecht keine sachgerechte Regelung bereithält[714] oder es gerade auf die Registereintragung, insbesondere die Publizitätsvorschriften der §§ 68 ff. BGB ankommt[715].

4. Grundbuchfähigkeit des nicht rechtsfähigen Vereins

a) Die Rechts- und aktive Parteifähigkeit des nicht rechtsfähigen Vereins

Um die Frage nach der Grundbuchfähigkeit des nicht rechtsfähigen Vereins beantworten zu können, ist zunächst eine dezidierte Auseinandersetzung mit

710 Münch. Hdb. GesR Bd. V/*Gummert*, § 11, Rn. 1.

711 BGH NJW 1979, 2304, 2305.

712 So auch Staudinger/*Weick* (2005), § 54, Rn. 2.

713 Staudinger/*Weick* (2005), § 54, Rn. 2; jurisPK-BGB/*Bergmann*, § 54, Rn. 14 f.; Stöber/Otto, Hdb. VereinsR, Rn. 1502.

714 Bamberger/Roth/*Schöpflin*, § 54, Rn. 16.

715 Palandt/*Ellenberger*, § 54, Rn. 1; jurisPK-BGB/*Bergmann*, § 54, Rn. 25; Stöber/Otto, Hdb. VereinsR, Rn. 1499.

dessen Rechtsfähigkeit vorzunehmen. Wie oben bereits dargelegt, wird der nicht rechtsfähige Verein von der h.M. in Literatur und Rechtsprechung als rechtsfähig angesehen. Diese Anerkennung der Rechtsfähigkeit stellt für manche ein begrifflich paradoxes und absurdes Ergebnis dar und wird daher auch heute noch zum Teil bestritten[716]. Begründet wird diese Auffassung vor allem damit, dass die §§ 1, 21, 22, 54 BGB dafür sprechen, die Rechtsfähigkeit grundsätzlich an die Person – natürlich oder juristisch – zu binden. Soweit § 14 Abs. 2 BGB davon eine Ausnahme mache und von „rechtsfähigen Personengesellschaften" spreche, gelte dies nur für Handelspersonen- und Partnerschaftsgesellschaften (oHG, KG etc.). Diese haben – ohne selbst juristische Person zu sein – wegen ihrer obligatorischen Registereintragung eine erheblich größere Nähe zur juristischen Person als der nicht rechtsfähige Verein[717]. Allerdings ist den bereits zitierten Normen nicht zu entnehmen, dass die Rechtsfähigkeit ausschließlich an Personen geknüpft werden soll[718]. Vielmehr spricht sowohl die Rechtsprechung des BGH[719] als auch die Schaffung der §§ 14, 1059 a BGB gerade für eine weitestgehende Angleichung der Personengesellschaften an die juristische Person[720]. Spätestens seit der Entscheidung des II. Zivilsenats des BGH vom 2. Juli 2007[721] zur aktiven Parteifähigkeit des nicht rechtsfähigen Vereins und der Einführung des Gesetzes zur Erleichterung elektronischer Anmeldung zum Vereinsregister und anderer vereinsrechtlicher Änderungen vom 24. September 2009[722], durch welches der Gesetzgeber dem nicht rechtsfähigen Verein in § 50 Abs. 2 ZPO ausdrücklich die aktive Parteifähigkeit zuspricht, kann nicht mehr ernstlich bezweifelt werden, dass auch der nicht rechtsfähige Verein als rechtsfähig anzusehen ist[723]. Auch diejenigen Stimmen, welche die Rechtsfähigkeit des nicht rechtsfähigen Vereins ablehnen, erkennen diesem zumindest eine gewisse rechtliche

---

716 Siehe dazu insbes. BeckOK-BGB/*Schöpflin*, § 54, Rn. 1 ff.; Bamberger/Roth/*Schöpflin*, § 54, Rn. 21; *Schöner/Stöber*, Grundbuchrecht, Rn. 246; *Schöpflin*, Der nichtrechtsfähige Verein, S. 95 ff; *Wagner*, ZZP 117 (2004), 305, 359 ff.

717 *Schöpflin*, Der nichtrechtsfähige Verein, S. 100 f.

718 Vgl. auch *K. Schmidt*, NJW 1984, 2249, 2249, der an dieser Stelle die Rechtssubjektivität des nicht rechtsfähigen Vereins dennoch verneint.

719 Siehe hierzu natürlich insbes. BGHZ 146, 341.

720 Vgl. Münch. Hdb. GesR Bd. V/*Gummert*, § 10, Rn. 3.

721 BGH NJW 2008, 68.

722 BGBl. 2009 I, 3145 ff.

723 *Prütting*, FS Roth, 2011, S. 585, 588; *ders.*, EWiR 2016, 361, 362.

Verselbstständigung und damit einhergehend eine grundsätzliche Fähigkeit am Rechtsverkehr teilzunehmen an[724].

Aus der Anerkennung der Rechtsfähigkeit der GbR folgt daher nunmehr auch die Rechtsfähigkeit des nicht rechtsfähigen Vereins. Es kann hierbei im Ergebnis dahinstehen, ob diese Rechtsfähigkeit aus der Verweisung des § 54 S. 1 BGB folgt[725] oder aus dem argumentum a minore ad maius: wenn schon die GbR rechtsfähig ist, dann muss es der nicht rechtsfähige Verein erst recht sein, da dieser der juristischen Person relativ näher steht als die GbR[726].

b) Die Grundbuchfähigkeit

Trotz dieser weitgehenden Anerkennung der Rechtsfähigkeit des nicht rechtsfähigen Vereins scheint die Frage nach seiner Grundbuchfähigkeit bis heute ungelöst zu sein. Die Gesetzesänderungen sowohl zum Recht der GbR als auch zum Vereinsrecht haben nicht zur Lösung dieser Frage beigetragen.

Auch beim nicht rechtsfähigen Verein muss zunächst nach materieller und formeller Grundbuchfähigkeit differenziert werden. Ursprünglich ist die Grundbuchfähigkeit des nicht rechtsfähigen Vereins insgesamt abgelehnt worden. Daran hat sich auch nach dem Urteil zur Rechtsfähigkeit der GbR im Jahr 2001 grundlegend nichts verändert. Die Stimmen, welche sich für eine Grundbuchfähigkeit des nicht rechtsfähigen Vereins aussprachen, mehrten sich zwar, ein echter Meinungsumschwung trat jedoch nicht ein[727].

aa) Materielle Grundbuchfähigkeit – Grunderwerbsfähigkeit

An der materiellen Grundbuchfähigkeit dürfte nunmehr allerdings nach oben Gesagtem keine ernsthaften Zweifel mehr bestehen. Nicht mehr die einzelnen Mitglieder in ihrer gesamthänderischen Verbundenheit, sondern der Verein selbst ist Zuordnungssubjekt des Vereinsvermögens. Eine gegensätzliche Auffassung widerspräche nicht nur der höchstrichterlichen Rechtsprechung zur GbR, sondern damit einhergehend auch derjenigen zur Rechtsnatur des nicht rechtsfähigen Vereins[728]. Aus der Anerkennung der Rechts- und Parteifähigkeit des

---

724 Vgl. *Schöpflin*, Der nichtrechtsfähige Verein, S. 100 ff., der insoweit von einer „Rechtsverkehrsfähigkeit“ spricht.

725 Soergel/*Hadding*, § 54, Rn. 16; jurisPK-BGB/*Bergmann*, § 54, Rn. 13; *Hadding*, ZGR 2006, 137, 143.

726 MüKoBGB/*Arnold*, § 54, Rn. 189; NK-BGB/*Eckardt*, § 54, Rn. 3.

727 MüKoBGB/*Arnold*, § 54, Rn. 21: Meikel/*Böhringer*, GBO, § 47, Rn. 277.

728 Münch. Hdb. GesR Bd. V/*Gummert*, § 10, Rn. 36.

nicht rechtsfähigen Vereins muss deshalb grundsätzlich auch dessen materielle Grundbuchfähigkeit folgen. Denn spricht man dem nicht rechtsfähigen Verein insofern die Fähigkeit zu, als eigenes Rechtssubjekt am Rechtsverkehr teilzunehmen und eigene Rechte und Pflichten zu begründen, so kann einem solchen Verein nur schwerlich verwehrt werden, auch im Grundstücksbereich Eigentum zu erwerben[729].

bb) Formelle Grundbuchfähigkeit

Anders und ungeklärt ist die Rechtslage nach wie vor bei der Frage nach der formellen Grundbuchfähigkeit des nicht rechtsfähigen Vereins, also nach der Frage, ob und falls ja, wie der Verein ins Grundbuch eingetragen werden kann. Nach herkömmlichem Verständnis konnten gemäß § 47 aF GBO ins Grundbuch nur die einzelnen Mitglieder des Vereins mit dem entsprechenden Zusatz „als Mitglieder des nicht eingetragenen Vereins" eingetragen werden. Der Verein als solcher war nicht eintragungsfähig, da es für die nicht rechtsfähigen Vereine an jeder Publizität hinsichtlich ihrer Existenz, Verfassung und Vertretung fehlte[730]. Dass dadurch die Eintragung mitgliederstarker Vereine praktisch unmöglich gemacht wurde, wurde mit dem Argument hingenommen, dass dies eben der Preis dafür sei, dass diese Vereine sich nicht ins Vereinsregister eintragen ließen[731]. Viele nicht rechtsfähige Vereine griffen damals (und greifen zum Teil auch heute noch) auf Treuhandverhältnisse zurück. Das Grundeigentum wurde dabei von einem satzungsmäßig oder durch Mitgliederbeschluss berufenen Treuhänder – beispielsweise dem Vorstandsvorsitzenden – erworben und dieser dann ins Grundbuch eingetragen[732].

(1) Lösungsansätze

Aufgrund der praktischen Schwierigkeiten bei der Eintragung eines nicht rechtsfähigen Vereins ist bereits früh versucht worden, auf die Eintragung jedes einzelnen Mitgliedes zu verzichten und den Verein stattdessen unter seinem Vereinsnamen als Gesamtbezeichnung der jeweiligen Mitglieder zuzulassen („Die jeweiligen Mitglieder des xy-Vereins zur gesamten Hand")[733]. Allerdings

---

729 Stöber/Otto, Hdb VereinsR, Rn. 1533; *Prütting*, FS Reuter, 2010, S. 263. 268 f.

730 *Kempfler*, NJW 2000, 3763, 3763; einen genaueren Überblick der damaligen Auffassungen gibt *Schöpflin*, Der nichtrechtsfähige Verein, S. 346 f.

731 *Morlok/Schulte-Trux*, NJW 1992, 2058, 2059; ähnlich in der Begründung BGH, Beschl. v. 21.1.2016 – V ZB 19/15, juris Rn. 20.

732 NK-BGB/*Eckardt*, § 54, Rn. 47; Meikel/*Böhringer*, GBO, § 47, Rn. 281.

733 Staudinger/*Weick* (2005), § 54, Rn. 80 m.w.N; *Habscheid*, AcP 155 (1956), 375, 401 f.

hat bereits das Reichsgericht auf Vorlage des Kammergerichts in einer Entscheidung aus dem Jahr 1930 diese Art der Eintragung wegen mangelnder Genauigkeit und Bestimmbarkeit abgelehnt[734]. Und auch aus heutiger Sicht passt diese Eintragungsform nicht. Zwar würde dadurch das Problem der Eintragung aller Mitglieder, welches sich bei mitgliederstarken Vereinen stellt, umgangen, allerdings würde die Formulierung der Eintragung auf ein Gesamthandsverhältnis hindeuten. Das Vermögen des nicht rechtsfähigen Vereins ist aber gerade kein Gesamthandvermögen mehr, sondern dieses steht dem Verein als alleinigem Träger des Grundeigentums zu.

Heute nach wie vor § 47 Abs. 1 (nF) GBO auf den nicht rechtsfähigen Verein anzuwenden, erscheint jedenfalls überholt und unpassend[735]. Denn § 47 Abs. 1 GBO spricht von einem Recht, das für mehrere gemeinschaftlich eingetragen werden soll. Erkennt man nun mit der herrschenden Meinung die Rechtsfähigkeit des nicht rechtsfähigen Vereins an, so wäre es inkonsequent, immer noch von einem gemeinschaftlichen Recht i.S.v. § 47 Abs. 1 GBO auszugehen. Auch Grundeigentum oder das Recht an einem Grundstück steht nicht mehr den Vereinsmitgliedern als Gesamthändern, sondern dem nicht rechtsfähigen Verein als solchem zu. Angesichts der Rechtsentwicklung seit dem Urteil des BGH aus dem Jahr 2001 zur GbR und der Parallele, die man zum nicht rechtsfähigen Verein gezogen hat, liegt der Gedanke nahe, den für die GbR entwickelten § 47 Abs. 2 GBO (und die weiteren durch das ERVGBG eingeführten Normen die Grundbucheintragung der GbR betreffend) über die Verweisung des § 54 S. 1. BGB auf den nicht rechtsfähigen Verein entsprechend anzuwenden[736]. Aber auch dies wäre wenig zielführend. Der BGH ist in seinem Beschluss vom 21.01.2016[737] von der Anwendbarkeit des § 47 Abs. 2 GBO auf den nicht rechtsfähigen Verein ausgegangen, ohne hierbei jedoch auf die damit einhergehenden Probleme näher einzugehen. Denn bei einer Anwendung von § 47 Abs. 2 GBO auf den nicht rechtsfähigen Verein müssten sämtliche Mitglieder des Vereins ins Grundbuch eingetragen werden, ein Verfahren das gerade bei großen mitgliederstarken

734 RGZ 127, 309, 311 f.

735 Vgl. auch *Lieder*, Jura 2012, 335, 342, der von „anachronistischen Züge[n]“ spricht.

736 Palandt/*Ellenberger*, § 54, Rn. 8; *Demharter*, GBO, § 19, Rn. 101; Stöber/Otto, Hdb. VereinsR, Rn. 1534; *Böhringer*, Rpfleger 2010, 406, 410; krit. *Prütting*, FS Roth, 2011, S. 567, 589; die Anwendbarkeit von § 47 Abs. 2 GBO grds. bejahend, im Ergebnis aber eine faktische Grundbuchunfähigkeit annehmend *Reichert*, VereinsR, Rn. 5143 f.

737 BGH, Beschl. v. 21.1.2016 – V ZB 19/15.

Vereinen zu praktischen Schwierigkeiten führt[738]. Jeder Mitgliederwechsel bzw. jegliche Änderung im Mitgliederbestand überhaupt wäre dann ebenfalls entsprechend § 82 GBO aufgrund des Grundbuchberichtigungszwangs ins Grundbuch einzutragen. Diejenigen Vereine, welche die Registereintragung (wegen vermeintlich bestehender Beschwernisse, aus Kosten- oder sonstigen Gründen) gerade nicht anstreben, sähen sich einem erheblich höheren Registerverkehr ausgesetzt[739]. Die Anwendung des § 47 Abs. 2 GBO auf den nicht rechtsfähigen Verein würde damit zu einer „faktischen Grundbuchsperre" für große Vereine führen, ein Ergebnis, dass nicht nur „reine Praktikabilitätserwägung" ist, so der BGH in seinem Beschluss, sondern vielmehr verfassungsrechtlichen Bedenken ausgesetzt ist[740].

Zudem verkennt eine derartige Betrachtungsweise, dass § 47 Abs. 2 GBO nur für die GbR gilt. Zu einer Anwendung auf den nicht rechtsfähigen Verein käme man daher nur über die Verweisung des § 54 BGB. Gerade diese Verweisung ist aber, wie zuvor bereits dargestellt, zwar nicht außer Kraft gesetzt, aber dennoch nach ganz h.M. in der Literatur und durch die Rechtsprechung aus verschiedenen Gründen weitestgehend ausgehöhlt worden[741]. Eine Anwendung von § 47 Abs. 2 GBO lässt sich daher nicht ohne Weiteres annehmen[742].

Darüber hinaus würde die Eintragung sämtlicher Mitglieder nicht zur Lösung des Problems der Transparenz der Vertretungsverhältnisse beitragen. Anders als bei der GbR gilt für den nicht rechtsfähigen Verein das Prinzip der Mehrorganschaft. Auch der nicht rechtsfähige Verein muss als körperschaftliche Vereinigung einen Vorstand haben, welcher ihn nach außen gegenüber Dritten vertritt[743]. In der Konsequenz bedeutet das allerdings, dass in der Regel nicht einmal alle Mitglieder gemeinsam berechtigt wären, den Verein zu vertreten[744].

---

738 MüKoBGB/*Arnold*, § 54, Rn. 21; Münch. Hdb. GesR Bd. V/*Gummert*, § 10, Rn. 37; siehe auch *Prütting*, FS Roth, 2011, S. 585, 589, der sogar von „unüberwindlichen Hindernissen" spricht.

739 Stöber/Otto, Hdb. VereinsR, Rn. 1536.

740 *Prütting*, EWiR 2016, 361, 362.

741 Siehe dazu bereits E. I. 3. Anzuwendendes Recht, S. 132 f.

742 *Prütting*, EWiR 2016, 361, 362.

743 MüKoBGB/*Arnold*, § 54, Rn. 33 ff.; Stöber/Otto, Hdb. VereinsR, Rn. 1517 ff.

744 KG ZIP 2015, 168, 169 f.; MüKoBGB/*Arnold*, § 54, Rn. 21. In selten Ausnahmefällen (bei kleineren Vereinen) kann der Vorstand auch aus sämtlichen Mitgliedern bestehen, jedoch muss auch dann mangels Registereintragung ein Mindestmaß an Erkennbarkeit der Vorstandseigenschaft nach außen bestehen (siehe dazu Staudinger/*Weick* (2005), § 54, Rn. 32; Stöber/Otto, Hdb. VereinsR, Rn. 1517).

(2) Stellungnahme

Muss man daher den zwar als rechtsfähig anerkannten nicht rechtsfähigen Verein als formell grundbuchunfähig ansehen und ihn nach wie vor auf die Notlösung der Treuhandverhältnisse verweisen? Oder muss von sämtlichen nicht rechtsfähigen Vereinen verlangt werden, dass, wenn sie Grundeigentum erwerben wollen, sie sich zuvor auch ins Vereinsregister eintragen lassen[745]? Angesichts der Tatsache, welche Rechtsentwicklung das Verständnis vom nicht rechtsfähigen Verein durchgemacht hat, ist meines Erachtens weder die eine noch die andere Variante zeitgemäß. Trotz der sich daraus ergebenden Schwierigkeiten sollte dem nicht rechtsfähigen Verein die Möglichkeit eröffnet werden, sich nur unter seinem Vereinsnamen ins Grundbuch eintragen zu lassen.

i. Treuhandverhältnisse

Das Modell der Treuhandverhältnisse hat sich zwar in der Praxis als geeignete Alternative erwiesen. Dennoch darf dabei nicht aus den Augen verloren werden, dass dabei das Eigentum nach außen allein dem eingetragenen Treuhänder zusteht, welcher nicht einmal als solcher im Grundbuch bezeichnet werden muss und daher dessen rechtliche Verbindung mit dem tatsächlichen Rechtsträger nicht klar hervorgeht[746]. Ob dies der gerade im Grundbuchverkehr erforderlichen Klarheit und Bestimmtheit und dem Bedürfnis des Rechtsverkehrs nach Transparenz entspricht, darf zumindest bezweifelt werden.

ii. Fehlende Registerpublizität

Das durchaus gewichtige Problem, welches sich bei der Eintragung des nicht rechtsfähigen Vereins nur unter seinem Namen stellt, dass nämlich mangels Register die Transparenz der Vertretungsverhältnisse beim nicht rechtsfähigen Verein nur unzureichend gewährleistet sei, verliert schon dann zunehmend an Bedeutung, wenn man sich vor Augen führt, dass das Vereinsregister keine positive Publizität besitzt, vgl. §§ 68, 70 BGB[747]. Ein Dritter kann sich demnach nicht auf die Richtigkeit der Eintragung verlassen. Geschützt ist somit nur der gute Glaube daran, dass das, was nicht eingetragen ist, rechtlich nicht gilt, dass also keine Änderungen vorgenommen wurden, welche die ursprünglich richtige

---

745 So der Rat von Sauter/Schweyer/Waldner, Der eingetragene Verein, Rn. 623.

746 Soergel/*Hadding*, § 54, Rn. 18; s. auch *Morlok/Schulte-Trux*, NJW 1992, 2058, 2061, im Bezug auf politische Parteien.

747 Palandt/*Ellenberger*, § 68, Rn. 1; Soergel/*Hadding*, § 68, Rn. 5; MüKoBGB/*Arnold*, § 54, Rn. 22.

Eintragung unrichtig gemacht haben (negative Publizität)[748]. Vielmehr noch zeigt § 68 S. 2 BGB, dass der Gesetzgeber im Falle des Vereinsregisters dem allgemeinen Rechtsschein Vorrang vor dem Registerrechtsschein einräumt[749]. Daher kann auch schon der Rechtsverkehr mit eingetragenen Vereinen mit erheblichen Unsicherheiten belastet sein[750]. Der Schutz des guten Glaubens an die Vertretungsmacht des für einen eingetragenen Verein Handelnden ist jedenfalls sehr begrenzt. Dem nicht rechtsfähigen Verein aufgrund fehlender Publizität und mangelnder Transparenz seiner Vertretungsverhältnisse die Eintragung ins Grundbuch zu verweigern, erscheint daher nicht angemessen. Etwaige Unklarheiten dürften jedenfalls vor diesem Hintergrund bei nicht rechtsfähigen Vereinen kaum in erheblich größerem Umfang bestehen als bei eingetragenen Vereinen[751]. Gerade bei Grundstücksgeschäften, welche nur unter Mitwirkung eines Notars abgewickelt werden, sollte es dem Vertragspartner zumutbar und möglich sein, sich hinreichend über die Existenz und die vorhandene Vertretungsmacht des auftretenden Vorstandes des nicht rechtsfähigen Vereins zu informieren. Denn auch bei nicht rechtsfähigen Vereinen findet in der Regel eine förmliche Vorstandswahl statt, welche in einem Versammlungsprotokoll festgehalten wird. Dieses Beschlussprotokoll und die entsprechende Vereinssatzung würde sich im Zweifel schon der Notar vor Beurkundung, spätestens aber auch der Rechtspfleger beim Grundbuchamt in der Form des § 29 GBO vorlegen lassen[752].

iii. Vergleich zu den Gewerkschaften

Traditionell hat sich die Mehrheit der Gewerkschaften in Deutschland[753] in der Form des nicht rechtsfähigen Vereins organisiert[754]. Dies ist vor allem historisch bedingt. Die gesetzgeberische Intention des § 54 BGB, Vereine zur Eintragung zu veranlassen und sie somit der staatlichen Kontrolle zu unterstellen[755], sollte insbesondere eine freie Bildung von Gewerkschaften und politischen Parteien

---

748 Vgl. Staudinger/*Habermann* (2005), § 68, Rn. 1; Soergel/*Hadding*, § 68, Rn. 5; MükoBGB/*Arnold*, § 54, Rn. 22 und § 68, Rn. 1.

749 MüKoBGB/*Arnold*, § 54, Rn. 22.

750 Stöber/Otto, Hdb. VereinsR, Rn. 1285.

751 Soergel/*Hadding*, § 54, Rn. 18.

752 Vgl. Soergel/*Hadding*, § 54, Rn. 18; MüKoBGB/*Arnold*, § 54, Rn. 22.

753 Anders die Arbeitgeberverbände in Deutschland, welche mehrheitlich die Rechtsform des eingetragenen Vereins gewählt haben, siehe MüArbR/*Löwisch/Rieble*, § 160, Rn. 3

754 MüArbR/*Löwisch/Rieble*, § 160, Rn. 5; Henssler/Moll/Bepler/*Höpfner*, Der Tarifvertrag, Teil 2, Rn. 3; *Prütting*, FS Roth, 2011, S. 585, 589.

755 Siehe dazu oben E. I. 3. Anzuwendendes Recht, S. 132.

verhindern. Für Gewerkschaften galt daher früher ebenfalls das für die „normalen“ nicht rechtsfähigen Vereine Gesagte. Aufgrund ihrer grundgesetzlichen Verankerung in Art. 9 Abs. 3 GG kam ihnen jedoch recht bald eine Sonderstellung zu. Rechtsprechung und Literatur entwickelten eine Art „verbandsrechtliches Sonderrecht“[756]. So erkannte der BGH[757] bereits im Jahr 1968 den Gewerkschaften entgegen § 50 Abs. 2 ZPO die aktive Parteifähigkeit im Zivilprozess zu[758]. Zudem wurde in § 10 ArbGG ihre (aktive und passive) Parteifähigkeit - unabhängig von ihrer Rechtsform - im arbeitsgerichtlichen Verfahren festgelegt[759]. Auch im verwaltungsgerichtlichen (§ 61 Nr. 2 VwGO), im sozialgerichtlichen (§ 70 Nr. 2 SGG) und im finanzgerichtlichen (§ 58 Abs. 2 FGO) Verfahren ist die aktive Parteifähigkeit von Gewerkschaften mittlerweile anerkannt worden.

Auch wenn der Streit über die aktive Parteifähigkeit von nicht rechtsfähigen Vereinen und damit auch der Gewerkschaften durch die Änderung des § 50 Abs. 2 ZPO durch die Vereinsrechtsreform aus dem Jahr 2009 obsolet geworden ist, lassen sich doch aus der Rechtsprechung zu den Gewerkschaften Rückschlüsse auf die Behandlung des nicht rechtsfähigen Vereins im allgemeinen und im Hinblick auf das Grundbuchrecht ziehen. Denn wie der BGH in seiner Entscheidung vom 11. Juli 1968[760] betont, müsse den Gewerkschaften aufgrund ihrer vom Gesetzgeber im Verlaufe der Zeit in zunehmendem Maße übertragenen materiellen Rechtsstellung auch im Verfahrensrecht die volle prozessuale Parteifähigkeit zukommen, wenn die Gewerkschaften voll in der Lage sein sollen, ihre Aufgaben zu erfüllen. Auch und gerade im Verfahrensrecht habe der Gesetzgeber Folgerungen aus seiner veränderten Haltung gegenüber den nicht rechtsfähigen Vereinen und im Besonderen gegenüber den Gewerkschaften gezogen. Dies zeige sich vor allem darin, dass der Gesetzgeber in allen übrigen Gerichtszweigen den Gewerkschaften volle Parteifähigkeit gewährt hat. Eine Versagung der vollen Parteifähigkeit im Zivilprozess sei daher schlechthin nicht mehr mit dem Willen des Gesetzgebers und der bedeutsamen Rechtsstellung der Gewerkschaften vereinbar[761]. Gewerkschaften seien daher im Zivilprozess als allgemein aktiv parteifähig anzusehen.

---

756 Henssler/Moll/Bepler/*Höpfner*, Der Tarifvertrag, Teil 2, Rn. 5.

757 BGHZ 50, 325; zuvor bereits BGHZ 42, 210.

758 Henssler/Moll/Bepler/*Höpfner*, Der Tarifvertrag, Teil 2, Rn. 5; *Prütting*, FS Roth, 2011, S. 585, 589.

759 HWK/*Kalb*, § 10 ArbGG, Rn. 3.

760 BGHZ 50, 325.

761 BGHZ 50, 325, 333.

Eine derartige Rechtsfortbildung durch den BGH war als durchaus heikel anzusehen, da sie in absolutem Widerspruch zum Wortlaut des Gesetzes und damit einhergehend auch der klar zum Ausdruck gebrachten Absicht des historischen Gesetzgebers stand[762]. Dass es sich insoweit wohl um Rechtsfortbildung contra legem gehandelt haben mag, soll an dieser Stelle nicht einmal in Frage gestellt werden[763]. Allerdings ist dabei zu beachten, dass der Wandel gesellschaftlicher und staatspolitischer Vorstellungen und Wertungen auch zu einem Wandel des Verständnisses eines Norminhaltes führen kann[764]. Daher muss bei der Auslegung einer Norm zwar stets auch der Wille des Gesetzgebers analysiert werden. Wird dabei jedoch ersichtlich, dass zwischen den sozialen Gegebenheiten und Wertvorstellungen zur Zeit der Normentstehung und denjenigen zur Zeit der tatsächlichen Normanwendung eine Diskrepanz besteht, so ist mit dem BGH davon auszugehen, dass dies auch zu einer Neubestimmung des Norminhaltes führen kann[765]. Es dürfe dabei nicht nur die Norm des § 50 ZPO isoliert betrachtet werden, so der BGH, sondern es müsse vielmehr die „gesamte gesetzlich geordnete Rechtsstellung der Gewerkschaften" betrachtet werden[766].

In Anlehnung an den damals vom BGH entwickelten Ansatz zur aktiven Parteifähigkeit der Gewerkschaften und den zustimmenden Stimmen in der Literatur, liegt es meines Erachtens nicht fern, auch über eine allgemeine formelle Grundbuchfähigkeit nicht nur von Gewerkschaften, sondern darüber hinaus von allen nicht rechtsfähigen Vereinen nachzudenken. Denn Kern der Argumentation des BGH zur aktiven Parteifähigkeit war, dass diese den Gewerkschaften eben aufgrund ihrer veränderten rechtlichen Situation als sachlich gebotene Fortentwicklung des Rechts nicht mehr vorenthalten werden konnte. Das, was materiellrechtlich anerkannt und entsprechend judiziert wurde, musste sich auch auf der formell-rechtlichen Ebene niederschlagen[767]. Genauso verhält es sich bei der grundbuchrechtlichen Entwicklung des nicht rechtsfähigen Vereins. Dieser ist im weiten Umfang als verselbständigtes Subjekt mit eigenen Rechten anzusehen. Materiellrechtlich wird diesem daher kaum jemand mehr die Fähigkeit, Eigentum zu erwerben, bestreiten können. Ist jedoch das materielle Recht

762 *Prütting*, FS Roth, 2010, S. 585, 589; so auch schon *Larenz*, NJW 1965, 1, 6.

763 So wohl *Menger/Erichsen*, VerwArch. Bd. 60, 89, 91; *Larenz*, NJW 1965, 1, 6 schon hinsichtlich BGHZ 40, 210; ganz ausdrücklich a.A. BGHZ 50, 325, 334.

764 *Menger/Erichsen*, VerwArch Bd. 60, 89, 92.

765 *Menger/Erichsen*, VerwArch Bd. 60, 89, 92.

766 BGHZ 50, 325, 334; *Larenz*, NJW 1965, 1, 6 spricht bzgl. BGHZ 40, 210 von einer Entscheidung „contra legem" aber nicht „contra ius".

767 *Fenn*, JuS 1965, 175, 179.

bereits über die ursprüngliche Konzeption des Gesetzgebers hinweggegangen, so muss auch auf formaler Ebene der Schritt zur Verselbständigung des nicht rechtsfähigen Vereins vollzogen werden[768]. Dieser Schritt läge in diesem Fall in der Anerkennung der formellen Eintragungsfähigkeit des nicht rechtsfähigen Vereins unter seinem Namen ohne zusätzliche Eintragung seiner Mitglieder.

iv. Rechtsgedanke aus §§ 50 Abs. 2, 735 ZPO

Der § 50 Abs. 1 ZPO knüpft die Parteifähigkeit im Zivilprozess an die Rechtsfähigkeit des bürgerlichen Rechts. Diese Anknüpfung der Parteifähigkeit an das materielle Recht ist deshalb zwingend, als dass demjenigen, dem ein materielles Recht zusteht, auch die Möglichkeit zustehen muss dieses im Prozess verfolgen zu können[769]. Es ist also derjenige im Zivilprozess parteifähig, der die Fähigkeit besitzt, Zurechnungssubjekt von Privatrechten zu sein[770]. Parteifähig sind daher insbesondere natürliche und juristische Personen, aber auch die Gesellschaften ohne Rechtspersönlichkeit wie z.B. die Handelsgesellschaften nach dem HGB[771]. Auch die aktive und passive Parteifähigkeit der (Außen-)GbR ist mittlerweile seit der Entscheidung des BGH aus dem Jahr 2001[772] anerkannt.

Mit dem Gesetz zur Erleichterung elektronischer Anmeldung zum Vereinsregister und anderer vereinsrechtlicher Änderungen[773] wurde § 50 Abs. 2 ZPO dahingehend geändert, dass auch dem nicht rechtsfähigen Verein nunmehr umfassende Parteifähigkeit (vorher: nur passive Parteifähigkeit) zukommt. Die bereits in Literatur und Rechtsprechung weitgehend vollzogene Wandlung des Verständnisses vom nicht rechtsfähigen Verein im Zivilprozess wurde durch die Ergänzung „kann klagen und …" auch im Gesetz klargestellt[774]. Auch der nicht rechtsfähige Verein kann somit nur unter seinem Namen klagen, die für den früheren Rechtszustand entwickelten Hilfskonstruktionen wie Prozessstandschaft des Vorstandes oder treuhänderische Rechtsübertragung sind seitdem nicht mehr von Nöten[775]. Gemäß § 50 Abs. 2 Hs. 2 ZPO ist der nicht rechtsfähige Verein prozessual dem rechtsfähigen Verein ausdrücklich gleich zu stellen.

---

768 Vgl. im Bezug auf die aktive Parteifähigkeit *Fenn*, JuS 1965, 175, 179.

769 Stein/Jonas/*Jacoby*, Vor § 50, Rn. 9; vgl. auch *Wagner*, ZZP 117 (2004), 305, 309, 333 f.

770 Stein/Jonas/*Jacoby*, § 50, Rn. 1; *Wagner*, ZZP 117 (2004), 305, 308.

771 Zöller/*Vollkommer*, ZPO, § 50, Rn. 1, 16; Stein/Jonas/*Jacoby*, § 50, Rn. 4 ff.; Hk-ZPO/*Bendtsen*, § 50, Rn. 16 ff.

772 BGHZ 146, 341.

773 BGBl. 2009 I, 3145.

774 BT-Drucks. 16/12813, S. 15; Zöller/*Vollkommer*, ZPO, § 50, Rn. 22.

775 Zöller/*Vollkommer*, ZPO, § 50, Rn. 22.

Die vollzogene Rechtsentwicklung in Rechtsprechung und Literatur, welche in der Gesetzesänderung des § 50 Abs. 2 ZPO gipfelte, zeigt deutlich, dass der nicht rechtsfähige Verein nunmehr als eigenständiges Rechtssubjekt auch im Verfahrensrecht anzusehen ist. Eine Versagung der Grundbuchfähigkeit in Form der formellen Eintragungsfähigkeit allein unter seinem Namen kann diesem daher nur noch schwerlich versagt werden. Unterstützt wird diese These von § 735 ZPO. Darin heißt es, dass zur Zwangsvollstreckung in das Vermögen eines nicht rechtsfähigen Vereins ein gegen den Verein ergangenes Urteil genügt. Ursprünglich war § 735 ZPO als Ergänzung zu § 50 Abs. 2 ZPO a.F. konzipiert. Da der nicht rechtsfähige Verein zwar nicht aktiv, aber passiv parteifähig war und somit unter seinem Namen verklagt werden konnte, war es notwendig, dies auch im Zwangsvollstreckungsrecht fortzusetzen. Sah man früher den nicht rechtsfähigen Verein aufgrund seiner fehlenden Rechtsfähigkeit nicht als Träger des Vereinsvermögens an, sondern ordnete dieses vielmehr seinen Mitgliedern in ihrer gesamthänderischen Verbundenheit zu, lief ein nach § 50 Abs. 2 ZPO a.F. gegen den nicht rechtsfähigen Verein ergangenes Urteil ins Leere. § 735 ZPO sicherte dann, dass trotz Auseinanderfallens von im Titel ausgewiesener Schuldnerstellung und tatsächlicher Inhaberschaft am Vollstreckungsgegenstand vollstreckt werden konnte[776]. Erkennt man mit der heute wohl herrschenden Meinung die Rechtsfähigkeit des nicht rechtsfähigen Vereins an, so ist dieser auch selbst Träger des Vereinsvermögens. Dann kann aber auch aufgrund eines gegen ihn erlangten Titels selbstverständlich gegen ihn vollstreckt werden[777]. Die Vorschrift des § 735 ZPO könnte daher weitestgehend als entbehrlich angesehen werden, zumal sie nunmehr auch ihrem Wortlaut nach eher missverständlich ist, wenn es heißt, dass ein gegen den Verein ergangenes Urteil „genügt". Ein solches „genügt" nach heutigem Verständnis gerade nicht mehr, sondern ist vielmehr „erforderlich"[778].

Der Rechtsgedanke, welcher seit der Gesetzesänderung hinter §§ 50 Abs. 2, 735 ZPO steht, ist ein deutlicher Fingerzeig in Richtung Rechtssubjektivität des nicht rechtsfähigen Vereins. Dieser kann unter seinem Namen klagen und verklagt werden und auch im Zwangsvollstreckungsrecht ist ein Urteil gegen den Verein als solchen erforderlich. Diese verfahrensrechtlichen Konsequenzen, welche sich aus der Anerkennung der Rechtsfähigkeit des nicht rechtsfähigen Vereins zum

---

776 Vgl. BeckOK-ZPO/*Ulrici*, § 735, Rn. 1; *Wagner*, ZZP 117 (2004), 305, 318; so auch heute noch MüKoZPO/*Heßler*, § 735, Rn. 1 ff.

777 BeckOK-ZPO/*Ulrici*, § 735, Rn. 2; *Prütting*, FS Reuter, S. 263, 267.

778 MüKoBGB/*Arnold*, § 54, Rn. 20; *Prütting*, FS Reuter, S. 263, 267.

einen zwangsläufig ergeben, diese aber gleichzeitig auch komplettieren, müssen sich aber auch bis ins Grundbuchrecht durchsetzen. Denn Rechtsfähigkeit, Parteifähigkeit und zwangsvollstreckungsrechtliche Vermögenshaftung bedingen einander gegenseitig und sind insofern untrennbar miteinander verwoben. Ist der nicht rechtsfähige Verein selbst als Träger seines Grundvermögens anzusehen, so muss es ihm erlaubt sein, als solcher auch im Grundbuch verlautbart zu werden, ohne sich auf die Eintragung seiner sämtlichen Mitglieder oder auf die Behelfslösung des Treuhandverhältnisses verweisen zu lassen.

5. Notarielle und gerichtliche Praxis

Auch wenn man mit der hier vertretenen Ansicht zu dem Ergebnis käme, dass der nicht rechtsfähige Verein nur unter seinem Vereinsnamen eintragungsfähig ist, so ist dennoch nicht absehbar, dass sich in naher Zukunft etwas an der bestehenden Praxis ändern wird. Sowohl Notare als auch Grundbuchämter schrecken nach wie vor davor zurück, Grundstücksgeschäfte mit nicht rechtsfähigen Vereinen durchzuführen bzw. abzuwickeln. Aus Sicht des Notars erscheint es immer noch deutlich einfacher und rechtssicherer, wenn der nicht rechtsfähige Verein sich vor Erwerb eines Grundstücks in das Vereinsregister eintragen lässt. Will der Verein einen unter Umständen langwierigen Prozess im Eintragungsverfahren vermeiden, ist dieses zumeist noch der schnellste Weg ins Grundbuch zu gelangen, zumal auch die Kosten der Vereinsregistrierung im Vereinsregister sich in Grenzen halten. Solange die Rechtsprechung keine einheitliche Linie in Bezug auf nicht rechtsfähige Vereine im Grundbuch findet oder sich der Gesetzgeber nicht eindeutig für eine Eintragungsfähigkeit des nicht rechtsfähigen Vereins nur unter seinem Namen ausspricht, werden Notare diesen wohl weiterhin raten, auf die altbekannten Behelfslösungen zurückzugreifen, insbesondere eine Eintragung in das Vereinsregister anzustreben[779].

---

779 Rechtsprechung zur Problematik des nicht rechtsfähigen Vereins im Grundbuch findet sich nur äußerst selten. Dies liegt vor allem an der bestehenden Praxis der Notare, keine Grundstücksverträge mit nicht rechtsfähigen Vereinen abzuwickeln, solange diese nicht im Vereinsregister eingetragen sind. Auf den ersten Blick mag dies verwundern zumal sich das Verständnis vom nicht rechtsfähigen Verein auch und gerade wegen des Einflusses der Entwicklung zur GbR stark gewandelt hat. Notare und Rechtspfleger behalten aber aus ganz simplen Praktikabilitätserwägungen die gängige Praxis bei.

6. Zwischenergebnis

Ähnlich wie die GbR sieht sich der nicht rechtsfähige Verein dem Problem der fehlenden Registerpublizität ausgesetzt. Aufgrund der gesetzlichen Anordnung der Anwendung von Gesellschaftsrecht auf den nicht rechtsfähigen Verein wäre es wohl naheliegend gewesen, ihn seit Einführung des ERVGBG ebenso wie eine GbR im Grundstücksverkehr zu behandeln. Wie jedoch aufgezeigt, ist dies für den nicht rechtsfähigen Verein nur schwer umsetzbar und daher keine praktikable Lösung für Notare und Grundbuchämter.

II. Sonderform des nicht rechtsfähigen Vereins: die politischen Parteien

1. Allgemeines

Grundsätzlich haben die politischen Parteien in Deutschland die Möglichkeit, sich sowohl in der Form des eingetragenen Vereins nach § 21 BGB als auch in der Rechtsform des nicht rechtsfähigen (nicht eingetragenen) Vereins nach § 54 BGB zu organisieren. Die Bestimmung ihrer Rechtsverhältnisse ergibt sich daher aus dem bürgerlichen Recht (§§ 21 ff. BGB). Aufgrund ihrer verfassungsrechtlichen Sonderstellung aus Art. 21 GG greifen darüber hinaus die speziellen Regelungen des Gesetzes über die politischen Parteien (Parteiengesetz – PartG)[780].

Mit Ausnahme der CSU, der Linken und der FDP sind die großen politischen Parteien aus historischen Gründen („verschleiertes Konzessionssystem")[781] in der Rechtsform des nicht rechtsfähigen Vereins organisiert[782]. Dies gilt auch für die meisten regionalen Untergliederungen der Parteien. Sie wurden daher auch bis vor einigen Jahren zivilrechtlich wie nicht rechtsfähige Vereine behandelt, konnten also entsprechend nicht selbst Träger von Rechten und Pflichten sein[783]. Das Parteivermögen stand – so wie es bei den „normalen" nicht rechtsfähigen Vereinen der Fall war – gemäß §§ 54, 718 f. BGB den Parteimitgliedern als Vermögen zur gesamten Hand zu[784]. Anders verhielt es sich jedoch mit der aktiven

780 BeckOK-BGB/*Schöpflin*, § 21, Rn. 60 f.; Stöber/Otto, Hdb. VereinsR, Rn. 16 ff.

781 Siehe dazu bereits oben, S. 132.

782 *Reichert*, VereinsR, Rn. 6133; *Kempfler*, NJW 2000, 3763, 3763; *Reffken*, NVwZ 2009, 1131, 1131.

783 Öffentlich-rechtlich wurde darüber bereits früh hinweg gesehen. So heißt es in Art. 21 Abs. 1 S. 4 GG, § 23 Abs. 1 PartG und in § 46 Abs. 3 S. 2 BVerfGG schlicht „Vermögen der Partei"; s. *Reffken*, NVwZ 2009, 1131 (1132).

784 *Seifert*, Die politischen Parteien im Recht der Bundesrepublik Deutschland, S. 290.

Parteifähigkeit. Bis zum Erlass des Parteiengesetzes im Jahr 1967 konnten auch politische Parteien nur unter ihrem Namen verklagt werden, jedoch nicht selbst als Klägerin auftreten. Dies änderte sich mit Inkrafttreten des PartG. § 3 PartG bestimmt als prozessuale Sondervorschrift, dass den Gesamtverbänden der politischen Parteien sowie ihren Gebietsverbänden der jeweils höchsten Stufe nunmehr auch das Recht zusteht, unter ihrem Namen zu klagen. Für ihre unteren Gebietsverbände galt § 3 PartG allerdings (auch analog) nicht. Durch die Anerkennung der Rechtsfähigkeit der GbR und damit einhergehend der aktiven Parteifähigkeit aus dem Jahr 2001 und der entsprechenden Entscheidung des BGH aus dem Jahr 2007[785] den nicht rechtsfähigen Verein betreffend, ist zugleich die aktive Parteifähigkeit der politischen Parteien anerkannt worden. Spätestens mit der sprachlichen Ergänzung des § 50 Abs. 2 ZPO durch das Gesetz zur Erleichterung elektronischer Anmeldungen zum Vereinsregister und anderer vereinsrechtlicher Änderungen aus dem Jahr 2009 erlangten auch die unteren Gebietsverbände der politischen Parteien ihre aktive Parteifähigkeit[786].

2. Grundbuchfähigkeit

Auch die Grundbuchfähigkeit politischer Parteien wurde lange Zeit bestritten. Und auch hier wurde zur Begründung auf die fehlende Rechtsfähigkeit von nicht rechtsfähigen Vereinen hingewiesen. Die Parteien konnten sich demnach nur gemäß § 47 aF. GBO mit einem entsprechenden, das Rechtsverhältnis klarstellenden Zusatz in das Grundbuch eintragen lassen[787]. Wie jedoch bei anderen mitgliederstarken Vereinen auch, führte dies zu einer faktischen Grundbuchsperre[788]. Den Parteien blieb also nichts anderes übrig, als auf Treuhandverhältnisse zurückzugreifen[789]. Sie übertrugen ihr Parteivermögen per Satzungsstatut auf natürliche Personen (wie dem Schatzmeister oder sonstigen Mitgliedern) oder auf eigens dafür gegründete rechtfähige Vermögensverwaltungsgesellschaften (wie KG oder e.V.)[790]. So bestimmt beispielsweise das Statut der CDU in § 47 (Vermögen der Bundespartei) in Abs. 1, dass ein Hausverein der Verwaltung

785 BGH NJW 2008, 69.

786 § 3 PartG hat insofern heute seine Bedeutung verloren und ist im Grunde genommen überflüssig; s. *Reichert*, VereinsR, Rn. 6302; *Reffken*, NVwZ 2009, 1131, 1133.

787 *Seifert*, Die politischen Parteien im Recht der Bundesrepublik Deutschland, S. 290; *Reffken*, NVwZ 2009, 1131, 1133.

788 Vgl. bereits S. 137 f.

789 Siehe dazu schon BGHZ 43, 316, 320.

790 *Morlok/Schulte-Trux*, NJW 1992, 2058, 2059; *Kempfler*, NJW 2000, 3763, 3763; *Reffken*, NVwZ 2009, 1131, 1133.

aller Liegenschaften dient. In § 16 der Finanz- und Beitragsordnung heißt es dann: „*Der treuhänderischen Verwaltung von Liegenschaften der CDU-Bundespartei sowie der Vertretung von deren Interessen in Grundstücksangelegenheiten dient ein Hausverein, der ins Vereinsregister eingetragen ist.*“[791]. In dem Organisationsstatut der Bundes-SPD ist in § 25 Abs. 1 festgelegt, dass der jeweilige Parteivorstand Eigentümer aller vorhandener Gelder und sonstiger Vermögensstücke ist[792].

Mittlerweile ist jedoch die Grundbuchfähigkeit politischer Parteien, zumindest ihre Gesamtverbände betreffend, von einigen Instanzgerichten[793] und unter Zustimmung von Stimmen in der Literatur[794] mit Blick auf Art. 21 GG und § 3 PartG anerkannt worden, dies zum Teil selbst von denjenigen, die dem nicht rechtsfähigen Verein als solchem ansonsten die Grundbuchfähigkeit versagten[795]. Begründet wurde diese Ausnahmestellung der Gesamtverbände mit einer parteienspezifischen Besonderheit, welche die politische Parteien von anderen nicht rechtsfähigen Vereinen unterscheidet. Denn die Existenz politischer Parteien sei trotz fehlender Eintragung im Vereinsregister auf Grund eines speziellen Publizitätsaktes sichergestellt. Dieser finde sich im § 6 Abs. 3 S. 1 PartG. Danach sind sämtliche politische Parteien verpflichtet, dem Bundeswahlleiter ihre Satzung, ihr Programm, die Namen und die Funktion ihrer Vorstandsmitglieder sowie ihre Auflösung mitzuteilen. Diese einzureichenden Unterlagen können von jedermann beim Bundeswahlleiter eingesehen werden, § 6 Abs. 3 S. 3 PartG. Aus ihnen ergeben sich sowohl die Vertretungsverhältnisse als auch der jeweilige Sitz der Partei (aus der Satzung gemäß § 6 Abs. 2 Nr. 1 PartG)[796]. Die Sammlung der von den Parteien beim Bundeswahlleiter eingereichten Unterlagen erfüllt somit die Funktion eines öffentlichen Registers, dessen Zweck in erster Linie darin

---

791 Statutenbroschüre der CDU Deutschlands (Stand: 01.06.2016), abrufbar unter: https://www.cdu.de/system/tdf/media/statutenbroschuere.pdf?file=1.

792 Organisationsstatut der Sozialdemokratischen Partei Deutschlands (Stand: 26.01.2014), abrufbar unter: https://www.spd.de/fileadmin/Dokumente/Parteiorganisation/Organisationsstatut.pdf.

793 So. z.B. OLG Celle NJW 2004, 1743; OLG Zweibrücken NJW-RR 2000, 749; LG Berlin Rpfleger 2003, 292.

794 JurisPK-BGB/*Bergmann*, § 54, Rn. 56; NK-PartG/*Lenski*, § 3, Rn. 29; Ipsen/*Ipsen*, PartG, § 3, Rn. 17; Stöber/Otto, Hdb. VereinsR, Rn. 1538; bereits früh *Morlok/Schulte-Trux*, NJW 1992, 2058, 2059 f. m.w.N; a.A. BeckOK-BGB/*Schöpflin*, § 54, Rn. 30; *Schöner/Stöber*, Grundbuchrecht, Rn. 246 a.

795 OLG Celle NJW 2004, 1743.

796 *Reffken*, NVwZ 2009, 1131, 1134.

besteht, für die Publizität der inneren Ordnung der Partei zu sorgen und die Öffentlichkeit zu informieren[797]. Diese besonderen parteirechtlichen Publizitätsvorgaben stünden einer Registereintragung derart gleich, dass auch politische Parteien in der Rechtsform des nicht eingetragenen Vereins als jederzeit greifbare Rechtsträger erschienen[798]. Das Grundbuchrecht sei zwar auf strenge Publizität sachenrechtlicher Verhältnisse ausgerichtet und daher nicht nur formelles, sondern betont formales Recht[799]. Allerdings sei dem sachenrechtlichen Bestimmtheitsgrundsatz bei politischen Parteien insofern Genüge getan, als dass sich bei ihnen ihre Existenz und Identität aus dem tatsächlich-sozialen Tatbestand auch ohne einen sichernden Publizitätsakt ergebe[800]. An ihre Beständigkeit würde schon per Legaldefinition nach § 2 Abs. 1 PartG höhere Anforderungen gestellt als an sonstige Vereine[801]. Daher komme ihnen eine „natürliche Publizität" zu, welche die grundsätzlich erforderliche formale Publizität ersetzen könne[802]. Des Weiteren wird auf § 24 Abs. 6 Nr. 1 PartG als zusätzliches Argument für die Grundbuchfähigkeit politischer Parteien hingewiesen. Danach müssen Parteien in ihrem jährlich zu erstellenden Rechenschaftsbericht ihr Haus- und Grundvermögen angeben. Dies impliziert, dass die Parteien selbst Rechtsträger dieses Vermögens und als solche ins Grundbuch einzutragen seien[803].

III. Die Wohnungseigentümergemeinschaft

1. Grundsätzliches

Der Begriff der Wohnungseigentümergemeinschaft wird weder im BGB noch im WEG (Wohnungseigentumsgesetz) legal definiert. In erster Linie wird damit

797 VGH Kassel NJW 1989, 2706; NK-PartG/*Lenski*, § 6, Rn. 39, 44; Ipsen/*Ipsen*, PartG, § 6, Rn. 21.

798 OLG Zweibrücken NJW-RR 2000, 749, 750; *Reffken*, NVwZ 2009, 1131, 1134; *Morlok/Schulte-Trux*, NJW 1992, 2058, 2060.

799 So insbes. *K. Schmidt*, GesR § 25 II 1 b); *ders.*, NJW 1984, 2249, 2250; *Morlok/Schulte-Trux*, NJW 1992, 2058, 2060.

800 Stöber/Otto, Hdb. VereinsR, Rn. 1538; *Reffken*, NVwZ 2009, 1131, 1134; *Morlok/Schulte-Trux*, NJW 1992, 2058, 2060; *K. Schmidt*, NJW 1984, 2249, 2251.

801 Vgl. OLG Zweibrücken NJW-RR 2000, 749, 750; *Reffken*, NVwZ 2009, 1131, 1134; *Kempfler*, NJW 2000, 3763, 3764; *Morlok/Schulte-Trux*, NJW 1992, 2058, 2060.

802 *K. Schmidt*, NJW 1984, 2249, 2251.

803 OLG Zweibrücken NJW-RR 2000, 749, 750; *Reffken*, NVwZ 2009, 1131, 1134; a.A. Münch. Hdb. GesR Bd. V/*Gummert*, § 10, Rn. 38; *Schöpflin*, Der nichtrechtsfähige Verein, S. 354.

die Gemeinschaft der Eigentümer als solche, also der Verband, bezeichnet. Nach h.M. ist die Wohnungseigentümergemeinschaft ein Personenverband von mindestens zwei durch das Miteigentum verbundener Sondereigentümer[804]. Die Ansichten über die Rechtsnatur der Wohnungseigentümergemeinschaft waren lange Zeit geteilt. Im WEG a.F. wurde sie weitestgehend offengelassen. Überwiegend wurde die Wohnungseigentümergesellschaft als nicht rechtsfähige Bruchteilsgemeinschaft angesehen[805]. Nur wenige Stimmen vertraten bis dahin die Ansicht, dass die Wohnungseigentümergemeinschaft rechtsfähig sein könnte.

Erst im Jahr 2005 entschied der V. Zivilsenat des BGH, dass *„die Gemeinschaft der Wohnungseigentümer rechtsfähig [sei], soweit sie bei der Verwaltung des gemeinschaftlichen Eigentums am Rechtsverkehr teilnimmt“*[806]. Sie sei insofern als rechtsfähiger Verband sui generis anzusehen[807]. Sowohl Rechtsprechung als auch Literatur haben sich der Ansicht des BGH weitestgehend einhellig angeschlossen.

Im Juli 2007 trat sodann das neue Wohnungseigentumsgesetz (kurz: WEG oder auch WEG-Novelle genannt) in Kraft. Dieses sah insbesondere in seinem § 10 Abs. 6 S. 1 vor, dass die Wohnungseigentümergemeinschaft in Rahmen der gesamten Verwaltung des gemeinschaftlichen Eigentums gegenüber Dritten und Wohnungseigentümern selbst Rechte erwerben und Pflichten eingehen kann. Sie ist also insoweit sowohl rechts- als auch parteifähig[808]. Damit wurde die Anerkennung der Teilrechtsfähigkeit der Wohnungseigentümergemeinschaft auch gesetzlich festgelegt.

2. Vergleichbarkeit mit GbR

Durch die Entscheidung des BGH zur Teilrechtsfähigkeit der GbR im Jahr 2001 wurde die Diskussion über die Teilrechtsfähigkeit der Wohnungseigentümergemeinschaft erneut aufgegriffen. Dabei erschien es zunächst nicht so, als würde der BGH von seiner Rechtsprechung zur Wohnungseigentümergemeinschaft abrücken. Denn eine Übertragung der zur GbR entwickelten Grundsätze auf eine andere Personenmehrheit, namentlich die Erbengemeinschaft, hatte der BGH mehrfach abgelehnt[809]. Dennoch entschied sich der BGH im Jahr

---

804 Bärmann/*Suilmann*, WEG, § 10, Rn. 9.

805 *Linkens*, Die teilrechtsfähige Wohnungseigentümergemeinschaft, 2014, S. 3.

806 BGHZ 163, 154.

807 BGHZ 163, 154 (172).

808 *Prütting*, FS Roth, S. 585, 590.

809 Siehe u.a. BGH, Beschluss vom 16.3.2004, NJW-RR 2004, 874; Urt. v. 11.9.2002, NJW 2002, 3389.

2005 – wie bereits oben aufgezeigt – für die Teilrechtsfähigkeit auch der Wohnungseigentümergemeinschaft unter Verweis auf die neuere Rechtsprechung zur GbR[810]. Hierbei betonte er zwar, dass die Anerkennung der Teilrechtsfähigkeit der Wohnungseigentümergemeinschaft nicht bedeute, dass diese als eine besondere Form der GbR anzusehen wäre. Sie sei vielmehr als Verband sui generis anzusehen (s.o.). Allerdings lässt sich aus dem Verweis auf die Rechtsprechung zur GbR doch erkennen, dass auch der BGH zumindest von einer gewissen Vergleichbarkeit ausgeht[811].

3. Grundbuchfähigkeit

Auch die Grundbuchfähigkeit wurde bis zur gesetzlichen Einführung der Teilrechtsfähigkeit der Wohnungseigentümergemeinschaft in der Praxis abgelehnt. Die Grundbuchämter waren der Ansicht, der Erwerb von eigenem Wohnungseigentum entspreche nicht den Grundsätzen ordnungsgemäßer Verwaltung[812].

In seinem Beschluss aus dem Jahr 2005 hat der BGH aber neben der Teilrechtsfähigkeit auch die Grundbuchfähigkeit der Wohnungseigentümergemeinschaft bejaht, indem er festgestellt hat, dass die Wohnungseigentümergemeinschaft als Gläubigerin einer Zwangssicherungshypothek in das Grundbuch eingetragen werden kann[813]. Dies ist allerdings nur dann möglich, wenn die Wohnungseigentümergemeinschaft auch formell grundbuchfähig ist[814]. Die Eintragung im Grundbuch erfolgt hierbei jedoch nicht nach § 47 GBO[815], sondern nach § 10 Abs. 6 S. 4 WEG i.V.m. § 15 GBV[816]. Danach muss die Gemeinschaft unter der Bezeichnung einer Wohnungseigentümergemeinschaft mit bestimmter Angabe des Grundstücks auftreten. Anders als vorher reicht es nunmehr allerdings aus, die Wohnungseigentümergemeinschaft als Verband einzutragen; die Eintragung

810 BGHZ 163, 154, 170 ff.

811 Ausführlich zur Vergleichbarkeit von GbR und Wohnungseigentümergemeinschaft *Linkens*, Die teilrechtsfähige Wohnungseigentümergemeinschaft, 2014.

812 LG Heilbronn, Beschluss vom 30.1.2007, ZMR 2007, 649; LG Hannover, Beschluss vom 3.7.2007, ZMR 2007, 893; *Linkens*, Die teilrechtsfähige Wohnungseigentümergemeinschaft, 2014, S. 114.

813 BGHZ 163, 154, 169.

814 So auch OLG Hamm ZWE 2010, 270; MüKoBGB/*Commichau*, § 10 WEG, Rn. 99.

815 Meikel/*Böhringer*, GBO, § 47, Rn. 242; *Prütting*, FS Roth, S. 585, 590.

816 BeckOK-WEG/*Dötsch*, § 10, Rn. 454 f. (2018).

sämtlicher Wohnungseigentümer oder der Einreichung einer Namensliste ist mithin nicht mehr erforderlich[817].

IV. Ergebnis

Auch im Recht des nicht rechtsfähigen Vereins und dem der Wohnungseigentümergemeinschaft hat sich durch das Rechtsfähigkeits-Urteil des BGH aus dem Jahr 2001 einiges getan. In vielerlei Hinsicht wurden die entsprechenden Änderungen auch für diese Vereinigungen übernommen bzw. auf diese übertragen. Allerdings gehen damit vor allem für den nicht rechtsfähigen Verein dieselben Schwierigkeiten einher, denen sich auch die GbR gerade im Grundbuchverfahren ausgesetzt sieht. Anders sieht es hierbei lediglich für die politischen Parteien aus, da für diese die Grundbuchfähigkeit aufgrund ihrer parteipolitischen Ausnahmestellung mittlerweile anerkannt wurde. Für die „normalen" nicht rechtsfähigen Vereine ist die Rechtslage nach wie vor ungeklärt. Nach hier vertretener Auffassung sollte es ihnen jedoch ermöglicht werden, sich unter ihrem Vereinsnamen und ohne zusätzliche Eintragung ihrer Mitglieder ins Grundbuch eintragen zu lassen.

Auch die Wohnungseigentümergemeinschaft profitierte von der Rechtsentwicklung der GbR. Mit Anerkennung ihrer Teilrechtsfähigkeit wurde 2005 ebenfalls ihre (formelle) Grundbuchfähigkeit anerkannt. Durch das neue Wohnungseigentumsgesetz wurde dies auch ausdrücklich gesetzlich normiert.

---

817 BeckOK-WEG/*Dötsch*, § 10, Rn. 455 (2018); Bärmann/*Suilmann*, WEG, § 10, Rn. 214; *Linkens*, Die teilrechtsfähige Wohnungseigentümergemeinschaft, 2014, S. 115.

F. Schlussbetrachtung

Die Gesellschaft bürgerlichen Rechts ist und bleibt vorerst ein Gebilde, welches in der Rechtspraxis - trotz Anerkennung ihrer Rechtsfähigkeit - mit Problemen zu kämpfen hat. Vielmehr hat gerade diese Anerkennung erheblich zu den Schwierigkeiten, welche im Grundbuchverfahren auftreten, beigetragen. Der Wechsel des Zuordnungssubjekts weg von den Gesellschaftern hin zur Gesellschaft selbst führte gerade bei Immobiliengeschäften von und mit GbR zu Unsicherheiten im Rechtsverkehr.

Es war daher ein konsequenter Schritt, den der BGH in seinem Urteil vom 4. Dezember 2008 gegangen ist. Er erkannte die Grundbuchfähigkeit der GbR sowohl in ihrer materiellen, aber auch und vor allem in ihrer formellen Ausprägung an und ließ die GbR nur unter Nennung ihres Namens in das Grundbuch eintragen. Das Grundbuchverfahren musste an die materiellrechtlich veränderten Gegebenheiten angepasst werden. Die bis dahin geltende Eintragungspraxis spiegelte nicht mehr die tatsächliche Rechtslage wider. Dennoch ist das Urteil - meines Erachtens übermäßig - kritisiert worden. Was viele Kritiker nicht hinreichend bedachten, war die Tatsache, dass dem BGH nur wenig Spielraum geblieben war. Hätte er die Grundbuchfähigkeit, genauer gesagt die Grundbucheintragungsfähigkeit der GbR, nicht anerkannt, hätte dies das Modell der rechtsfähigen GbR im allgemeinen und nicht nur in Teilbereichen in Frage gestellt. Denn derjenige, der materiell Eigentümer eines Grundstücks sein kann, muss auch formell im Grundbuch als solcher erkennbar sein. Dies gebietet schon der grundbuchrechtliche Bestimmtheitsgrundsatz.

Mit Eingreifen des Gesetzgebers schien die Welt auf den ersten Blick wieder in Ordnung. Durch die Neureglungen des ERVGBG im BGB und der GBO sollte die GbR wieder so behandelt werden wie vor Anerkennung ihrer Rechtsfähigkeit, ohne dass der Gesetzgeber an dieser Tatsache rütteln wollte. Dies hatte jedoch zur Folge, dass dem Grundbuch nunmehr registerähnliche Eigenschaften zukommen. Gleichzeitig stellte der Gesetzgeber jedoch mehrfach klar, dass das Grundbuch kein allgemeines Gesellschaftsregister ist und auch nicht sein soll. Der Widerspruch in Begründung des Gesetzes und seiner Umsetzung führte zu erheblichen praktischen Schwierigkeiten für Grundbuchämter, Rechtspfleger und Notare. Eine komplette Gleichstellung der GbR mit KG und oHG und damit die Schaffung eines GbR-Registers oder aber die Zulassung der GbR zur Eintragung in das Handelsregister wäre wohl die bessere Alternative gewesen. Der Gesetzgeber hat sich nun allerdings gegen diese Möglichkeit entschieden und es ist nicht abzusehen, dass er sich in naher Zukunft des Themas der GbR noch einmal annimmt. Daher ist mit den ergangenen Regelungen umzugehen.

In erster Linie ging es dem Gesetzgeber darum, nach dem Urteil des BGH im Jahr 2008 wieder Rechtssicherheit im Grundbuchverkehr mit GbR herzustellen. Durch die vom BGH als zulässig angesehene Eintragungsweise, nämlich die GbR nur unter ihrem Namen ohne zusätzliche Nennung der Gesellschafter einzutragen, war es der GbR zunehmend schwierig geworden, die für das Grundbuchverfahren erforderlichen Nachweise der Bewilligungsberechtigung zu führen. Zum anderen führte die „neue“ Eintragung zu dem Problem, dass die Gesellschafterstellung nun nicht mehr tauglicher Anknüpfungspunkt für die Vermutungswirkung nach § 891 sein konnte. Vor allem letzteres versuchte der Gesetzgeber durch die Regelungen des ERVGBG zu korrigieren. Durch die Einführung von § 47 Abs. 2 GBO und § 899 a BGB sollte der gute Glaube an den eingetragenen Gesellschafterbestand wiederhergestellt werden. Der Gutglaubenstatbestand des § 892 Abs. 1 S. 1 BGB wird dadurch erweitert, indem der Grundbuchinhalt auch hinsichtlich des Gesellschafterbestandes als richtig gilt.

Nicht behandelt hingegen hat der Gesetzgeber in diesem Zusammenhang die Frage nach dem schuldrechtlichen Verpflichtungsgeschäft. § 899 a S. 2 BGB verweist auf § 892 BGB. Der Kreis der dort genannten Rechtsgeschäfte wird jedoch nicht erweitert. Daher kann § 899 a BGB in seiner direkten Anwendung nur auf Verfügungsgeschäfte Anwendung finden.

Die Gesetzesbegründung gibt wenig Aufschluss darüber, ob § 899 a BGB dann eventuell analog auf das Verpflichtungsgeschäft angewendet werden kann. In der grundbuchrechtlichen Literatur wird dies diskutiert. Dabei wird von den Befürwortern einer Analogie vor allem der Gesetzeszweck in den Vordergrund gestellt. Der Gesetzgeber habe in erster Linie den Grundbuchverkehr mit GbR wieder möglich machen und auf eine sichere Grundlage stellen wollen. Würde man nun eine analoge Anwendung von § 899 a BGB verneinen, wäre der Eigentumserwerb von einer fehlerhaft vertretenen GbR nicht bestandsfest, denn er unterläge der Leistungskondiktion. Die Vorschriften des ERVGBG seien in erster Linie geschaffen worden, um die Sicherheit und Leichtigkeit des Grundstücksverkehrs unter Beteiligung von GbR wiederherzustellen. Dieses Ziel wäre nicht gewährleistet, würde auch noch nach Jahren der Auflassung der Erwerber mit einer möglichen Kondiktion durch die GbR rechnen müssen. Die besseren Argumente sprechen jedoch gegen eine analoge Anwendung des § 899 a BGB. Sowohl Systematik als auch Wortlaut der Norm lassen ein anderes Ergebnis nicht zu. Durch die systematische Eingliederung ins Sachenrecht und seine Verweisung in Satz 2 auf die §§ 892 ff. BGB wird deutlich, dass § 899 a BGB einen rein sachenrechtlichen Anwendungsbereich hat – eben nur „in Ansehung des eingetragenen Rechts". Eine darüberhinausgehende Auslegung würde den Anwendungsbereich über die Maße strapazieren und zudem dem Grundbuch Funktionen zuweisen, für welche es nicht geschaffen wurde. Ganz ausdrücklich betont der Gesetzgeber hierbei, dass dem Grundbuch gerade keine Funktion eines allgemeinen Gesellschaftsregisters zukommen soll. Zudem würde man den Gesellschaftern einen sehr großen Spielraum im Hinblick auf die Kaufvertragsgestaltung einräumen, bejahte man eine analoge Anwendung von § 899 a BGB auf das Verpflichtungsgeschäft. Denn anders als im Sachenrecht, wo Verfügungen aufgrund des Typenzwangs nur einen bestimmten vorgegebenen Inhalt haben können, herrscht im Schuldrecht grundsätzlich Vertragsfreiheit. Dass eine Erstreckung auf das schuldrechtliche Verpflichtungsgeschäft dem Sinn und Zweck der Norm viel mehr entsprechen würde und eine entsprechend höhere Sicherheit gewährleisten würde, kann in diesem Fall nicht ausreichen, um eine Analogie zu rechtfertigen. Konsequenz daraus ist allerdings, dass der Erwerb von einer nicht ordnungsgemäß durch ihre Gesellschafter vertretenen GbR nicht mehr sicher abwickelbar ist. Sowohl eine zugunsten des Erwerbers eingetragene Auflassungsvormerkung wäre aufgrund ihrer Akzessorietät mangels sicherbaren Anspruchs nicht zur Entstehung gelangt. Zudem könnte die GbR das Eigentum auch nach erfolgter Auflassung nach § 812 Abs. 1 S. 1 Alt. 1 BGB kondizieren.

Die meisten Versuche, über andere Wege einen Rechtsgrund zum Behaltendürfen zu konstruieren, erweisen sich als ungeeignet oder unzureichend. Weder eine Haftung der handelnden Personen über § 179 Abs. 1 BGB noch eine analoge Haftung der Gesellschafter nach § 128 HGB vermag einen Rechtsgrund im Verhältnis zwischen Erwerber und GbR begründen. Auch die Wertung des § 816 BGB, dass der gutgläubige Erwerb vom Nichtberechtigten grundsätzlich kondiktionsfest sein müsse, hilft an dieser Stelle nicht weiter. Denn beim Erwerb nach § 899 a BGB handelt es sich gerade nicht um einen Erwerb vom Nichtberechtigen, sondern vielmehr wird das Eigentum von der berechtigten GbR erworben, welche jedoch nicht ordnungsgemäß vertreten wurde. In dieser Hinsicht stellt § 899 a BGB ein absolutes Novum im Bereich des Gutglaubenserwerbs dar.

Das so gefundene Ergebnis kann allerdings nicht ohne weiteres hingenommen werden. Der GbR wäre es ansonsten nicht mehr möglich, ihr Grundeigentum auch wieder zu verkaufen, da sich kaum mehr Erwerber finden würden, die sich auf derart unsichere Geschäfte einlassen. Daher sind verschiedene Lösungsansätze entwickelt worden, welche jedoch nur teilweise zu den gewünschten Ergebnissen führen. Die wohl sicherste und daher von Notaren favorisierte Gangart ist die, dass zum einen im Kaufvertrag das sogenannte Modell der Doppelverpflichtung vereinbart und gleichzeitig der Vertrag über ein Notaranderkonto abgewickelt wird. Die Kombination aus beidem gewährleistet für den Erwerber die höchstmögliche Sicherheit, dass er nicht am Ende möglicherweise nicht nur das Eigentum wieder verliert, sondern auch den Kaufpreis nicht zurückerlangt. Allerdings ist die Abwicklung über Notaranderkonto mit zusätzlichen Kosten verbunden, was doch den einen oder anderen von seiner Einrichtung abhalten dürfte. Eine elegantere und kostengünstigere Lösung erscheint jedoch momentan nicht in Sicht. Eine Anwendung von § 172 BGB auf den Gesellschaftsvertrag kommt wegen dessen nachlassender Beweiskraft und mangels Vergleichbarkeit von Gesellschaftsvertrag und Vollmachtsurkunde nicht in Betracht. Und auch das Ausstellen von sogenannten Geburtsvollmachten in unmittelbarem Zusammenhang mit der Gründung der GbR hilft nur bedingt weiter. Ihre Legitimationswirkung ist höchst streitig, da die Urkunde nur den Fortbestand der Vertretungsmacht, nicht aber den Fortbestand auch der Existenz der GbR nachweisen könne. Zudem ist damit auch nicht den Gesellschaften geholfen, die nicht an die Ausstellung derartiger Vollmachtsurkunden gedacht haben.

Ebenfalls ungeklärt ist die Lage bei Fällen, in denen die GbR nicht oder nicht mehr besteht. Ob § 899 a BGB auch dann Anwendung findet, ist sehr umstritten. Der Gesetzgeber hätte es gerne so. Allerdings hätte er dann – nach hier vertretener Auffassung – § 899 a BGB deutlicher in diese Richtung formulieren müssen. Ein gutgläubiger Erwerb von einem nicht existenten Rechtsträger war nach ganz h.M. nach § 891 BGB nicht möglich. Hätte der Gesetzgeber etwas an dieser Prämisse ändern wollen für die GbR, hätte dies im Wortlaut des § 899 a BGB auch seinen Niederschlag finden müssen.

Daneben wurde im Zusammenhang mit § 899 a BGB sehr umfassend darüber diskutiert, ob dieser auch das Vertrauen in die Existenz einer im Grundbuch eingetragenen GbR schützt. Dabei berufen sich die Befürworter insbesondere auf die Gesetzesbegründung, welche eine solche Vermutung ausdrücklich bejaht. Allerdings steht dies im krassen Widerspruch zu den bisherigen Wertungen des § 891 BGB. Dieser schützt nach ganz h.M. nicht den guten Glauben an die Existenz des eingetragenen Berechtigten. § 899 a BGB sollte daher vielmehr so verstanden werden, dass er eine Vermutung für die Richtigkeit und Vollständigkeit des Grundbuches im Hinblick auf den dort verzeichneten Gesellschafterkreis aufstellt, allerdings nur unter der Voraussetzung, dass die dort bezeichnete GbR auch tatsächlich besteht. Die Existenz der GbR ist folglich nicht Vermutungsinhalt der Norm, sondern vielmehr ihre Mindestvoraussetzung.

Der Streit um die analoge Anwendung von § 899 a BGB auf die schuldrechtliche Ebene, die Vielzahl an Vorschlägen, wie man dem gutgläubigen Erwerb von GbR doch noch zu Beständigkeit und Sicherheit verhelfen kann, und die weiteren durch § 899 a BGB aufgeworfenen Probleme zeigen, dass nach wie vor viele offene Fragen bestehen.

Der Bereich des Grundstückserwerbs durch eine GbR schien auf den ersten Blick vom Gesetzgeber völlig unbeachtet geblieben zu sein, obwohl der Erwerb durch eine GbR – sozusagen als andere Seite der Medaille – in der Praxis ebenfalls äußerst problematisch war. Das Problem, welches in diesem Bereich insbesondere bestand, ist abermals in der fehlenden Registermöglichkeit der GbR begründet. Wegen der im Grundbuchverfahren geltenden Beweismittelbeschränkungen muss die GbR grundsätzlich ihren aktuellen Gesellschafterbestand und ihre Vertretungsverhältnisse in der Form des § 29 GBO nachweisen können, das heißt entweder durch öffentliche oder öffentlich beglaubigte Urkunde. Andere Gesellschaftsformen können sich hierbei auf das Handelsregister stützen. Denn § 32 GBO schafft hierbei eine Nachweiserleichterung für den Nachweis der Vertretungsberechtigung. Danach genügt ein gerichtliches Zeugnis über die Eintragung im Handelsregister. Mangels Registerpublizität kann sich die GbR darauf jedoch nicht berufen.

Nach Inkrafttreten des ERVGBG wurde die Diskussion um die Möglichkeit des Grunderwerbs durch eine bereits bestehende GbR erneut angekurbelt. Besonders strenge Ansichten machten es bestehenden GbR schlichtweg unmöglich, Grundeigentum zu erwerben, da sie den Nachweis ihrer Existenz, Identität und Vertretungsregelung nicht in der erforderlichen Form des § 29 GBO erbringen könnten. Demzufolge hätten nur noch eine in der Erwerbsurkunde neu gegründete GbR Grundeigentum erwerben können.

In seinem Beschluss vom 28. April 2011 suchte der BGH auch dieses Problem zu lösen. Danach sollte ein Nachweis der Gesellschafter gemäß § 29 GBO gänzlich entbehrlich sein. Es genüge, wenn die GbR und ihre Gesellschafter benannt sind und die für die GbR Handelnden erklären, dass sie deren alleinige Gesellschafter sind. Weiterer Nachweise bedürfe es dann nicht mehr. Der Senat beruft sich dabei insbesondere auf einen von *Reymann* entwickelten Lösungsansatz, wonach der Gesellschaft grundbuchrechtlich das dingliche Recht am Grundstück durch ihre Gesellschafter vermittelt („mediatisiert") werde.

Vom Ergebnis her betrachtet ist der Ansicht des BGH zuzustimmen. Auch bereits bestehenden GbR sollte es grundsätzlich möglich sein, Grundeigentum zu erwerben. Die von einigen OLG geschaffene Grundbuchblockade für GbR wurde beseitigt. Ein kompletter Verzicht auf einen Nachweis im Grundbuchverfahren ist allerdings abzulehnen. Denn das Risiko, dass fehlerhafte Eintragungen ins Grundbuch gelangen, ist zu groß. Zudem lenkt das Mediatisierungsmodell von Reymann den Fokus wieder auf die Gesellschafter. Jedoch sind nicht diese, sondern ist vielmehr die GbR Berechtigte des Grundstückrechts. Die Mediatisierung durch die Gesellschafter hätte zur Folge, dass es bei der Frage nach den Anforderungen an das sachenrechtliche Bestimmtheitsgebot nicht mehr um die

Identität der GbR als eigenständiges Rechtssubjekt geht. Mit Blick auf grundbuchrechtliche Prinzipien wäre dies zumindest bedenklich.

Da die Nachweisführung für GbR im Bezug auf ihre Existenz, Identität und Vertretungsregelung jedoch nur äußerst schwierig möglich ist, sollten insoweit Nachweiserleichterungen gewährt werden. Neben einigen gesetzlich vorgeschriebenen Nachweiserleichterungen (wie beispielsweise § 35 Abs. 3 GBO) sind auch ungeschriebene Nachweiserleichterungen anerkannt. Danach sind solche vor allem dann zu gewähren, wenn sich die Nachweisführung ansonsten als unmöglich oder zumindest wesentlich erschwert darstellt. Sollte die Gründung der GbR bereits einige Zeit zurückliegen und existiert darüber hinaus auch kein notarieller Gesellschaftsvertrag, so greifen keine Erfahrungssätze zugunsten der GbR ein, welche ihr Fortbestehen und ihren Gesellschafterbestand bestätigen würden. Zwar könnten die Gesellschafter eine neue GbR gründen oder sich ins Handelsregister eintragen lassen und dann als oHG erwerben. Dies sind jedoch bestenfalls Notlösungen.

Es ist daher angebracht, GbR im Rahmen des § 20 GBO zu gestatten, das Erfordernis einer öffentlichen Urkunde durch Beurkundung des Gesellschaftsvertrags zu erfüllen. Um über das Problem des Zeitablaufs und damit über die Problematik des formlos möglichen Gesellschafterwechsels hinwegzuhelfen, sollten die Gesellschafter übereinstimmende Erklärungen ebenfalls in der Form des § 29 GBO abgeben, in welcher sie ihre Gesellschafterstellung bestätigen.

Der Gesellschafterbestand einer GbR kann sich aus verschiedenen Gründen verändern. Neue Gesellschafter können eintreten, andere aus der Gesellschaft austreten oder ein Gesellschafter kann seinen Anteil an einen Dritten übertragen. Diese Veränderungen treten außerhalb des Grundbuches ein. Tritt ein Gesellschafter aus, so ist seine Eintragungsbewilligung für den Vollzug im Grundbuch erforderlich. Fraglich ist, ob die verbleibenden Gesellschafter als „betroffen" i.S.v. § 19 GBO anzusehen sind, sie also ebenfalls entsprechende Bewilligungen abgeben müssen. Die besseren Argumente sprechen dafür. Da die Rechtsprechung diesbezüglich noch uneinheitlich ist, empfiehlt sich auch ein solches Vorgehen.

Auch bei Veränderungen im Gesellschafterbestand durch den Tod eines Gesellschafters war lange umstritten, welche Nachweise gegenüber dem Grundbuchamt zu erbringen sind, um die Grundbuchberichtung durchführen zu können. Nach h.M. ist neben der Vorlage des Gesellschaftsvertrags als Nachweis für die gesellschaftsrechtliche Nachfolgeregelung auch die Bewilligung sowohl aller verbleibenden Gesellschafter als auch der Erben des verstorbenen Gesellschafters notwendig (§ 19 GBO). Soll das Grundbuch durch Unrichtigkeitsnachweis gemäß § 22 GBO und nicht aufgrund Berichtigungsbewilligung berichtigt werden, sollte auch dann der Gesellschaftsvertrag vorgelegt werden. Daneben genügt der Nachweis der Erbfolge nach § 35 GBO durch Vorlage der Sterbeurkunde, eines Erbscheins oder notariellen Testaments/Erbvertrages nebst Eröffnungsprotokoll.

Spricht man über das Recht der GbR, liegt ein Vergleich zum nicht rechtsfähigem Verein nah. Nach § 54 S. 1 BGB ist auf diesen das Recht der Gesellschaft anzuwenden. Allerdings ist seit langem sowohl in Rechtsprechung als auch in der Literatur anerkannt, dass entgegen § 54 BGB auf den nicht rechtsfähigen Verein ebenfalls Vereinsrecht nach den §§ 21 ff. BGB Anwendung findet. Ähnlich wie bei der GbR war die Rechtsfähigkeit des nicht rechtsfähigen Vereins lange Zeit umstritten. Mittlerweile ist spätestens seit der Anerkennung der aktiven Parteifähigkeit in § 50 Abs. 2 ZPO auch dessen Rechtsfähigkeit weitestgehend anerkannt worden.

Anders gestaltet sich die Frage nach der (formellen) Grundbuchfähigkeit des nicht rechtsfähigen Vereins. Materiellrechtlich kann auf das zur GbR Gesagte verwiesen werden. Der Verein selbst ist nunmehr Zuordnungssubjekt des Vereinsvermögens, kann folglich auch Grundeigentum erwerben. Nach wie vor umstritten ist, wie der Verein ins Grundbuch einzutragen ist. Nach alter Rechtslage musste sich der Verein mit seinen sämtlichen Mitgliedern unter dem Zusatz „als Mitglieder des nicht eingetragenen Vereins“ eintragen lassen. Da dadurch vor allem mitgliederstarken Vereinen der Weg ins Grundbuch faktisch versperrt war, wurde früh versucht, alternative Eintragungsmöglichkeiten zu finden, insbesondere es dem nicht rechtsfähigen Verein zu ermöglichen, nur unter seinem Namen ins Grundbuch eingetragen zu werden. Verschiedene Aspekte sprechen für eine solche Vorgehensweise. Vor allem das Argument der fehlenden Registerpublizität verfängt beim nicht rechtsfähigen Verein nicht so, wie es das bei der (nicht im Handelsregister) eingetragenen GbR tut. Denn das Vereinsregister besitzt keine positive Publizität. Geschützt ist also nur das Vertrauen darauf, dass das, was nicht eingetragen ist, auch rechtlich nicht gilt, das heißt, dass keine Änderungen seit der letzten Eintragung vorgenommen wurden. Daher kann der Rechtsverkehr auch bei eingetragenen Vereinen mit erheblichen Unsicherheiten belastet sein. Eine Vereinssatzung und ein Versammlungsprotokoll zur letzten Vorstandswahl sollten auch beim nicht rechtsfähigen Verein regelmäßig vorhanden sein, so dass deren Vorlage zum Nachweis der Vertretung des Vereins ausreichend gewährleistet sein dürfte. Auch sprechen die Rechtsentwicklung des nicht rechtsfähigen Vereins bis zur Anerkennung seiner aktiven Parteifähigkeit und ein Vergleich zum Recht der Gewerkschaften für eine Rechtsfortbildung zugunsten der formellen Grundbuchfähigkeit des nicht rechtsfähigen Vereins und damit für eine Eintragung nur unter seinem Namen. Aufgrund der unsicheren

Rechtslage wird es aber wohl weiterhin bei der gängigen Praxis bleiben, dass nicht rechtsfähige Vereine sich entweder zunächst ins Vereinsregister eintragen lassen müssen, ehe sie Grundeigentum erwerben können, oder – sollten sie eine Eintragung weiterhin scheuen – sie greifen auf Treuhandverhältnisse zurück.

Sowohl für die politischen Parteien als besondere Form des nicht rechtsfähigen Vereins als auch die Wohnungseigentümergemeinschaft ist die Frage nach der formellen Grundbuchfähigkeit mittlerweile geklärt. Für Parteien wurde sie mit Blick auf Art. 21 GG und § 3 PartG sowohl von Rechtsprechung als auch Literatur zumindest für die Gesamtverbände anerkannt. Denn die politischen Parteien nehmen gegenüber anderen nicht rechtsfähigen Vereinen aufgrund ihrer parteispezifischen Besonderheiten eine Ausnahmestellung ein. Ihre Existenz ist auch ohne Eintragung ins Vereinsregister durch einen speziellen Publizitätsakt in § 6 Abs. 3 S. 1 PartG gesichert.

Die formelle Grundbuchfähigkeit der Wohnungseigentümergemeinschaft hat durch die WEG-Novelle im Juli 2007 Eingang ins Gesetz gefunden. Die Eintragung einer Wohnungseigentümergemeinschaft erfolgt demnach gemäß § 10 Abs. 6 S. 4 WEG i.V.m. § 15 GBV. Es genügt, sie als Verband einzutragen; die Eintragung sämtlicher Wohnungseigentümer oder das Einreichen einer Namensliste ist nunmehr nicht mehr erforderlich.

Literaturverzeichnis

Albers, Gregor: Die GbR im Grundstücksverkehr nach dem ERVGBG, ZfIR 2010, 705–713

Altmeppen, Holger: Rechtsentwicklung der GbR trotz § 899 a BGB nicht aufzuhalten, NJW 2011, 1905–1909

Altmeppen, Holger: Die Dogmatik zur Grundbuchfähigkeit der GbR (Besprechung BGH, Beschl. v. 28. 4. 2011 - V ZB 194/17, ZIP 2011, 1003), ZIP 2011, 1937–1944

Armbrüster, Christian: Die Entwicklung der Rechtsfähigkeit der GbR seit „ARGE Weißes Ross", ZGR 2013, 366–391

Armbrüster, Christian/Preuß, Nicola/Renner, Thomas (Hrsg.): Beurkundungsgesetz und Dienstordnung für Notarinnen und Notare - Kommentar, 7. Auflage, Bonn 2015 (zitiert: Armbrüster/Preuß/Renner/*Bearbeiter*, § BeurkG, Rn.)

Bamberger, Heinz Georg/Roth, Herbert: Kommentar zum Bürgerlichen Gesetzbuch, Band 2: §§ 611 - 1296, AGG, ErbbauRG, WEG, 3. Auflage, München 2012 (zitiert: Bamberger/Roth/*Bearbeiter*, §, Rn.)

Bamberger, Heinz Georg/Roth, Herbert: Beck'scher Online-Kommentar BGB, 45. Edition, Stand: 01.03.2018, München 2018 (zitiert: BeckOK-BGB/*Bearbeiter*, §, Rn.)

Bärmann, Johannes: Wohnungseigentumsgesetz, Kommentar, 13. Auflage, München 2015 (zitiert: Bärmann/*Bearbeiter*, WEG, §, Rn.)

Bauer, Hans-Joachim/von Oefele, Helmut: Grundbuchordnung, Kommentar, 3. Auflage, München 2013 (zitiert: Bauer/von Oefele/*Bearbeiter*, GBO, §, Rn.)

Baumbach, Adolf/Hopt, Klaus J.: Handelsgesetzbuch, 38. Auflage, München 2018 (zitiert: Baumbach/Hopt/*Bearbeiter*, HGB, §, Rn.)

Bayer, Walter/Koch, Elisabeth (Hrsg.): Die BGB-Gesellschaft im Grundbuch, Baden-Baden 2011

Bergmann, Andreas: Ein Plädoyer für § 54 Satz 1 BGB: Der nicht rechtsfähige Verein als körperschaftlich verfasste Gesellschaft (Zugleich ein Beitrag zur geplanten Reform des Vereinsrechts), ZGR 2005, 654–685

Bestelmeyer, Horst: Anmerkung zu BGH, Beschl. v. 4.12.2008 - V ZB 74/08, Rpfleger 2009, 144–145

Bestelmeyer, Horst: Die klinisch tote BGH-GbR (Ungelöste und unlösbare GbR-Probleme nach dem Inkrafttreten des ERVGBG), Rpfleger 2010, 169–186

Bestelmeyer, Horst: Verfügungen durch eine gesellschafterlos im Grundbuch eingetragene Namens-GbR (Zugleich Besprechung von OLG Schleswig, Beschl. v. 23.2.2011 - 2 W 14/11), ZfIR 2011, 395–404

Bestelmeyer, Horst: Die erwerbende GbR im Grundstücksrecht: Ein Machtwort des BGH contra legem? (Besprechung BGH v. 28. 4. 2011 - V ZB 194/10, ZIP 2011, 1003), ZIP 2011, 1389–1399

Blum, Hans Christian/Schellenberger, Michael: Die Gesellschaft bürgerlichen Rechts ist grundbuchfähig, BB 2009, 400–403

Böhringer, Walter: Die GbR im Grundstücksverkehr nach gesetzlicher Neuregelung, Rpfleger 2009, 537–544

Böhringer, Walter: Grundbuchberichtigung auf den Tod eines GbR-Gesellschafters, Rpfleger 2013, 433–440

Böttcher, Roland: Grundbucheintragung beim Gesellschafterwechsel einer rechtsfähigen GbR (Zugleich Besprechung der Entscheidung des OLG Zweibrücken v. 28.8.2008 - 3 W 68/08), ZNotP 2009, 42–45

Böttcher, Roland: Die Gesellschaft bürgerlichen Rechts im Grundstücksrecht, ZfIR 2009, 613–627

Böttcher, Roland: Immobilienrecht: Die Gesellschaft bürgerlichen Rechts nach der Reform (Fragen und Lösungen für die Praxis), AnwBl 2011, 1–12

Böttcher, Roland: Die GbR ist aus dem künstlichen Koma erwacht (Zugleich Besprechung von BGH, Beschl. v. 28. 4. 2011 - V ZB 194/10, ZfIR 2011, 487), ZfIR 2011, 461–467

Böttcher, Roland: GbR im Grundbuch: alles geklärt?, notar 2012, 111–125

Britz, Jörg W.: Die Gesellschaft bürgerlichen Rechts als Grundstückseigentümerin, in: Festschrift für Helmut Rüßmann, Saarbrücken 2013, S. 251–264

Caemmerer, Ernst von: Leistungsrückgewähr bei gutgläubigem Erwerb, in: Festschrift für Gustav Boehmer (Dem Siebziger von Freunden und Kollegen dargebracht), Bonn 1954, S. 145–163

CDU-Bundesgeschäftsstelle (Hrsg.): Statutenbroschüre der CDU Deutschlands, Stand: 01.06.2016, Berlin 2016, unter: https://www.cdu.de/system/tdf/media/statutenbroschuere.pdf?file=1 (abgerufen am 11.01.2017)

Czeguhn, Ignacio/Dickmann, Roman: Der Minderjährige in der BGB-Gesellschaft, FamRZ 2004, 1534–1537

Demharter, Johann: Grundbuchordnung, Kommentar, 30. Auflage, München 2016

Dümig, Michael: Die Beteiligung Minderjähriger an einer rechtsfähigen Gesellschaft bürgerlichen Rechts aus familien- bzw. vormundschaftsgerichtlicher Sicht, FamRZ 2003, 1–5

Eylmann, Horst/Vaasen, Hans-Dieter: Bundesnotarordnung/Beurkundungsgesetz, Kommentar, 3. Auflage, München 2011 (zitiert: Eylmann/Vaasen/*Bearbeiter*, § BeurkG, Rn.)

Fenn, Herbert: Zivilprozessualer Rechtsschutz unter rivalisierenden Gewerkschaften - BGHZ 42, 210, JuS 1965, 175–183

Flume, Werner: Allgemeiner Teil des Bürgerlichen Rechts, Erster Band/Erster Teil, Die Personengesellschaft, Berlin u.a. 1977

Flume, Werner: Der nichtrechtsfähige Verein, ZHR 148 (1984), 503-522

Grunewald, Barbara: Gesellschaftsrecht, 10. Auflage, Tübingen 2017

Grziwotz, Herbert/Keukenschrijver, Alfred/Ring, Gerhard (Hrsg.): Nomos-Kommentar, BGB: Sachenrecht, Band 3: § 854 - 1296, 4. Auflage, Baden-Baden 2016 (zitiert: NK-BGB/*Bearbeiter*, §, Rn.)

Gsell, Beate/Krüger, Wolfgang/Lorenz, Stephan/Mayer, Jörg (Hrsg.): Beck'scher Online-Großkommentar Bürgerliches Gesetzbuch (BGB) (in Auszügen kommentiert), München o. J. (zitiert: BeckOGK/*Bearbeiter*, §, Rn.)

Habscheid, Walther Jakob: Der nicht rechtsfähige Verein zwischen juristischer Person und Gesellschaft, AcP 155 (1956), 375–418

Hadding, Walther: Zu einer geplanten Änderung des Vereinsrechts, ZGR 2006, 137–166

Hartmann, Christian: GbR und Grundbesitzerwerb - welche Fragen bleiben?, RNotZ 2011, 401–413

Hartmann, Christian: Grundstückserwerb von einer GbR nach § 899 a BGB - sicher gestaltbar und kondiktionsfest, ZNotP 2011, 139–145

Häublein, Martin: Die rechtsfähige Gesellschaft bürgerlichen Rechts: gelungene Rechtsfortbildung oder Albtraum für den Rechtsverkehr? - eine kritische Analyse des § 899 a BGB und Überlegungen zur Registerpublizität der GbR, in: Festschrift für Günter H. Roth zum 70. Geburtstag, München 2011, S. 221–236

Heinemann, Jörn: Anmerkung zu BGH, Beschl. v. 4.12.2008 - V ZB 74/08, JR 2010, 31–33

Heinz, Annette/Jaeger, Gerold M.: Grundstückserwerb durch die GbR - Keine besonderen Nachweise hinsichtlich Existenz, Identität und Vertretungsverhältnissen erforderlich, NZM 2012, 100–103

Heinze, Stefan: Die GbR im Grundbuch nach dem ERVGBG: Der rechtsgeschäftliche Erwerb und die Veräußerung von Grundstücken sowie der Gesellschafterwechsel, Köln 2015

Heinze, Stefan: Anmerkung zu OLG München, Beschl. v. 27.4.2010 - 34 Wx 32/10, DNotZ 2010, 695–698

Heinze, Stefan: Die Gesellschaft bürgerlichen Rechts im Grundbuchverkehr, RNotZ 2010, 289–309

Heinze, Stefan: § 899a BGB und die Vermutung der Existenz der eingetragenen Gesellschaft, ZfIR 2010, 713–716

Heinze, Stefan: Die GbR im Grundbuch: Der Erwerb im Anwendungsbereich des § 20 GBO (Zugleich Besprechung von OLG München, Beschl. v. 20.7.2010 - 34 Wx 63/10; v. 17.8.2010 - 34 Wx 98/10 und v. 25.8.2010 - 34 Wx 110/10), ZNotP 2010, 409–419

Hellwig, Heinrich: Die Grundbuchfähigkeit der Personengesellschaften unter besonderer Berücksichtigung des Rechts der BGB-Gesellschaft, Rotenburg a. d. Fulda 2007

Henssler, Martin/Moll, Wilhelm/Bepler, Klaus: Der Tarifvertrag, 2. Auflage, Köln 2016 (zitiert: Henssler/Moll/Bepler/*Bearbeiter*, Der Tarifvertrag, Teil, Rn.)

Henssler, Martin/Strohn, Lutz: Gesellschaftsrecht, 3. Auflage, München 2016 (zitiert: Henssler/Strohn/*Bearbeiter*, HGB, §, Rn.)

Henssler, Martin/Willemsen, Heinz Josef/Kalb, Heinz-Jürgen: Arbeitsrecht, Kommentar, 7. Auflage, Köln 2016 (zitiert: HWK/*Bearbeiter*, § ArbGG, Rn.)

Herbeger, Maximilian/Martinek, Michael/Rüßmann, Helmut/Weth, Stephan/Würdinger, Markus (Hrsg.): juris Praxiskommentar BGB:

- Band 1: Allgemeiner Teil, 8. Auflage, Stand: 19.05.2017, Saarbrücken 2017
- Band 2: Schuldrecht, 8. Auflage, Stand: 01.12.2016, Saarbrücken 2017
- Band 3: Sachenrecht, 8. Auflage, Stand: 01.04.2017, Saarbrücken 2017
- Band 4: Familienrecht, 8. Auflage, Stand: 15.10.2016, müSaarbrücken 2017 (zitiert: jurisPK-BGB/*Bearbeiter*, §, Rn.)

Hertel, Christian: Anmerkung zu BGH, Beschl. V. 4.12.2008 - V ZB 74/08, DNotZ 2009, 121–129

Hertel, Christian: Die Gesellschaft bürgerlichen Rechts (GbR) im Grundbuch, in: Festschrift für Günter Brambring zum 70. Geburtstag, München 2011, S. 171–203

Heßeler, Benjamin/Kleinhenz, Holger Michael: § 899 a BGB und die erweiterte Grundbuchpublizität der Gesellschaft bürgerlichen Rechts, WM 2010, 446–450

Huber, Ulrich: Rechtsfähigkeit, juristische Person und Gesamthand, in: Festschrift für Marcus Lutter zum 70. Geburtstag, Köln 2000, S. 107–139

Hügel, Stefan: Grundbuchordnung, Kommentar, 3. Auflage, München 2016 (zitiert: Hügel/*Bearbeiter*, GBO, §, Rn.)

Hügel, Stefan: Beck'scher Online-Kommentar GBO, 28. Edition, Stand: 01.11.2016, München 2016 (zitiert: BeckOK-GBO/*Bearbeiter*, §, Rn.)

Ipsen, Jörn: Parteiengesetz, Kommentar, München 2008 (zitiert: Ipsen/*Bearbeiter*, PartG, §, Rn.)

Jeep, Jens: Wie ein schlechter Horrorfilm: Die neuere Geschichte der GbR im Grundbuch, notar 2011, 147–155

Jeep, Jens: Anmerkung zu BGH, Beschl. v. 28.4.2011 - V ZB 194/10, notar 2011, 200–201

Kempfler, Klaus Friedrich: Politische Parteien und Grundbuch, NJW 2000, 3763–3764

Kesseler, Christian: Die GbR und das Grundbuch, NJW 2011, 1909–1914

Kesseler, Christian: Die Grundbuchfähigkeit der GbR II (Praktische Hinweise statt „nach uns die Sintflut"), NZM 2009, 190–192

Kiehnle, Arndt: § 899 a BGB und das Schuldrecht, ZHR 174 (2010), 209–233

Knöfel, Oliver L.: Rechtszuordnung und Publizität - Teilnahme der Gesellschaft bürgerlichen Rechts am Grundstücksverkehr, AcP 205 (2005), 645–686

Kohler, Jürgen: Gutgläubiger Erwerb eines Grundstücksrechts von einer Gesellschaft bürgerlichen Rechts: kondiktionsfest und vormerkbar?, ZIP 2011, 2277–2291

Kohler, Jürgen: Die BGB-Gesellschaft im Liegenschaftsrecht (Teil 2), Jura 2012, 83–90

Kohler, Jürgen: Gutgläubiger Immobiliarrechtserwerb von nicht bestehender GbR?, NZG 2012, 441–449

Kölmel, Dominik: Der Minderjährige in der notariellen Praxis - Grundlagen, RNotZ 2010, 1–31

Krauß, Hans-Frieder: Immobilienkaufverträge in der Praxis, 7. Auflage, Köln 2014

Krauß, Hans-Frieder: Jahresrückblick (Immobilienkaufvertrag - Aktuelle Entwicklungen von September 2008 bis August 2009), notar 2009, 429–438

Krauß, Hans-Frieder: Jahresrückblick (Immobilienkaufvertrag - Aktuelle Entwicklungen von September 2009 bis August 2010), notar 2010, 360–369

Krüger, Wolfgang: Die Gesellschaft bürgerlichen Rechts und das Grundbuch - eine Mésalliance, in: Notar als Berufung (Festschrift für Stefan Zimmermann zum 60. Geburtstag am 18. März 2010), Bonn 2010, S. 177–188

Krüger, Wolfgang: Die Gesellschaft bürgerlichen Rechts und das Grundbuch - causa infinita, NZG 2010, 801–807

Krüger, Wolfgang: Die Gesellschaft bürgerlichen Rechts und das Grundbuch, ZNotP 2012, 42–45

Krüger, Wolfgang/Hertel, Christian: Der Grundstückskauf, 11. Auflage, Köln 2016

Kuckein, Mathias/Jenn, Matthias: Klarheit bei Grundstücksgeschäften mit BGB-Gesellschaften durch das neue ERVGBG?, NZG 2009, 848–852

Kuntze, Joachim/Ertl, Rudolf/Herrmann, Hans/Eickmann, Dieter: Grundbuchrecht, Kommentar zur Grundbuchordnung und Grundbuchverfügung einschließlich Wohnungseigentumsgrundbuchverfügung, 6. Auflage, Berlin u.a. 2006 (zitiert: Kuntze/Ertl/Herrmann/Eickmann/*Bearbeiter*, Grundbuchrecht, §, Rn.)

Langenfeld, Gerrit: Gesellschaft bürgerlichen Rechts, 7. Auflage, München 2009

Langenfeld, Gerrit: Der Pool – ein Vertragstyp der Vergemeinschaftung, ZEV 2010, 17–22

Larenz, Karl: Methodenlehre der Rechtswissenschaft, 6. Auflage, Berlin u.a. 1991

Larenz, Karl: Richterliche Rechtsfortbildung als methodisches Problem, NJW 1965, 1–10

Lautner, Konrad: Rechtsfähigkeit ohne Grundbuchfähigkeit? – Das Dilemma der Außengesellschaft bürgerlichen Rechts im Grundstücksrecht – zugleich Anmerkung zum Beschluss des BayObLG vom 8.9.2004, 2Z BR 139/04, MittBayNot 2005, 93–100

Lautner, Konrad: Alles wieder beim Alten? – Die gesetzliche Neuregelung zur Teilnahme der Gesellschaft bürgerlichen Rechts am Grundstücksverkehr, DNotZ 2009, 650–677

Lautner, Konrad: Die rechtsfähige GbR in der notariellen Praxis – Grundbuchverfahren und weitere Problemfelder (Anmerkungen zum Beschl. des BGH v. 28. 4. 2011 - V ZB 194/10), DNotZ 2011, 643–651

Lehmann, Christoph: Die Gesellschaft bürgerlichen Rechts im Grundstücksverkehr: Ende des Chaos in Sicht, DStR 2011, 1036–1041

Lemke, Rainer (Hrsg.): Immobilienrecht, Kommentar, Köln 2012 (zitiert: Lemke/*Bearbeiter*, § GBO, Rn.)

Lenski, Sophie-Charlotte: Parteiengesetz und Recht der Kandidatenaufstellung, Handkommentar, Baden-Baden 2011 (zitiert: NK-PartG/*Bearbeiter*, §, Rn.)

Lerch, Klaus: Beurkundungsgesetz, Kommentar, 5. Auflage, Köln 2016

Lieder, Jan: Die BGB-Gesellschaft im Grundstücksverkehr, Jura 2012, 335–342

Limmer, Peter/Hertel, Christian/Frenz, Norbert/Mayer, Jörg: Würzburger Notarhandbuch, 3. Auflage, Köln 2012 (zitiert: Würzburger Notarhandbuch/*Bearbeiter*, Teil, Kap., Rn.)

Linkens, Philipp: Die teilrechtsfähige Wohnungseigentümergemeinschaft, Hamburg 2014

Meikel, Georg (Hrsg.): Grundbuchordnung, Kommentar, 11. Auflage, Köln 2015 (zitiert: Meikel/*Bearbeiter*, GBO, §, Rn.)

Menger, Christian-Friedrich/Erichsen, Hans-Uwe: Höchstrichterliche Rechtsprechung zum Verwaltungsrecht, VerwArch. Bd. 60, 89–100

Michael, Alexander: Immobilienzuwendungen (Aktuelle Entwicklungen), notar 2013, 367–371

Miras, Antonio: Die Grundbuchfähigkeit der GbR nach dem ERVGBG, DStR 2010, 604–609

Miras, Antonio: Die Eintragung der Gesellschaft bürgerlichen Rechts im Grundbuch, GWR 2009, 78–82

Morlok, Martin/Schulte-Trux, Anke: Staatstragend, aber nicht grundbuchfähig?, NJW 1992, 2058–2061

Mugdan, Benno: Motive zu dem Entwurfe eines Bürgerlichen Gesetzbuches für das Deutsche Reich, Band II.: Recht der Schuldverhältnisse, 2. Auflage, Berlin 1896 (zitiert: Mugdan, Motive II, S.)

Mugdan, Benno: Die gesamten Materialien zum Bürgerlichen Gesetzbuch für das Deutsche Reich, I. Band: Einführungsgesetz und Allgemeiner Theil, Berlin 1899 (zitiert: *Mugdan* I, S.)

Münchener Handbuch des Gesellschaftsrechts: – Band 1: BGB-Gesellschaft, Offene Handelsgesellschaft, Partnerschaftsgesellschaft, Partenreederei, EWIV, 4. Auflage, München 2014; – Band 5: Verein, Stiftung bürgerlichen Rechts, 4. Auflage, München 2016 (zitiert: Münch. Hdb. GesR. Bd./*Bearbeiter*, §, Rn.)

Münchener Handbuch zum Arbeitsrecht: Band 2: Kollektivarbeitsrecht/Sonderformen, 3. Auflage, München 2009 (zitiert: MüArbR/*Bearbeiter*, §, Rn.)

Münchener Kommentar zum Bürgerlichen Gesetzbuch:

- Band 1: Allgemeiner Teil §§ 1 - 240, ProstG, AGG, 7. Auflage, München 2015
- Band 6: Schuldrecht - Besonderer Teil IV §§ 705 - 853, Partnerschaftsgesellschaftsgesetz, Produkthaftungsgesetz, 7. Auflage, München 2017
- Band 7: Sachenrecht §§ 854 - 1296, WEG, ErbbauRG, 7. Auflage, München 2017
- Band 9: Familienrecht II §§ 1589 - 1921, SGB VIII, 7. Auflage, München 2017
- Band 12: Internationales Privatrecht II, Internationales Wirtschaftsrecht, Einführungsgesetz zum Bürgerlichen Gesetzbuche (Art. 50 - 253), 7. Auflage, München 2018 (zitiert: MüKoBGB/*Bearbeiter*, §, Rn.)

Münchener Kommentar zum Handelsgesetzbuch: Band 1: Erstes Buch. Handelsstand §§ 1 - 104a, 4. Auflage, München 2016 (zitiert: MüKoHGB/*Bearbeiter*, §, Rn.)

Münchener Kommentar zur Zivilprozessordnung: Band 2: §§ 355 - 945b, 5. Auflage, München 2016 (zitiert: MüKoZPO/*Bearbeiter*, §, Rn.)

Nitschke, Manfred: Die körperschaftliche strukturierte Personengesellschaft, Bielefeld 1970

Palandt, Otto (Begr.): Bürgerliches Gesetzbuch, Kommentar, 77. Auflage, München 2018 (zitiert: Palandt/*Bearbeiter*, §, Rn.)

Prütting, Hanns: Sachenrecht, 36. Auflage, München 2017

Prütting, Hanns: Die Gesellschaft bürgerlichen Rechts im Grundbuch, in: Notar als Berufung (Festschrift für Stefan Zimmermann zum 60. Geburtstag am 18. März 2010), Bonn 2010, S. 239–248

Prütting, Hanns: Der nichtrechtsfähige Verein im Zivilprozess, in der Zwangsvollstreckung und Insolvenz sowie im Grundbuch, in: Festschrift für Dieter Reuter zum 70. Geburtstag am 16. Oktober 2010, Berlin 2010, S. 263–270

Prütting, Hanns: Neue Rechtssubjekte im deutschen Grundbuch, in: Festschrift für Günter H. Roth zum 70. Geburtstag, München 2011, S. 585–592

Prütting, Hanns: Anmerkung zu BGH, Beschl. v. 21.1.2016 - V ZB 19/15, EWiR 2016, 361–362

Prütting, Hanns/Wegen, Gerhard/Weinrich, Gerd: Bürgerliches Gesetzbuch, Kommentar, 12. Auflage, Köln 2017 (zitiert: PWW/*Bearbeiter*, §, Rn.)

Rebhan, Ralf: Grundstückstransaktionen unter Beteiligung von Gesellschaften bürgerlichen Rechts, NotBZ 2009, 445–450

Reffken, Hendrik: Die Rechts-, Partei- und Grundbuchfähigkeit politischer Parteien, NVwZ 2009, 1131–1134

Reichert, Bernhard (Begr.): Handbuch Vereins- und Verbandsrecht, 13. Auflage, Köln 2016

Reiff, Peter: Gutgläubiger Grundstückserwerb von einer Gesellschaft bürgerlichen Rechts, in: Gedächtnisschrift für Manfred Wolf, München 2011, S. 303–321

Reiff, Peter: Anmerkung zu BGH Beschluss vom 28.4.2011 -V ZB 194/10, LMK 2011, 318834

Reymann, Christoph: Rechtsscheinhaftung und Bereicherungsausgleich beim Gutglaubenserwerb nach § 899 a BGB, in: Festschrift für Dieter Reuter zum 70. Geburtstag am 16. Oktober 2010, Berlin 2010, S. 271–306

Reymann, Christoph: Der BGH-Beschluss zur Grundbuchfähigkeit der GbR – Ist dies das Ende des Erwerberschutzes?, ZfIR 2009, 81–88

Reymann, Christoph: Nachweismediatisierung durch § 47 Abs. 2 GBO beim Grundstückserwerb durch eine GbR, ZNotP 2011, 84–109

Ruhwinkel, Sebastian: Die GbR im Grundbuch – was nun?, MittBayNot 2009, 177–189

Ruhwinkel, Sebastian: Gesetzliche Neuregelung der Behandlung von Gesellschaften bürgerlichen Rechts im Immobiliarverkehr, MittBayNot 2009, 421–426

Rüthers, Bern/ Fischer, Christian/Birk, Axel: Rechtstheorie mit Juristischer Methodenlehre, 9. Auflage, München 2016

Saenger, Ingo: Gesellschaftsrecht, 3. Auflage, München 2015

Saenger, Ingo (Hrsg.): Zivilprozessordnung, Handkommentar, 7. Auflage, Baden-Baden 2017 (zitiert: Hk-ZPO/*Bearbeiter*, §, Rn.)

Sauter, Eugen/Schweyer, Gerhard/Waldner, Wolfram: Der eingetragene Verein, 20. Auflage, München 2016

Scherer, Inge: Neuregelung für Grundstücksgeschäfte mit einer GbR – Rückschritt auf dem Weg zur Rechtsfähigkeit der GbR, NJW 2009, 3063–3065

Schmalz, Dieter: Methodenlehre für das juristische Studium, 4. Auflage, Baden-Baden 1998

Schmidt, Damian: Der gute Glaube an die Gesellschafterstellung nach § 899 a BGB, Jura 2012, 7–10

Schmidt, Karsten: Gesellschaftsrecht, 4. Auflage, Köln u.a. 2002

Schmidt, Karsten: Die Partei- und Grundbuchfähigkeit nichtrechtsfähiger Vereine (Oder: Die aufhaltsame Karriere des nicht eingetragenen Vereins), NJW 1984, 2249–2252

Schmoeckel, *Mathias*/Rückert, *Joachim*/Zimmermann, *Reinhard (Hrsg.)*: Historisch-kritischer Kommentar zum BGB, Band I, Allgemeiner Teil §§ 1 – 240, Tübingen 2003 (zitiert: HK-BGB/*Bearbeiter*, §, Rn.)

Schöner, Hartmut/Stöber, Kurt: Grundbuchrecht, 15. Auflage, München 2012 (zitiert: Schöner/Stöber, Grundbuchrecht, Rn.)

Schöpflin, Martin: Der nichtrechtsfähige Verein, Köln u.a. 2003

Schubert, Peter: Die BGB-Gesellschaft (GbR) im Grundbuch – Folgen für die Praxis des Vertragsjuristen und der Grundbuchämter, ZNotP 2009, 178–187

Schulz, *Werner/Hauß, Jörn (Hrsg.)*: Familienrecht, Handkommentar, 3. Auflage, Baden-Baden 2018 (zitiert: Schulz/Hauß/*Bearbeiter*, §, Rn.)

Schwerdtfeger, Armin: Gesellschaftsrecht, Kommentar, 3. Auflage, Köln 2015 (zitiert: Schwerdtfeger/*Bearbeiter*, §, Rn.)

Seifert, Karl-Heinz: Die politischen Parteien im Recht der Bundesrepublik Deutschland, Köln 1975

Soergel, *Theodor (Begr.)*: Bürgerliches Gesetzbuch mit Einführungsgesetz und Nebengesetzen, Band 1: Allgemeiner Teil 1: §§ 1 – 103, 13. Auflage, Stuttgart 2000 (zitiert: Soergel/*Bearbeiter*, §, Rn.)

SPD-Parteivorstand (Hrsg.): Organisationsstatut (Wahlordnung, Schiedsordnung, Finanzordnung) der Sozialdemokratischen Partei Deutschlands, Stand: 26.01.2014, unter: https://www.spd.de/fileadmin/Dokumente/Parteiorganisation/Organisationsstatut.pdf (abgerufen am: 11.01.2017)

Staudinger, Julius von: Kommentar zum Bürgerlichen Gesetzbuch mit Einführungsgesetzen und Nebengesetzen:

- Buch 1: Allgemeiner Teil §§ 21 – 79 (Allgemeiner Teil 2), Berlin 2005
- Buch 1: Allgemeiner Teil §§ 80 – 89 (Stiftungsrecht), Berlin 2011
- Buch 1: Allgemeiner Teil §§ 125 – 129; BeurkG (Beurkundung), Berlin 2012
- Buch 3: Sachenrecht §§ 883 – 902 (Allgemeines Liegenschaftsrecht 2), Berlin 2008
- Buch 3: Sachenrecht §§ 883 – 902 (Allgemeines Liegenschaftsrecht 2), Berlin 2013
- Buch 4: Familienrecht §§ 1626 – 1633; RKEG (Elterliche Sorg 1 – Inhaberschaft und Inhalt), Berlin 2015
- Buch 4: Familienrecht §§ 1638 – 1683 (Elterliche Sorge 2 – Vermög*enssorge*, Kindesschutz, Sorgerechtswechsel), Berlin 2016
- Buch 4: Familienrecht §§ 1773 – 1895 (Vormundschaftsrecht), Berlin 2014
- Buch 4: Familienrecht §§ 1896 – 1921 (Rechtliche Betreuung und Pflegschaft), Berlin 2013 (zitiert: Staudinger/*Bearbeiter* (Stand), §, Rn.)

Steffek, Felix: Die Gesellschaft bürgerlichen Rechts im Grundbuch, ZIP 2009, 1445–1456

Stein, Friedrich/Jonas, Martin: Kommentar zur Zivilprozessordnung, Band 1: Einleitung, §§ 1–77, 23. Auflage, Tübingen 2014 (zitiert: Stein/Jonas/*Bearbeiter*, §, Rn.)

Stöber, Kurt/Otto, Dirk-Ulrich: Handbuch zum Vereinsrecht, 10. Auflage, Köln 2012

Suttmann, Christoph: Grundstücksgeschäfte mit Beteiligung einer GbR – Hinweise für die Praxis, NJW 2013, 423–428

Tebben, Joachim: Karlsruhe locuta causa finita: Die Gesellschaft bürgerlichen Rechts im Grundbuch, NZG 2009, 288–293

Teichmann, Christoph/Körber, Christian/Schaub, Peter: Referendarexamensklausur – Zivilrecht: Gesellschaftsrecht und Sachenrecht – Der aktive Ex-Gesellschafter, JuS 2011, 723–730

Terner, Paul: Vereinsrecht in der notariellen Praxis – Teil 1, ZNotP 2009, 132–138

Terner, Paul: Vereinsrechtsrefom(en), DNotZ 2010, 5–23

Timme, Michael: – Beck'scher Online-Kommentar WEG, 29. Edition, Stand: 01.12.2016, München 2016; – Beck'scher Online-Kommentar WEG, 33. Edition, Stand: 01.01.2018, München 2018 (zitiert: BeckOK-WEG/*Bearbeiter*, §, Rn. (Stand))

Tolani, Madeleine: Grundbuchfähigkeit der Gesellschaft bürgerlichen Rechts – Publizität und Rechtssicherheit, JZ 2013, 224–234

Ulmer, Peter: Die rechtsfähige GbR: auf Umwegen im Grundbuch angekommen (Die ERVGBG-Neuregelungen und ihre höchstrichterliche Interpretation beenden die OLG-Blockade – Besprechung BGH v. 28. 4. 2011 – V ZB 194/10, ZIP 2011, 1003), ZIP 2011, 1689–1698

Ulmer, Peter/Steffek, Felix: Grundbuchfähigkeit einer rechts- und parteifähigen GbR, NJW 2002, 330–338

Volmer, Michael: Anmerkung zu BGH, Beschl. V. 4.12.2008 – V ZB 74/08, ZfIR 2009, 97–99

Vorwerk, Volkert/Wolf, Christian: Beck'scher Online-Kommentar ZPO, 27. Edition, *Stand*: 01.12.2017, München 2017 (zitiert: BeckOK-ZPO/*Bearbeiter*, §, Rn.)

Wagner, Gerhard: Grundprobleme der Parteifähigkeit, ZZP 117 (2004), 305–374

Wagner, Gerhard: Grundbuchfähigkeit der Gesellschaft bürgerlichen Rechts, ZIP 2005, 637–646

Waldner, Wolfram: Immobilienkaufverträge, 2. Auflage, München 2011

Wank, Rolf: Die Auslegung von Gesetzen, 6. Auflage, München 2015

Weigl, Gerald: Die GbR im Grundstücksverkehr – erneuter Ruf nach dem Gesetzgeber?, NZG 2010, 1053–1056

Wellenhofer, Marina: Grundstücksgeschäfte mit der BGB-Gesellschaft, JuS 2010, 1048–1052

Werner, Rüdigger: Immobilientransaktionen – Probleme der Beweislast bei der Beteiligung von Gesellschaften bürgerlichen Rechts, MDR 2010, 721–724

Werner, Rüdigger: Immobiliengeschäfte mit Stiftungen: Vertretung der Stiftung im Grundbuchverfahren, MDR 2011, 639–642

Wertenbruch, Johannes: Die Haftung von Gesellschaften und Gesellschaftsanteilen in der Zwangsvollstreckung, 2000

Wertenbruch, Johannes: Familiengerichtliche Genehmigungserfordernisse bei der GbR mit minderjährigen Gesellschaftern, FamRZ 2003, 1714–1716

Wertenbruch, Johannes: Erfasst § 899a BGB auch das Verpflichtungsgeschäft beim Immobiliarrechtserwerb von GbR?, ZIP 2010, 1884–1886

Wertenbruch, Johannes: Familiengerichtliche Genehmigung für Grundstücksveräußerung durch GbR mit minderjährigem Gesellschafter, NJW 2015, 2150–2152

Westermann, Harm Peter: Die Gesellschaft bürgerlichen Rechts auf dem Weg in die Rechtsfähigkeit, WM 2013, 441–448

Westermann, Harm Peter: Geht es noch ohne Gesellschaftsregister? – Zur Grundbuchfähigkeit der Gesellschaft bürgerlichen Rechts, in: Festschrift für Franz Jürgen Säcker zum 70. Geburtstag, München 2011, S. 543–558

Wicke, Hartmut: Eintragung der GbR-Gesellschafter im Grundbuch – Rückkehr zu Altbewährtem durch das ERVGBG?, GWR 2009, 336–339

Wilhelm, Jan: Grundbuchfähigkeit der Gesamthandsgesellschaft bürgerlichen Rechts, NZG 2011, 801–809

Witt, Carl-Heinz: Gutgläubiger Erwerb nach § 899 a S. 2 i.V. mit § 892 Abs. 1 BGB: Anwendungsbereich, Charakteristik und Kondiktionsfestigkeit, BB 2011, 259–264

Wolfsteiner, Hans: Bewilligungsprinzip, Beweislast und Beweisführung im Grundbuchverfahren (Zugleich Besprechung des Beschlusses des BayObLG v. 17.4.1986 – BReg. 2 Z 1/86), DNotZ 1987, 67–87

Zimmer, Maximilian: Die Grundbuchfähigkeit der GbR I (Statt „Ohnmacht“: Nachweis der Vertretungsbefugnis durch Vollmacht), NZM 2009, 187–189

Zippelius, Reinhold: Juristische Methodenlehre, 11. Auflage, München 2012

Zöller, Richard: Zivilprozessordnung, Kommentar, 32. Auflage, Köln 2018

FSC
www.fsc.org
MIX
Papier | Fördert
gute Waldnutzung
FSC® C083411

Kolibri 360 GmbH
Ferdinand-Jühlke-Straße 7
99095 Erfurt, Deutschland
produktsicherheit@kolibri360.de